JN044822

ウォーレン・バフェット

バフェット

賢者の名言365

Warren Buffett Wise Quotes 365

桑原晃弥

はじめに

　私がウォーレン・バフェットに関する本を初めて上梓したのは2011年のことである。きっかけはグーグルやフェイスブック（現メタ）といったIT企業の若い創業者が、バフェットの影響を意外に強く受けていることである。

　私の元々の専門は「トヨタ式」であり、そこからトヨタ式とも縁のあるアップルの創業者スティーブ・ジョブズやアマゾンの創業者ジェフ・ベゾスに関心を持つようになったが、さらに進んでグーグルやフェイスブックなどについても調べていくにつれ、「ウォーレン・バフェット」という名前をたびたび目にするようになった。

　たとえばグーグル創業者のラリー・ペイジとセルゲイ・ブリンは2004年、株式を公開するにあたり添付した「創業者の手紙」の中で、バフェットの言葉を引用しつつ、経営者が自社の株価や短期的利益に一喜一憂するのは愚かなことだし、決算の数字を「平らにすることはない」と言い切っている。

　そして、長期的に価値ある仕事ができるなら、時には短期的利益を犠牲にしてもかまわないとも断じていた。これはバフェットの投資手法である長期の視点を大切にするものであり、ウォール街的な株価や四半期決算を何より重視するやり方とは一線を画すものだ。2人は、バフェット率いるバークシャー・ハサウェイの年次報告書に添えられた手紙に触発されて書いたと話している。

　フェイスブック創業者で20代のマーク・ザッカーバーグも同様だった。バフェットは長年ワシントン・ポストの社主を務めたキャサリン・グラハムの導師的役割を果たしているが、キャサリンの息子でバフェットの信奉者でもあるドン・グレアム（当時ＣＥＯ）をザッカーバーグは敬愛し、数日にわたって「ＣＥＯの仕事」について指導してもらったことさえある。そのせいか、ザッカーバーグも短期より長期、お金よりビジョンを追う傾向があった。

　さらに、マイクロソフトの創業者ビル・ゲイツとバフェットは無二の親友だ。こう見てくると、バフェットは長年にわたってIT企業への投資を控えていた（現在はアップル株を大量に保有）が、バフェットの考え方は巨大IT企業の創業者たちに強い影響を与えてきたことがよく分かる。

こうしたことから私は、バフェットを知ることは米国企業のマインドや、巨大 IT 企業の創業者たちの経営に対する考え方を知ることだと思うようになった。それは同時に、今日的な成功モデルを知ることでもある。

「世界一の投資家」であるバフェットから投資の手法を学ぶのはもちろん大切なことだが、それだけではもったいないと思わせるのがバフェットである。

　仕事にどんな価値を見つけるか、人生の分岐点で何を選ぶか、自分のロールモデルには誰が相応しいのか、成功するための学びはいかにあるべきか、人間関係のあり方はどうなのか、お金との上手な付き合い方といった生き方は、バフェットに学ぶのがベストだ。

　さらに経営者としてのあるべき姿、経営の心得なども、バフェットは的確にアドバイスしてくれる。バフェットの経営観を知ることは、長く成長し続ける企業になるために大切なことを知ることでもある。

　これまでもこうしたバフェットの考え方については何冊もの本で書いてきたつもりだが、本書はバフェットが 6 歳で小さなビジネスを始めてから、92 歳になる今日まで何を考え、何を語り、どう行動したのかを 5 つの年代に分けて、その解説とともにまとめたものである。なかには、その年代で言ったわけではなく、その年代に関して話したものも含まれているが、「オマハの賢人」ウォーレン・バフェットがこれまでの人生で何を考え、なぜこれほどの成功を手にすることができたのかは理解いただけるのではないだろうか。

　バフェットによると、成功には良き師、良きロールモデルとの出会いが欠かせないが、本書はウォーレン・バフェットという「最高の師」との出会いの助けにはなるはずだ。バフェットという良き師の生き方を知ることが、豊かな人生を生きる一助になれば幸いである。

　本書の執筆と出版には、株式会社かや書房の岩尾悟志氏にご尽力いただきました。心から感謝します。

桑原　晃弥

ウォーレン・バフェットとは

「世界一の投資家」
「世界有数の資産家」
「オマハの賢人」

　これらはいずれも、ウォーレン・バフェットを語る時に使われる呼び名である。ほかにもやや皮肉交じりに「聖ウォーレン」などと呼ぶ人もいるようだが、はっきりしているのは世界で最も大きな成功をおさめたこの投資家は、「年表」を見ても分かるように、92年に及ぶ人生のほとんどを投資に費やし、大きな負けを知らず、かつ年齢を重ねるにつれて、その評価を高めてきたということだ。

　投資の世界には、バフェット以外にもジョージ・ソロスやジム・ロジャーズなど著名な投資家が何人もいるが、なかには驚くほどの成功と幾度もの破産を経て悲劇的な最期を迎えた投資家がいるように、大きな成功の一方には大きな失敗が付き物である。そんな世界にいながらも大きな負けを知らず、かつ「賢人」という称号を与えられた投資家などバフェットを除いて誰もいない。

　もちろん、バフェットも最初から「賢人」であったわけではない。6歳で小さなビジネスを始めたバフェットは、コツコツと貯めたお金で11歳の時に初めての株式投資を行っている。当時は「父親が勧めているから」という理由だけで、その会社のことなど何も知らなかっただけに、ほんのわずかな利益を手にしただけで売却してし

まっている。それでもその「失敗」から教訓を学んだバフェットは、その後もさまざまなビジネスと投資を通じて、少しずつ「雪の玉」を大きくしていくことになった。

　そんなバフェットの転機となったのが、生涯の師となったベンジャミン・グレアムとの出会いである。バフェットはグレアムの本に感銘を受けて、グレアムが教えるコロンビア大学大学院に学び、一時期はグレアムの会社で働いてもいる。それでも父親の証券会社で働いていた頃には、バフェットの話に耳を傾けるお客は少なく、その後もしばらくはオマハという片田舎に暮らす、優れた成果を上げる投資家に過ぎなかった。しかし、やがてその投資実績が知られるにつれ、徐々に金融界では知られた存在になっている。

　そして、そこから名門新聞社のワシントン・ポストの大株主、ソロモン・ブラザーズの暫定会長などを経て名声を高め、2000年代に入ると、2003年のカリフォルニア州知事選挙に出馬した俳優アーノルド・シュワルツェネッガーの財務顧問、さらにはビル＆メリンダ・ゲイツ財団への巨額の寄付などを通して、確固たる地位を築くことになった。

　名声が高まれば、それだけバフェットへの関心も高まることになる。オマハで毎年開かれるバークシャー・ハサウェイの年次株主総会には、バフェットの話を聞くために世界中から多くの株主が駆け

Warren
Buffett

付けるし、バフェットが何かを書いたり話したりすれば、投資家や金融関係者だけでなく多くの人が注目する。

　日本に関しても日本への初めての本格的な投資として5大商社を選んだことは大変な注目を集めたし、日本の企業経営者や日本人にとっても「日本もまだ大丈夫だ」という自信を持たせるものとなった。

　これほどの実績と名声を築き上げたバフェットの投資原則は、決して難しいものではない。①日々の株価に拘泥することなく、長期保有を原則とする、②自分の能力の輪を守り、自分がよく理解できる企業にのみ投資する、③世の中の流行や専門家のアドバイスに頼るのではなく、自分の頭で考える、④借金ではなく、自分のお金で投資する──など当たり前のものばかりだが、その当たり前を何十年にもわたって、忠実に、徹底して守り抜くことで、大きな成功を手にすることになった。

　もちろん、ここに至るまでにはバフェットもいくつかの失敗をしているし、チャーリー・マンガーとの出会いなどを通して投資のやり方を修正してもいる。本書を年代順に読んでいただければ、そんなバフェットの変化も分かるのではないだろうか。バフェットがいかにして「世界一の投資家」になり、「オマハの賢人」となったかを知ることは、自分自身の人生を豊かにするうえで、きっと役に立つはずだ。

ウォーレン・バフェット 賢者の名言365 [目次]

装丁●柿木貴光
写真●ロイター／アフロ
編集● 飯嶋章浩

第1章

バフェットの
6歳から21歳

ウォーレン・バフェット
賢者の名言

001〜042

バフェットの6歳から21歳を象徴するのは

①小さな雪の玉を若い時から転がし始めたことと
②良き師との出会い
である。

　大恐慌の翌年に生まれたバフェットは、幼い頃から「小さなビジネス」が大好きな少年だった。6歳の時から近所の人たちを相手に、また旅行先でチューインガムやコカ・コーラを売り、数セントの儲けを手にしては銀行に預金する、そんな少年だった。

　当時は子どもがおもちゃやカード集めに夢中になるように、コインが増えていくのを見るのが好きな少年だったが、父親に連れられて行ったニューヨークの証券取引所で特別あつらえの葉巻を吸う人たちを見たバフェットは、自分の未来をはっきりと意識するようになった。他人に指図されるのではなく、自分のために働き、自分がやりたいことをやれるようになりたいというのがバフェット少年の描く未来であり、そのためには他人に指図されないだけのお金を手にすることが何より大切だと考えるようになった。

　しばらくして図書館で『1000ドル儲ける1000の方法』という本に出会ったバフェット少年は、それまで以上に小さなビジネスに熱心に取り組むようになり、11歳の時にはこれ

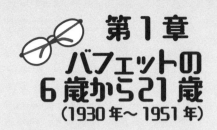

第1章
バフェットの
6歳から21歳
(1930年〜1951年)

までに貯め込んだ120ドルで初めての株式投資にも挑戦している。株式投資自体は大した利益にはならなかったものの、そこで得た

　①買った時の株価に拘泥してはいけない
　②よく考えないで小さな利益を得ようとしてはいけない
　③他人のお金を使って投資してはいけない
　といった教訓は、その後のバフェットの投資人生に大きな影響を与えることになった。

　以来、新聞配達を含めてたくさんの小さなビジネスを行う一方で、見よう見まねで行っていた株式投資を含めて20歳の頃には、バフェットは既に1万ドル近いお金を手にしていた。そんなバフェットが出会ったのがベンジャミン・グレアムの名著『賢明なる投資家』である。バフェットは子どもの頃から大の本好きで、図書館にある「金融」と名の付く本はすべて読むほどだったが、この本は別格だった。

「神を見つけた」ほどの衝撃を受けたバフェットは、グレアムが教えるコロンビア大学の大学院に進学することになった。バフェットにとって父親のハワードも良きロールモデル（模範となる人）だったが、グレアムという「生涯の師」と出会ったことで、バフェットはのちに「オマハの賢人」と呼ばれる「賢明なる投資家」としての道を歩むことになった。

「私は小さな雪の玉を ずいぶん若い時から固めた。 10年遅く始めたら、 今頃もっと 山の斜面のずいぶん下にいただろう」

　バフェットは子どものころから様々なビジネスに手を染めている。6歳の時、アイオワ州にあるオコボジ湖にある山荘を借りて、一家が休暇を過ごしたことがあるが、その時、バフェットは湖に行き、コーラ缶6缶を25セントで仕入れ、1缶5セントで売り、5セントの利益を上げた。生活に困っていたわけではない。お金が好きというよりは、自分の小さなビジネスによってお金が増えていくのを見るのが好きな子どもだった。

　以来、競馬の予想紙を発行したり、ゴルフ場でロストボールを集めて売ったり、子ども50人を使って新聞配達を行ったこともある。一方で農場を買ったり、株の売買を行うなどして高校を卒業する頃には既に1万ドル近い資金を貯め、さらに大学を卒業する頃にはその資金を倍にまで増やしていた。

　こうして早くから蓄えた資金が、バフェットの「雪の玉」になった。「私は小さな雪の玉をずいぶん若い時から固めた。10年遅く固め始めたら、今頃山の斜面のずいぶん下にいただろう」

　成功したいのなら、できるだけ早いスタートを切る方がいい。ゲームの後をついていくよりは、ゲームの先を行くことを心がける。それだけでゲームの主導権を握ることができるし、よほどのヘマをしない限り、成功もより確実なものにすることができる。

002

「雪がよく くっついてくれるには、 それなりの人間に ならなければならない」

「ねたみを避ける最良の方法は、自分が成功に値する人物になることだ」は、チャーリー・マンガーが好んで使う言葉である。成功というのは、ただ単に成功を目指してひたすら頑張ればいいというものではなく、成功を引き寄せることのできる人間になること、成功を支えてくれる人たちに恵まれるだけの人間になる努力も欠かせない。成功するためには、成功に値する人間にならなければならない。

　同じようなことをバフェットは、「雪の玉」で表現している。

「ちょうどいい具合の雪があれば、雪の玉は必ず大きくなる。お金を複利で増やすことだけを言ってるのではないよ。この世のことを理解し、どういう友人たちを増やすかという面でもそうだった。時間をかけて選ばなければならないし、雪がよくくっついてくれるには、それなりの人間にならなければならない」

　バフェットが6歳から小さなビジネスを始めたように、できるだけ早いスタートを切る。そのうえで自分磨きも早くから始めた方がいい。優れた人と仕事をすれば優れた仕事ができるが、愚かな人間と仕事をすると人生を滑り落ちていき、邪悪な人間と仕事をすると不幸な結末が訪れる。早くから良き価値観、良き習慣を身に付ける。尊敬できる人と働く。そんな自分磨きがあって初めて、雪の玉はより大きなものとなっていく。

003

「自分の足で売り歩いてみて、私はその製品の魅力と可能性を強く感じた。その後52年間コークが世界中に広まる様を注意深く見守ってきた」

　投資をするなら、自分がよく知る、大好きなものにすればいいというのはピーター・リンチの考え方だが、バフェットにとってコカ・コーラはまさにそうかもしれない。

　バフェットがコカ・コーラを避暑地で売り始めたのは 6 歳の時だ。チューインガムも売っていたが、コカ・コーラの方がガムよりも儲けは多かった。以来、バフェットはコカ・コーラやペプシコーラを飲み続けていたが、コカ・コーラの株を本格的に買い始めたのは、それから 52年後の 1988 年である。

　同年秋、コカ・コーラの株は最高値より 25％下げており、その株を誰かが買い集めていた。CEO のロベルト・ゴイズエタに「誰が買っているか調べてほしい」と言われた COO のドナルド・キーオが真っ先に思い浮かべたのが、旧友のバフェットだった。キーオはバフェットに新製品のチェリーコークを勧め、ペプシコーラからコカ・コーラへと宗旨替えさせた張本人だった。バフェットはコカ・コーラの株を買い進め、1988 年には同社の株の 6％、12 億ドルを保有していた。

　バフェットは同社に投資した理由を「自分の足で売り歩いてみて、私はその製品の魅力と可能性を強く感じた。その後 52 年間コークが世界中に広まる様を注意深く見守ってきた」と述べている。

004

「10歳の時にはすでに、オマハ図書館にある金融という言葉がタイトルに入っている本はすべて、2回ずつ読みました」

　バフェットは猛烈な読書家として知られている。それも並みのレベルではない。「10歳の時にはすでに、オマハ図書館にある金融という言葉がタイトルに入っている本はすべて、2回ずつ読みました」というほどだから、幼い頃から手に入る本すべて、関心のある本すべてをそれこそくり返し読むのがバフェットのやり方だった。

　読む本は「金融」だけとは限らない。競馬に魅せられ、競馬場で無許可で予想紙を発行していた頃は、下院議員の父ハワードに頼んで議会図書館から勝ち馬予想に関する本を何百冊も借りてもらい、その本や数カ月分の古い予想紙をくり返し読むことで、自らの勝ち馬を予想する力を養っている。

　こうした習慣はその後も続き、大学そして大学院へと進んでからも、株式や投資に関する本を片っ端から読み、それこそものによっては著者以上に本の内容を熟知していたことさえある。そんなバフェットだからこそ、「投資家として大成功するためには、何をするべきですか？」という質問にはいつもこう答えている。

「手当たりしだい、読むことです」

　ネットの情報やウォール街の情報には目もくれず、毎日、何時間も読み、考えることで、関心のある企業を調べ、そして判断し、行動するのがバフェットの昔から変わらぬやり方だ。

005

「自分から
始めないかぎり
成功はありえない」

　バフェットは幼い頃から無類(むるい)の読書好きであり、10 歳の頃にはオマハの図書館にある「金融」と名の付く本はすべて読むほどだったが、なかでも大きな影響を受けた本の一つに『1000 ドル儲ける 1000 の方法』がある。

　1000 ドル儲けることのできる方法が 1000 あるということは、その全部を使えば 100 万ドル儲かるということだ。当時、バフェットは35 歳までに億万長者になることを夢見ていただけに、「100 万ドル儲かる」と知り、たちまち本の虜になってしまった。普通の人ならこの本を手にしたとしても、単なる読み物として読み飛ばすだけだが、バフェットは本に書いてあった「自分から始めないかぎり成功はありえない」という一文にも、しっかりと注意を払っていた。

　本の著者によると、大金を儲けたいと思っている人は何十万人もいるが、ほとんどの人はラッキーなことが起きるのを待っているから儲けられないままに終わってしまう。大金を手にしたいのなら「今すぐに始めよう」というのがバフェットの得た教訓だった。バフェットによると人生で成功するのは、学校の成績がいい子でも人気者でもなく実行力のある子である。バフェットも 6 歳の頃から小さなビジネスを始めていたが、以降は小さなビジネスにさらに精を出すようになった。

「どういうことがビジネスでの成功に関係しているかを調べた研究によると、ビジネスとの成功と一番深く結び付いていたのは、ビジネスを始めた年齢だったそうです」

　バークシャー・ハサウェイの株主総会の目玉は、株主からの質問にバフェットやチャーリー・マンガーが丁寧に答えてくれることだ。

　ある年の株主総会でケンタッキー州から来た少女が「10歳がお金を稼ぐにはどうしたらいいですか？」と質問したところ、バフェットは「私の場合は、新聞配達で資本の半分を稼ぎました」と答えたうえで、さらにこう付け加えた。

「どういうことがビジネスでの成功に関係しているかを調べた研究によると、ビジネスとの成功と一番深く結び付いていたのは、ビジネスを始めた年齢だったそうです」

　バフェットに限らず、成功者の中には早くにビジネスを始めた人が多い。「世界三大投資家」の1人、ジム・ロジャーズは6歳からリトルリーグの試合でソフトドリンクとピーナッツを売っているし、イケアの創業者イングヴァル・カンプラートも5歳の頃から小さなビジネスを始め、17歳で通信販売店のイケアを創業している。

　もちろん、バフェットのスタートは早かった。6歳の頃から小さなビジネスを始め、11歳で初めての株式投資を行い、13歳の時には所得税を納めるようになっているのだから、早熟なビジネスパーソンと言える。成功したいのなら早くスタートする方がいい。何かをやりたいのなら、年齢など気にしない方がいい。

「バフェットの株主総会」

「私は学生たちによくこう尋ねます。クラスメイトの1人にだけ投資できるとしたら、誰に投資しますか、と。選ばれるのは、一番実行力のある者です」

　人生で成功するためには何が必要なのか。バフェットは学生にこう問いかけることがある。「クラスメイトの一人にだけ投資できるとしたら、誰に投資しますか」と。

　いろいろな答えが考えられる。最も成績が良く、いい学校やいい企業に就職しそうな者。スタイルや容姿が抜群な者。あるいは、将来お笑い芸人になれそうな面白い者も候補になるかもしれないが、バフェットの答えはこうだ。

　「選ばれるのは、一番実行力のある者です。彼らが今、身に付けている習慣は、これから先も一生、変わらないでしょう」

　どんなに才能があっても、そこに実行力、困難に負けない行動力がないと、成功は望めない。同じような話をしていたのが、ニトリの創業者の似鳥昭雄だ。似鳥は家の手伝いに駆り出され、勉強する時間もなかったため、小中高大学と成績はいつも最下位グループだった。そのため「人生を切り拓くには実行力しかない」と23歳でニトリを創業したことが、その後の成功につながっている。

　ある人が「頭で考えることより口にすることは少なく、行動に移すことはもっと少ない」と話していたが、バフェットが言うように、成功に最も近いのは、自ら行動を起こす者であり、その習慣は早くに身に付けておいた方がいい。

「父の仕事場へ行っては、
仕事関係の本を読み漁っていました。
そうするうちに、
投資の面白さに目覚めました。
父が牧師だったら、それほど熱心には
仕事場に足を運んでいなかったでしょう」

　バフェットは幼い頃から小さなビジネスを行うなど、お金儲けが好きな少年だったが、株式投資に目覚めたのはやはり父親の影響だ。証券会社の経営者であるにもかかわらず、父親の関心は一番目が政治で、「お金は二の次」だったが、バフェットはその反対で、時間があればオマハ・ナショナル銀行ビルにある父親のオフィスに出かけて、父親の書棚にある本を読んだり、『バロンズ』の「トレーダー」と題するコラムを読みふけったりしていた。

　土曜日の朝には、ボードに株価をチョークで書き記すことも許されていた。そしてバフェット自身は、それを「光栄な仕事」と考えていた。

　当時を振り返ってバフェットは、こう話している。

「父の仕事場へ行っては、仕事関係の本を読み漁っていました。そうするうちに、投資の面白さに目覚めました。父が牧師だったら、それほど熱心には仕事場に足を運んでいなかったでしょう」

　当時、株式ブローカーというのはそれほど尊敬される仕事ではなかったが、バフェットにとって株式ブローカーは身近な存在であり、尊敬する父親の仕事でもあった。身近に株式に関する本もたくさんあった。バフェットにとって株式投資は、最も身近で、最も得意な分野となっていった。

009

「少額でいいですから、
投資をしてください。
本を読むだけではだめです」

1942年春、11歳のバフェットは、6歳から貯め込んだ120ドルを元手に初めての株式投資を行っている。「株のことはよく分かっていなかった」が、姉のドリスを誘って、父親が顧客に長年売ってきたシティーズ・サービス・プリファード株3株を約114ドル（1株約38ドル）で購入した。

ところが、同社の株価は下がり、毎日、ドリスに文句を言われたため、バフェットは責任を痛感。株価が回復すると40ドルで売り、5ドルの利益を手にすることになった。その後、株価は急騰し、1株202ドルになったことで、バフェットは3つの教訓を学んでいる。①買った時の株価ばかりに拘泥してはいけない、②株価の上下に一喜一憂し、慌てて小さな利益を得ようとしてはいけない、③他人のお金を使って投資してはいけない——という3つである。

いずれもバフェットがその後も大切にしている教訓ばかりだが、これらは実際に投資をしたからこそ学ぶことができたものばかりだ。バフェットは言う。

「少額でいいですから、投資をしてください。本を読むだけではだめです」

人は経験や実践を通して、たくさんのことを学ぶ。本を読むこと、学ぶこと、考えることはとても大切だが、それ以上に「やってみること」はもっと重要だった。

「二番手になって真似をするという人生を送るのは簡単だが、一番手が間違った音を吹いたら、それはだいなしになる」

　バフェットは投資判断にあたって、「1人で考える」ことを基本にしている。ウォール街の住人や専門家と呼ばれる人たちの意見に左右されることはない。理由は、誰かの真似をするとか、あとをついていくことの危うさを知っているからだ。

　学生時代、長時間に及ぶつらい練習に耐えながらコルネットを習っていたバフェットは、第一次世界大戦を終結させた条約の締結を祝う休戦記念日に、第二奏者としてコルネットを吹くことになった。

　式典の日、バフェットはローズヒル校の生徒全員の前で演奏ができることが嬉しくてたまらなかったが、その日は運悪く第一奏者が三音階の二番目の音を間違えてしまった。不意を衝かれたバフェットは、凍りついてしまった。間違えた音を真似て吹くか、それとも正しい音を吹いて第一奏者に恥をかかせるか。選択肢は2つしかなかった。バフェット自身はどちらを選んだかを覚えていないというが、この時の経験からとても大切な教訓を学んでいる。

　「二番手になって真似をするという人生を送るのは簡単だが、一番手が間違った音を吹いたら、それはだいなしになる」

　先頭を走るのは勇気が必要だ。すべてを自分で考えなければならないし、失敗のリスクもあるが、先頭を走るからこそ、二番手では味わえないほどの成功も手にできるのである。

011

「お金が欲しいんじゃないんです。お金を稼いだり、それが増えていくのを見るのが好きなんです」

　バフェットは6歳から小さなビジネスを始め、その後も祖父の店バフェット＆サンに働きに出ていたが、祖父はバフェットのわずかな給料から1日当たり2セントを徴収した。給料には税金などがかかることを教えるためだと言われたが、12歳のバフェット自身は木箱を運ぶといった肉体労働は、どうにも苦手だった。

　バフェットはしばしば父親のビジネスパートナーだったカール・フォークの家でお昼をご馳走になっていたが、そんなある日、バフェットはフォーク夫人に、「僕は35歳までに億万長者になるんだ。もしできなかったら、オマハで一番高いビルから飛び降りるよ」と言って夫人を驚かせている。

　夫人が「ウォーレン、なぜそんなにお金が欲しいの？」と尋ねると、バフェットの答えは「お金が欲しいんじゃないんです。お金を稼いだり、それが増えていくのを見るのが好きなんです」という意外なものだった。

　バフェットは小さなビジネスに精を出し、せっせと貯金もしていた。贅沢をするわけではない。使うお金は入ってくるお金よりもいつも少ないものだっただけに、貯金は確実に増えていった。一体、何のためにお金を貯めるのか？　理由は自立のためだったが、それ以上に、幼いバフェットにとって自分の力でお金が増えていくのを見るのは、とても愉快な体験だった。

012

「バフェットの株主総会」

「祖父は株式売買にとても否定的で、食料雑貨店で汗水たらして働くのが、本当の仕事だと考えていました。それで、私たちは祖父を見限ったわけです」

　オマハで長い歴史を持つ食料雑貨店「バフェット＆サン」を営んでいたバフェットの祖父アーネストは「仕事、仕事、とことん仕事」の人だった。

　バフェットが小さいころからチューインガムやコカ・コーラを売り歩くなど、いつも金儲けのことを考えていることは喜んでいたが、だからといってバフェットを甘やかすことはなかった。週末になるとバフェットを店で働かせ、いろいろな半端仕事を手伝わせた。なかでもひどかったのが、猛吹雪の日に友だちと5時間も雪かきをやらされたことだった。辛すぎる仕事だったうえ、祖父は「いくら払おうかな？　10セントでは少なすぎるし、1ドルでは多すぎる」とわずかな賃金しか支払おうとしなかった。

　バフェットの賃金はいつだって「食料品店で働いていた者のなかで最低」だったうえ、「力仕事が嫌いということ以外、何も学べなかった」と振り返っている。バフェットは言う。

　「祖父は株式売買にとても否定的で、食料雑貨店で汗水たらして働くのが、本当の仕事だと考えていました。それで、私たちは祖父を見限ったわけです」

　バフェットがワシントンでの生活を嫌い、オマハに帰りたいと手紙を書いた時、祖父はバフェットをオマハに戻してくれたし、勤勉や質素倹約の大切さを教えてくれた存在だが、最も大きかったのは「力仕事が嫌い」ということを教えてくれたことではないだろうか。

013

「オマハの農場を買おうとする時に、毎日、その値段ばかりを見ている人はいません。買値に対して、どれくらいの生産高が見込めるかというところを見るでしょう」

　ベンジャミン・グレアムによると、もしあなたが企業に投資をすると、そこにはもう一人の共同出資者「ミスター・マーケット」が付いてくるという。ミスター・マーケットはあなたの持ち分の現在価値に関する自分の考えを毎日教えてくれ、時にはその価格であなたの持ち分を買い取ってもいいし、同じ単位で持ち分を分けてもいいと提案する。その評価は適切に思える時もあるが、時には理性を失い常軌を逸した提案をしてくることもある。ミスター・マーケットはグレアムが創造した架空の人物だが、その気まぐれに付き合って、一緒になって一喜一憂したり、ましてや株の売り買いをしてはならないというのがグレアム、そしてバフェットの考え方だ。

　バフェットはこうした心得を、14歳の時に1200ドルで購入したオマハの農場を例に挙げながら、「このオマハの農場を買おうとする時に、毎日、その値段ばかりを見ている人はいません。買値に対して、どれくらいの生産高が見込めるかというところを見るでしょう。株式投資もそれと同じです」と説明するのを好んでいる。

　農場からたくさんの収穫を得たいなら、見るべきはどれだけの生産量が見込めるかだ。バフェットにとって企業は農場と同じで、どれだけの収益が得られるかが関心事であり、日々の株式の売買によって利益を得ようという気などまるでなかった。

※ベンジャミン・グレアム：「バリュー投資の父」と呼ばれるプロの投資家。『証券分析』『賢明なる投資家』の著者。バフェットはグレアムを父親に次いで影響力のある人物だと語っている。

「父も母も私を見捨てなかった。
どちらも私の味方だった。
自分を信じてくれる両親がいるのは
素晴らしいことだ」

　今でこそ「オマハの賢人」と呼ばれるバフェットだが、中学生の頃は教師に対して反抗的な態度をとったり、犯罪まがいのことに手を染めていたりしたこともある。「反社会的になった。悪い連中と付き合い、やってはならないことをいろいろやった」と話しているが、決して「幸せではなかった」とも振り返っている。

　たとえば、どんな悪事を働いたのか。スポーツ用品店に行き、ゴルフクラブやゴルフボールを何百個と万引きしたかと思うと、学校の成績も「数学—全学期 C、国語—C、D、C。自立心、精励(せいれい)、礼儀—すべて×」と最悪で、アリス・ディール中学校では「卒業させられない」とまで宣告されている。「こいつはひどいできそこないの人間になる」が当時の教師のバフェットへの評価だった。

　では、なぜバフェットは踏みとどまることができたのだろうか。その理由をバフェットは、「父も母も私を見捨てなかった。どちらも私の味方だった。自分を信じてくれる両親がいるのは素晴らしいことだ」と振り返っている。加えて、父ハワードの「こういう振る舞いを続けるなら、新聞配達はやめてもらおう」がバフェットを改心させている。バフェットが得意で、大好きなのが新聞配達を初めとするビジネスだ。それを続け、億万長者になるためにも、バフェットには学業に励み、素行も改めることが不可欠だった。

015

「頭脳も肉体もひとつしかない。 それを一生使わなければならない。 頭脳も体も大切にしないと、 40年後に自動車と同じように ボロボロになる」

　バフェットが90歳を過ぎた現在でも現役で活躍し続けているのは驚異としか言いようがないが、それを可能にしたのは16歳の頃から考えていた「精霊がくれた自動車の話」のお陰である。

　バフェットによると、16歳になった時、精霊が現われて、「ウォーレン、明日の朝には、大きなリボンをかけた自動車がここにあるはずだよ。新車で、すっかり君のものだ」と嬉しいことを告げてくれる。但し、そこにはひとつだけ条件があった。その車は一生で最後に手に入る車で、最後まで乗り続けることになる、というものだ。

　バフェットは考えた。一生乗る以上、車はとても大切に扱うことになる。説明書を何度も読み、ガレージに大切にしまっておく。錆びたら困るので、それはすぐに直す。人間にとっての頭脳と肉体はこれと同じだ、とバフェットは説いている。

　「頭脳も肉体もひとつしかない。それを一生使わなければならない。頭脳も体も大切にしないと、40年後に自動車と同じようにボロボロになる。それ（大切にすること）が今から、今日から、やらなければならないことだ。10年、20年、30年後の頭脳と肉体の働き具合が、それで決まるんだよ」

　バフェットのようになりたければ、自分を何より大切にしなければならない。

「何も考えていない
レース参加者が多いほどいい。
要するに、きちんと分析して
賭けている人間がいない集団に
加わるのが肝心なんだ」

　バフェットは10代半ばの頃に競馬場で予想紙を発行していたことがある。本来なら販売のためには競馬場に手数料を支払う必要があるが、バフェットは支払っていなかったため、間もなくして販売を禁止されている。

　販売はできなくなったものの、バフェットは投資と同じように勝ち馬予想に関するありとあらゆる本を読み、予想屋には「スピード予想屋」と「クラス予想屋」の2種類があり、自分は数値を重視するスピード予想屋だと気づいている。

　予想を楽しみながら、競馬場に来る人たちについても研究をした結果、のちの投資につながる、ある事実に気がついた。こう話している。
「何も考えていないレース参加者が多いほどいい。要するに、きちんと分析して賭けている人間がいない集団に加わるのが肝心なんだ」

　バフェットの投資における大原則は「自分が理解できる株を買う」ことだ。ところが、株式市場に参加する人たちの多くは、何も考えず、大して調べもせず、証券会社や専門家が勧めるままに買っている。見ているのは株価だけで、企業の中身には関心を向けていない。それは競馬における「何も考えていないレース参加者」と同じであり、そういう人が多ければ多いほど、バフェットには勝つチャンスが生まれるのだった。

「ルール1、1レースだけで帰る者はいない。ルール2、損するレースに賭けなくてもいい」

バフェットの特徴は、失敗を通して学び、そこで得た教訓や原則を大事にするところにある。16歳になったバフェットは、競馬の勝ち馬予想に夢中になっていた。友人のボブ・ラッセルと一緒に競馬場に行き、子どもなので馬券は買えないものの、みんなが捨てていった馬券を漁って当たり馬券を見つけて喜んでいたかと思うと、アクサーベン競馬場では自作の『厩務員特選馬』という競馬の予想紙を販売していたこともある。

その後、ワシントンDCに引っ越してからは父ハワードに頼んで、議会図書館から勝ち馬予想に関する本を借りてもらい、さらに古い予想紙も手に入れて、自分の勝ち馬予想の技術に磨きをかけている。そこからバフェットが見つけ出したのが「競馬場の原則」だ。

「ルール1、1レースだけで帰る者はいない。ルール2、損するレースに賭けなくてもいい」だが、ある日、バフェットは競馬場で1レースを外した後も賭け続け、175ドルの損失を出してしまった。最初の損に我を忘れて、何とかプラスに持っていこうと次々と賭け続けたのが失敗の原因だった。損失は失敗したのと同じやり方で取り戻す必要はないにもかかわらず、競馬場の原則を無視した揚げ句の手痛い失敗だった。

バフェットは言う。「胸がむかむかした。そういうことをやったのは、それが最後だ」。原則は、守ってこそ価値がある。

「失敗したやり方を わざわざ繰り返す 必要はありません」

　人間というのは失敗をした時、同じやり方でその失敗を取り返そうとするところがある。たとえば、パチンコなどのギャンブルで負けてしまった時、「よーし、次は何としても失敗を取り返そう」と、やはりパチンコに挑戦するが、たいていの場合、さらに負けが込むことになる。ギャンブルの失敗を同じギャンブルで取り返すのは、よほどの幸運に恵まれないと難しい。

　バフェットも10代半ばの頃に競馬場に行き、1レースをはずした。バフェットが発見した競馬場の原則に忠実なら、ここでやめて帰るはずだが、その日はなぜか次々とレースに賭け続けて、1週間新聞配達を行って手にできるほどの負けを出してしまった。

「私は最悪の過ちを犯した。損を出して、プラスマイナスゼロに持っていこうとしたのが間違いだった」

　失敗に気づいた時、最初にやるべきは、「過ちを犯すのをやめる」ことだ。やめるのではなく、深入りするからこそ大きな痛手を負うことになる。バフェットは言う。

「昔から言われていることです。失敗したやり方をわざわざ繰り返す必要はありません」

　ビジネスでも投資でも、失敗をゼロにするのは難しい。大切なのは、失敗したやり方を決して繰り返してはならないということだ。

019

「人生をどう 生きるべきかということは、 父に教わった」

　バフェットの父親ハワード・バフェットは大学卒業後、ユニオン・ステート銀行の株式仲買人となるが、就職してわずか二年後に大恐慌が市場を襲ったことで売買がほとんどできない状態になったばかりか、1931年には幼い子ども二人を抱えて仕事もお金も失ってしまった。しかし、その後すぐ証券会社バフェット・スクレニカ＆カンパニーを開業、公共事業債や地方債を中心に売買することで成功を収めた。

　熱心な共和党員だったハワードは1942年、ネブラスカ共和党から下院議員選挙に立候補。「まったく見込みのない候補者」だったが、見事に当選を果たすことになった。新人議員ながら保守派の孤立主義を持論とするハワードは、他の議員たちと群れることはなかった。バフェットによると、「下院で3対412で否決されるようなことがあった。父はたいがいその3票のほうだったが、それでも平気だった」というから徹底している。

　ハワードは、柔軟ではなかった。理想を守るためなら一匹狼も厭わず、人間関係を犠牲にすることもあった。しかし一方で、その高潔さや不屈の精神はバフェットに強い影響を与え、独立心旺盛な生き方を支える力ともなった。「人生をどう生きるべきかを教えてくれた」父ハワードが亡くなった時、葬儀にはたくさんの人が訪れ、その死を悼むことになった。バフェットはデスクの脇に父の写真を飾り続けた。

「自分の内側の得点、それに満足していれば幸せな人生を送れると思います。外側の得点ばかり気にしている人は、いささか空しい人生ということになるでしょう」

020

　バフェットにとって父親のハワードは時に反面教師であり、時に尊敬すべき存在だった。オマハ大学の卒業を前にハーバード大学ビジネススクールへの進学を希望したのは、確固たる人脈が欲しかったからだ。理由は、父親が国会議員としても経営者としても苦労したのは人脈を築くことにあまりに無頓着過ぎた、と考えたからだった。

　実際、バフェットの少年時代、父親と一緒にオマハで野球を見に行ったところ、地元の名士であるはずの父親の名前が呼ばれると、球場のみんながブーイングをしたが、父親はじっと立ったままで耐えられる人だった。孤高をまったく苦にしない人だった。

　そんな父親を見ながら、バフェットが学んだのが「外側の得点表」よりも「内側の得点表」を大切にする生き方だった。やがてバフェットは人間関係に関しては安易に人を切り捨てず大切にする一方、投資の判断に関しては世間がどう言おうとも自分の判断を貫く強さを身に付けていった。バフェットは言う。

　「自分の内側の得点、それに満足していれば幸せな人生を送れると思います。外側の得点ばかり気にしている人は、いささか空しい人生ということになるでしょう」

　SNS全盛の時代、自分がどう見られているか、どう言われているかばかりを気にする人が増えているが、大切なのは「自分がどう思い、どう生きるか」である。

021

「莫大な遺産を遺した バフェット家の人間は 1 人もいないかもしれないが、 何も遺さなかった者もいなかった」

　バフェットの先祖ジョン・バフェットがフランスからアメリカに渡ってきたのは、17 世紀のことと言われている。元は織物職人だが、農民として入植、その数代後のシドニー・ホーマン・バフェットが 1867 年、リンカーン大統領が全鉄道の中心になると宣言していたオマハに移り、町で初めての食料品店を開いている。

　シドニーは①取引は几帳面に、②お金よりも大切な信用を大事にする、③ほどほどの儲けで満足し、早く金持ちになろうとしない、④死ぬまで健康第一で——といった現在のバフェットに通じる原則を掲げて、真面目に商売を続けるうちに店は繁盛するようになった。

　シドニーの子どものアーネストが、バフェットの祖父である。「働く時間は長く、賃金は安く」がモットーのアーネストは店員が怠けないように目を配る、「仕事、仕事、とことん仕事」と考える人間だった。こうした歴史を持つバフェット家の人々をバフェットは、「莫大な遺産を遺したバフェット家の人間は 1 人もいないかもしれないが、何も遺さなかった者もいなかった」と評している。

　シドニーの掲げた原則に加えて、①使う金は入る金よりも少なく、②借金をつくらない——が加われば、たいていのことは「ずっとうまくいく」というのがバフェットの考え方である。

022

「両親から財産をもらっていないし、もらいたくもなかった。でも、生まれた場所と時期が素晴らしかった。卵巣の宝くじで大当たりしたんだ」

　バフェットは1929年の大恐慌の10カ月後に生まれている。大恐慌以来、ユニオン・ステート銀行の株式ブローカーだった父親のハワードは、株の売買がほとんど不可能になり、お金を預けていた銀行も破綻するという苦労を味わっているが、1931年には2人のパートナーと一緒にバフェット・スクレニカ＆カンパニーという証券会社を設立、公共事業債や地方債といった堅実な証券を販売することで顧客を獲得し、会社を成長させることができた。当時を振り返ってバフェットは、こう話している。

「苦しい時代でも、私たちは着実に努力していた。極端なくらい質素なやり方でね」

　お陰でバフェットは、裕福とまではいかないものの、「中流階級の中ほど」の生活をすることができた。何より、いい学校に行けたことに感謝している。バフェットはこう話している。

「両親から財産をもらっていないし、もらいたくもなかった。でも、生まれた場所と時期が素晴らしかった。卵巣の宝くじで大当たりしたんだ」

　バフェットは両親や祖父から質素倹約や勤勉の大切さを学び、自分の頭で考える一匹狼的な生き方も学んでいる。そして何よりも大恐慌の後、アメリカが急激に成長していく時期に居合わせたことが最大の幸運だった。どんな天才も生まれる場所と時が違えば、その才能を発揮することができないだけに、バフェットの宝くじは大当たりだった。

023

「何の役に立つんだ？
やりたいことはわかっている。
生活するに困らないだけの金がある。
大学など足を引っ張られるだけだ」

　バフェットは6歳で小さなビジネスを始め、11歳で初めての株式投資を行っている。そして14歳で所得税を申告、7ドルの税金を払い、農地を購入して、農場経営さえ経験している。そしてコロンビア大学の大学院に進んだ頃には、既に9800ドルもの資産（卒業時には倍の1万9700ドル）を築き上げていた。

　短期間のうちにこれほどのことを経験し、それなりの実績も残したバフェットにとって、高校卒業後、父親が勧めるペンシルベニア大学ウォートン校への進学は「単なる遠回り」にしか思えなかった。当時の心境をこう話している。

　「何の役に立つんだ？　やりたいことはわかっている。生活するに困らないだけの金がある。大学など足を引っ張られるだけだ」

　今でもそうだが、バフェットは「時間の浪費」を好まない。意味のない仕事を上手にやったところで何の価値もないし、短時間で結論が出せるにもかかわらず相手の長話に付き合っている暇はない。高校を16位の成績で卒業したバフェットのやりたいことは「株式ブローカー」であり、できるならそこに向かって一直線に進みたかったが、父であるハワードに逆らうことはできず、最終的に大学進学の道を選んでいる。望まない進学ではあったが、この遠回りがあったからこそ、ベンジャミン・グレアムに出会うこともできた。

「バフェットの投資原則」

「私は端株に関する統計の使い方を
書いて送りました。
採用されたのですが、
私が統計を使って稼いだのは、
この5ドルが最初で最後です」

　バフェットの投資の根底にあるのはベンジャミン・グレアムの考え方
だが、グレアムと出会うまでは「テクニカル分析」に没頭していた。テ
クニカル分析というのは、過去の株価の値動きをチャートで表し、そこ
からトレンドやパターンなどを把握して、今後の株価などを予想するも
のだ。チャートは取引の結果だけに、過去に似たようなパターンがあれ
ば、将来も同じようなパターンになる可能性が高いという考え方だ。

　そう考えるバフェットは、10代の頃にはありとあらゆる種類の銘柄
について株価チャートをつくり、分析を行っていた。自動車メーカーの
カイザー・フレイザーの株に関してもシェアの低下や多額の損失を統計
的に分析したうえで空売りをしている。もし予想通りにならなければ「ぼ
くはへっぽこ統計学者ですね」と父親宛の手紙に書いているほど、統計
数値にこだわっていた時期がある。

　経済誌の『バロンズ』が募集した「統計数値の使い方」に関する原稿
募集に応募して5ドルの謝礼を得ているほどだから、よほど統計が好き
だったのだろう。しかし、「私が統計を使って稼いだのは、この5ド
ルが最初で最後です」と振り返っているように、グレアムに出会ってか
らは、統計へのこだわりはなくなっている。「数学はほどほどに」が、
その後のバフェットの口癖である。

025

「私は76歳になった今も、 19歳の時に本で読んだ 考え方を 実践しています」

　バフェットが投資に際し重視しているのは、自らが定めた基本原則を忠実に守ることだ。投資で成功するうえで必要なのは高い IQ でも、複雑な理論や数式を駆使することでもなく、基本原則に忠実であり続けることだ、というのがバフェットの考え方だ。

　その基本原則を教えてくれたのが、「生涯の恩師」でもあるベンジャミン・グレアムの著書『賢明なる投資家』である。同書を読んで、「まるで神を見つけたみたいだった」というほどの感銘を受けた 19 歳のバフェットは、本の著者であるグレアムと、デヴィッド・ドッドが教えているコロンビア大学の大学院への進学を決意。

　大学が始まるわずか 1 カ月前のことだが、バフェットは「あなたがたが、どこかのオリュンポスの山から私たちに光を投げかけているのだと知った。入学させてくれれば喜んで行きます」という趣旨の手紙を書き、面接抜きで入学を認めてもらっている。

　バフェットにとってグレアムは、それほどに偉大な人だった。以来、もちろんバフェット流の応用はたくさんあるものの、①市場価格と内在価値の不一致という観点から証券選択を行う、②株券ではなく事業を買う、といったグレアムの基本原則を忠実に守ることで素晴らしい成果を上げ続けている。「私は 76 歳になった今も、19 歳の時に本で学んだ考え方を実践しています」と、バフェットは誇らしげに話している。

「この本(ベンジャミン・グレアムの
『賢明なる投資家』)を
手に取ったことは、
私の人生で
最も幸運な瞬間の1つでした」

　バフェットにとってベンジャミン・グレアムの著書『賢明なる投資家』との出会いがいかに衝撃的で、素晴らしいものだったかについては、バフェット自身、さまざまなところで口にしている。それ以前、バフェットはテクニカル分析に関する本や、端株取引に関する本などを、図書館に行っては何度も読み返しているが、『賢明なる投資家』に関してはまるでオリュンポスの神々に出会ったほどの衝撃を受けている。

　この本に出合う以前のバフェットは、一般の投資家たちと同じように「株価が上昇するのを目にすれば安心」していたが、グレアムの本と出会ってからは「安い株を好むようになった」と振り返っている。バフェットは、こう話している。

「私の目からは即座にウロコが落ち、安い株を好むようになりました。この本を手に取ったことは、私の人生で最も幸運な瞬間の1つでした」

　たしかに頻繁に株の売買を繰り返すつもりなら、株価の上昇は喜ばしいかもしれないが、グレアムがそうであるように、バフェットのように将来的に株式を買い越すつもりなら、自分のお金を使うにせよ、自社株買いを通じた間接的なものであろうと、株価が上昇すれば損をするのに対し、株価が下落する場合には利益を得ることになる。グレアムの本と出合ってすぐに、バフェットはバーカースバーグ釣具という割安株を買っている。

「私の方がずっと
よく知っていたのは間違いない。
どの部分であろうと、
引用することができた。
文字通りすべて暗記していた」

バフェットは子どもの頃から猛烈な読書家で、オマハの図書館にある金融関係の本はすべて、それも2～3回は読んでいた。さらに本を読むだけではなく、その内容を暗記してしまうほどの記憶力の良さも備えていた。

ペンシルベニア大学時代、同級生たちはバフェットを「幼稚な子どもと神童を掛け合わせたような不思議な存在」と評しているが、授業では教授の講義を暗記していて、教科書を見る必要はまったくなかったというから驚かされる。マイクロソフトの創業者ビル・ゲイツもハーバード大学時代に教授の数式のミスを指摘することがあったが、バフェットも教授に「カンマを忘れていますよ」と指摘するようなところがあった。

コロンビア大学の大学院に進んでからは、ベンジャミン・グレアムの『証券分析』の共著者であるデヴィッド・ドッドの授業について、こんな感想を口にしている。

「私の方がずっとよく知っていたのは間違いない。どの部分であろうと、引用することができた。文字通りすべて暗記していた。自分の本をそんなに熱心に読んでいる人間と出会った著者がどれほど感激するかは、想像に難くないよ」

授業でドッドが質問すると、バフェットは誰よりも早く手を挙げて、手を振って注意を引こうとさえした。バフェットは「若く、熱心で、ちょっと幼稚な」学生だった。

「ビジネスは人なり」

「これまで私がしてきたことの中で誇れることは、正しい師を選んだことだ。私のすべてはグレアムとの出会いから始まったのだ」

　ある人が、会社における上司と師匠の違いをこう表現していた。
「上司と部下の関係は一時的なものだが、師匠と弟子は一生だ」
　学校であれ、職場であれ、先生や上司ではなく、師匠と呼べる人と出会うことができたなら、これほど幸せなことはない。
　バフェットにとって、ベンジャミン・グレアムを「師」とすることができたのは幸いだった。大学を卒業したバフェットが最初に目指したのは、ハーバードのビジネススクールだ。学ぶことは自分1人でもできるが、ハーバードに行けば「威信と将来の人脈」を得ることができるというのが当時のバフェットの考えだった。しかし、19歳のバフェットはあまりに若く、幼く見えたのか、ハーバードは面接で落とされてしまった。
　自信があっただけにショックを受けたバフェットが仕方なく別の大学院を探したところ、本でよく知るグレアムがコロンビア大学で教えていることを知り、すぐに応募している。以来、バフェットはグレアムに学び、グレアムの会社で数年間を過ごすという貴重な経験をすることができた。バフェットは1976年に亡くなったグレアムについて、「これまで私がしてきたことの中で誇れることは、正しい師を選んだことだ。私のすべてはグレアムとの出会いから始まったのだ」と振り返っている。

029

「(古い新聞を)1929年から ずっと目を通した。 いくら読んでも読み足りなかった。 あらゆるものを読んだ」

　バフェットの投資を支えるものの一つが圧倒的な読書量にあることは
よく知られているが、それはオマハ図書館にある「金融」と名の付く本
をすべて読みつくした頃から変わることのない習慣だった。

　ベン・グレアムが教鞭をとるコロンビア大学の大学院に進学した頃に
は、グレアムとドッドの名著『証券分析』は800ページに及ぶ内容を、
実例を含めてすべて暗記するほど読み込んでいたし、『ムーディーズ・
マニュアル』などを何時間も読んでは、買うべき株を探していた。なか
でも熱心に取り組んだのが、図書館にある古い新聞を隅から隅まで読む
ことだった。しかも、読んだのはビジネスや株式市場のことばかりでは
なく、小さな記事や広告にまで目を通した。その面白さをこう話している。
「(古い新聞を)1929年からずっと目を通した。いくら読んでも読み
足りなかった。あらゆるものを読んだ。何もかもが面白い。別世界に連
れて行ってくれる。目撃者の話が聞ける。まさに、その時代を生きるこ
とができる」

「愚者は経験に学び、賢者は歴史に学ぶ」というオットー・ビスマルク(ド
イツの鉄血宰相)の有名な言葉があるが、バフェットは自らの経験はも
ちろんのこと、歴史に学ぶことで世界一の投資家となっていった。

030

「US スチールが
いい会社かどうかを考えた級友は
1 人もいなかったと思う。
自分たちがどういう列車に乗り込むか
ということを、
彼らは考えていなかった」

「何も考えないレース参加者が多いほどいい」は、10 代のバフェット
が競馬場で自分でつくった競馬の予想紙を販売していた頃に学んだ教訓
の一つだが、それは学生時代にも活かされている。バフェットが学ぶコ
ロンビア大学の学生は株や債券といった投資への関心は薄く、バフェッ
トほど熱心に勉強する者はいなかった。彼らの関心は学位を取り、GM
や IBM、US スチールといった当時の大企業にいかにして就職するかの
一点だった。大企業に入り、出世の階段を昇ること、それこそが成功へ
の道筋だとみんなが考えていた。

そんななか、バフェットだけは、「US スチールがいい会社かどうか
を考えた級友は 1 人もいなかったと思う。たしかに大企業だったが、
自分たちがどういう列車に乗り込むかということを、彼らは考えていな
かった」と、彼らと違う生き方を模索していた。

バフェットは大企業への就職ではなく、グレアムの会社で働くこと、
投資の世界で成功することを真剣に考えていた。それは当時としては異
例の選択だったが、結果的に最良の選択となった。投資の世界にも何
も考えない参加者がとても多い。自分が買おうとする会社がどんな会社
かを知ろうともせず、考えようともしない参加者が多ければ多いほどバ
フェットのチャンスは膨らむことになる。自分が乗り込む列車を知るこ
と、それは投資で成功するうえで最も大切なポイントでもある。

031

「グレアムが言ったのは、『市場の値付けというのは、あなたの個人事業のパートナーであるミスター・マーケットという名の気分の変わりやすい男によってなされたものだと考えなさい』という言葉です」

「ミスター・マーケット」との付き合い方は、バフェットが学生時代に恩師であるベンジャミン・グレアムから学んだ「3つの鉄則」の一つである。

「3つの鉄則」というのは、①株は企業の一部を所有する権利である、②安全マージンを利用する、③ミスター・マーケットは、主人ではなく、しもべである——というものだが、特にミスター・マーケットの「気まぐれに付ける価格に惑わされてはいけない」というのは、バフェットが大切にしている鉄則の一つとなっている。

ミスター・マーケットはもちろんグレアムが創造した架空の人物だが、時々刻々と変わる株価を擬人化したものと言える。ミスター・マーケットは「矯正不能の感情的問題」を抱えており、時としてやたら上機嫌になり、企業の好ましい要素にしか目が行かず、非常に高い価格を付けることもあれば、時にひどく落ち込んで、企業の暗い見通しばかりを見て、非常に安い価格を付けることになる。

バフェットが大切にする「企業の真の価値」とミスター・マーケットが付ける価格はたいていの場合、大きく離れている。そのため、もしその口車に乗って売買をしてしまうと、厄介なことになるため、気まぐれに付き合うことなく、真の価値を見極めろというのがバフェットの考え方である。

「自分の大好きなことをやり、もっとも尊敬している人のところで働きなさい。そうすれば、人生で最高のチャンスを得ることができます」

「配属ガチャ」という言い方がある。新卒で就職した企業で、最初にどこに配属されるかでその後が決まってくるということらしい。専門家を育てるよりも、さまざまな分野を経験した人材を育てる日本企業らしいやり方である。

　ある時、ハーバード大学の学生相手にバフェットが講演した時のことだ。それから２週間後、学部長はバフェットに電話をかけ、「一体どういうお話をされたんですか」と聞いてきた。理由は多くの学生が就職せず、自分で起業すると言いだしたからだった。当日、学生から「どこに勤めればいいでしょう」と質問されたバフェットは「自分の最も尊敬している人の下で働く」ように勧め、もしそういう人がいないのなら、「自分でビジネスを始めなさい」とアドバイスをしたが、そのアドバイス通りに学生は動き始めていた。バフェットは言う。

「履歴書を飾り立てるために、つなぎの仕事をやるのは馬鹿げています。自分の大好きなことをやり、もっとも尊敬している人のところで働きなさい。そうすれば、人生で最高のチャンスを得ることができます」

　バフェットの信条は「時間も人生も無駄にしない」だ。幼い頃から億万長者になることを目標としていたバフェットは、尊敬する父親とベン・グレアムの下で働き、その後は１人でパートナーシップを運営している。まさに、アドバイス通りの生き方で成功していた。

「大事なのは、
自分が好きなことを
とびきり上手にやることです。
お金は、その副産物に過ぎません」

「自分が素晴らしい仕事だと思えることをやるのが、本当に満足する唯一の方法なのです。まだそれを見つけていないなら、探し続けましょう」は、スティーブ・ジョブズがスタンフォード大学の卒業式で学生たちに語りかけた言葉だ。ネブラスカ大学リンカーン校経営学部で、ビル・ゲイツとの公開対話に臨んだバフェットも学生たちにこう語りかけた。

「何でもいいから夢中になれるものを見つけてください」

バフェットは非常に早い時期に投資に出会い、高校生の頃には早くも株式ブローカーになると決めている。そして自分は投資という夢中になれるもの、大好きなものを見つけることができてとても幸運だった、と話した。大好きな野球を例に、こんな話をしている。

1941年に打率4割を打ったテッド・ウィリアムズは、最も高い給料を貰ったとしても、2割そこそこしか打てなかったらふさぎこむが、逆に4割打てれば給料が最も少なくても大喜びするだろう、と。そして、こう総括した。

「大事なのは、自分が好きなことをとびきり上手にやることです。お金は、その副産物に過ぎません」

バフェットは大好きなことを見つけ、夢中になって働いた。その結果が成功であり、富であり、名声をもたらすことになった。

「自分よりも優れた人間と付き合ったほうがいいというのを学んだ。そうすれば、こっちもちょっぴり向上する」

　コロンビア大学を卒業後、生まれ故郷のオマハに戻ったバフェットは、そこで数週間、州兵としての兵役義務を果たすため、ウィスコンシン州ラクロスの訓練場で過ごすことになった。下院議員の息子だけに、周囲に対して威張り散らすのではないかと、周囲の人たちはバフェットに疑いのまなこを向けたというが、ほんの一時間足らずで、バフェットはみんなの仲間入りを果たしている。

　バフェットによると、そこは「民主主義的な組織」であり、外の世界で何をやっていたかは関係なかった。訓練場に入って1時間もすると、バフェットもみんなと同じように漫画を読み、語彙は四つだけになった。

　そんな自分と周囲を見て、バフェットはこう考えた。

「自分よりも優れた人間と付き合ったほうがいいというのを学んだ。そうすれば、こっちもちょっぴり向上する。自分よりもひどいやつらと付き合えば、そのうちにポールを滑り落ちてゆく。しごく単純な仕組みだよ」

　バフェットは投資に際して経営者の資質や能力を重視しているが、同様に一緒に働く人間もしっかり選ぶことが必要だ。好きになれない人や、尊敬できない人と仕事をしたり、話をする気にはなれない。働く人間を選ぶ時は結婚相手を探すくらいの気持ちで臨みたい、そうしなければあっという間にポールを滑り落ちる、というのがバフェットの考え方だ。

035

「人は習慣で行動するので、正しい思考と振る舞いを早いうちに習慣化させるべきだ」

　バフェットは両親から財産を受け継いではいないが、財産以上に大切なものを受け継いだと信じている。それは優れた価値観であり、人としての誇り高い生き方だった。

　人は習慣の生き物であり、幼い日、早い時期に身に付けた習慣というのは長い人生の中でそう変わるものではないとして、「人は習慣で行動するので、正しい思考と振る舞いを早いうちに習慣化させるべきだ」と言い切っている。

　バフェットとチャーリー・マンガーが尊敬するベンジャミン・フランクリンは、いかなる時にも過ちを犯さずに生活するために、生まれながらの性癖や習慣を克服したいと考えた。そのためにフランクリンは、すべての徳を13（節制、沈黙、規律、決断、節約、勤勉、誠実、正義、中庸、清潔、平静、純潔、謙譲）にまとめ、一定の期間どれか一つに集中し、その徳を修得できたなら、次の徳に移り、13の徳をすべて身に付けようと努力したことで知られている。

　バフェットはフランクリンと同じやり方をしたわけではないが、幼い日に両親に教えられた価値観を大切にし、自ら本や経験を通して学んだ習慣や原則を忠実に守り続けることで大きな成功を手にしている。正しい思考や振る舞いについて「知っている」人は多いかもしれないが、バフェットのように「習慣になるまで」守り続けてこそ意味を持つ。

036

「才能を持った人物というのは、どこにいても非常に目立つものです。その人の振る舞いが、そう感じさせるのです。仕事に対するエネルギー、質の高さ、周りの人間への接し方、そういったことですね」

　バフェットとビル・ゲイツが、バフェットの母校であるネブラスカ大学リンカーン校で学生からの質問に答える形で講演をしたことがある。その時、1人の学生が「社会人一年生が、早く経営陣に加わるには何をすればよいか」と質問したところ、バフェットは自らの経験を踏まえて次のように答えた。

　「才能を持った人物というのは、どこにいても非常に目立つものです。それは例えば IQ が 200 だからとか、そういう理由ではありません。その人の振る舞いが、そう感じさせるのです。仕事に対するエネルギー、質の高さ、周りの人間への接し方、そういったことですね」

　アメリカにおいて A プレーヤーと呼ばれるうえで大切なのは、①活力、②活性化力、③決断力、④実行力──などに加えて、「情熱」が不可欠になる。

　たとえば、バフェットがいる投資の世界には IQ の高い人間はいくらでもいるが、それだけでは成功できない。仕事への並外れた情熱や質の高い仕事に加えて、周りの人たちの良い点を引き出す力や、周りの人たちを動かしていく力が欠かせない。IQ とは関係なく、他人と競うのではなく、他人の良い点を引き出す力、そんな人との接し方や振る舞いができれば「莫大な利益をもたらす」、というのがバフェットからのアドバイスだった。

「投資は力仕事ではない。
人一倍、読み、
考えなくてはならない」

　バフェットは若い頃から肉体労働や力仕事が苦手だった。それは祖父アーネストに手伝いをさせられた時も、シンクレアのガソリンスタンドを買った時も同様で、自分にはつくづく肉体労働は向いていないと実感している。

　肉体労働が嫌いなバフェットにとって、投資は自分向きの素敵な仕事だった。たとえば、初めてガイコに注目した時のことをこう振り返っている。

「図書館にこもって、とにかく読みまくりました。まず AM ベスト社の資料を読み、いろいろな会社を一通り調べてから、詳しい知識を得るために何冊か本を読みました。そして年次報告書を読み、保険の専門家に話を聞き、可能な場合には経営陣にも会って話を聞きました」

　チャーリー・マンガーも「読むことは絶対に重要だ」として、「ウォーレンがどれほどの参考資料を読み込んでいるか、見たらきっとびっくりする」と言うほどだから、いかにバフェットが若い頃から多くの資料を読み、そして考えてきたかが分かる。

　ベンジャミン・グレアムによると、投資で最大限の利益を得られる可能性があるのは、「最大限の知性と技術を駆使する用心深い積極的な投資家なのである」というが、バフェットにはまさに、その資格があった。

038

「それは 私が得た学位のなかで もっとも重要なものだ」

　バークシャー・ハサウェイの株主総会にはバフェットの話を聞くことを楽しみに毎年、数万人がわざわざネブラスカ州オマハまでやって来るほどだ。しかし、そんなバフェットも最初から話術の達人であったわけではない。

　バフェットはコロンビア大学時代から社交が苦手だったが、「いつかは人前でしゃべらなければならない」とも分かっていた。苦手克服のために選んだのが、9歳の頃から愛読していたデール・カーネギー流の話術を身に付けるべくカーネギーの講座を受講することだった。大学を卒業後、オマハでカーネギー講座の広告を見つけたバフェットは、100ドルを払って入学、演説の参考書をもらい、演説を毎週やる訓練を受けた。効果はてきめんだった。

「肝心なのは、自分の内面が引き出せるようになることだ。誰かと5分間しゃべることができるのに、大勢の前で凍りつくことはないわけだよ。そこで、それを克服する心理的なコツを教えてくれた。反復練習もその一つだ。ひたすら練習する。みんなで助け合った。それが効果があった。それは私が得た学位の中で最も重要なものだ」

　しばらくしてバフェットはオマハ大学の夜間コースで教えるようになり、やがてバフェットの話を聞くためだけにたくさんの人が集まるほどの達人になった。人前で話をするという「学位」は、バフェットにとって100ドルをはるかに上回る価値を持つようになった。

「年次総会とは質問のための 時間と場所です。 ですから、チャーリーと私は いくら時間がかかろうと、喜んで、 すべての質問に答えたいと思います」

バークシャー・ハサウェイの株主総会に何万人もの人が訪れるのは、誰もがバフェットの話を楽しみにしているからだ。多くの株主総会というのは、株主にとっても、経営陣にとっても、退屈な、時間のムダ使いだが、「バークシャーの総会は違います」というのがバフェットの自負である。そこには学生時代の経験が影響している。

コロンビア大学時代、バフェットは父ハワードと一緒に株を購入したマーシャル・ウェルズ（ミネソタ州ダルースにある金物卸売業者）の株主総会に出席している。株主総会に出席するのは生まれて初めてのバフェットにとって、同社の株主総会は経営陣の無関心さを知る機会となった。株主総会に出席したのはわずか数人だった。そこにあるのは株主の怠慢と経営陣の無関心だったが、参加した株主の中にグレアム・ニューマンで働くウォルター・シュロスがいて、手厳しい質問を繰り出したため、経営陣は「ちょっと、むっとした」という。バフェットにとっては愉快だったが、経営陣にとっては不愉快な株主総会となった。

一方、バークシャー・ハサウェイの株主総会では全米中、いや世界中から集まってきた株主に対し、バフェットはたくさんの質問に答えることで感謝の意を表している。

「年次総会とは質問のための時間と場所です」が、学生時代に不愉快な経験をしたバフェットの考える理想の姿である。

「グリーンは私の顔を見て、ワン・ストライクと言った。その目つきと言葉は一生忘れられない」

040

　コロンビア大学の学生時代、バフェットは父親と共同で株を購入したマーシャル・ウェルズの株主総会に、生まれて初めて出席している。出席者はわずか数名だったが、その中に証券会社ストライカー＆ブラウンのルイス・グリーンがいた。

　ベン・グレアムの盟友でもあるグリーンはバフェットと同じ帰りの列車に乗り、その後、バフェットをランチに誘っている。しばらく雑談した後、グレアムはバフェットに「どうしてマーシャル・ウェルズを買った？」と質問した。バフェットなりの理由はあったが、バフェットは思わず「ベン・グレアムが買ったから」と答えてしまった。

　グリーンはバフェットの顔を見て、「ワン・ストライク」と言った。

　言われたバフェットは「ワン・ストライク」が「ウォーレン、自分の頭で考えろよ」という意味だと気付いたが、時すでに遅しだった。バフェットは、こう振り返っている。

「小さなカフェテリアで話をして、この魅力的な人物と一緒にいるうちに、気がついたら私は三振していた」

　その時のグリーンの目つきと言葉は、バフェットにとって一生忘れられないものとなった。投資で大切なのは「自分の頭」で考えることだ。自分が考えて「正しい」と思えたなら、他人は関係ない。間違っても「他人の頭」に大金を託すようなことは、やってはいけない。

041

「私たちは 好物を大食いしてしまう たちなのです」

　バークシャー・ハサウェイは保険部門を抱えているが、そのきっかけをつくってくれたのがコロンビア大学の学生時代にバフェットが出合った自動車保険のガイコである。元々ベン・グレアムはガイコの会長だったが、ある時期、所有していた同社の株を手放していた。

　どんな会社か興味を持ったバフェットは始発列車に乗ってワシントンD.C. まで行き、ガイコを訪ねた。対応してくれた財務担当副社長のロリマー・デービッドソンは話し始めてすぐに並外れた若者と気付き、バフェットのために何時間も話をしてくれた。

　話を聞いたバフェットは同社を「絶対に成功間違いなし」の事業と確信、ニューヨークに戻るとすぐに自分のポートフォリオの 4 分の 3 を売り払い、その全額をガイコに投資した。「分散投資」を重視するグレアムのやり方とはかけ離れていたが、バフェットは絶対の自信を持っていた。こう振り返っている。

「自信はあります。自分のお金だけを動かす時は、一つの案に純資産の75％を注ぎ込んだことが何度もありました」

「分散投資」は、金融界ではよく言われることだが、マンガーは「分散投資は、何も知らない投資家がすることです」と切り捨て、バフェットは「私たちは好物を大食いしてしまうたちなのです」と気にも留めていない。

「その時、私の所持金は 1 万ドルでした。 もしグレアムのアドバイスに従っていたら、 今でもきっと 1 万ドルぐらいしか 持っていないでしょう」

　1951 年、コロンビア大学の大学院を修了したバフェットは、スージーとの結婚を前にどうやって家族を支えていくのかを考えていた。これまでの投資活動によって手元には、1 万ドルを超える資金はあった。最初の希望はベンジャミン・グレアムの会社で働くことだったが、「ユダヤ人しか雇わない」という理由でグレアムには断られている。第二希望は父親の経営する証券会社で働くことだった。

　どちらにしても投資の世界でバフェットは生きていきたいと思っていたが、尊敬するグレアムも父親も、過熱している株式相場が一段落するまでは控えた方がいいと反対した。1929 年の大恐慌を経験した 2 人にとって当時の相場は「あまりに高すぎた」が、バフェットは「今、投資しないのは馬鹿げている」という、2 人とは逆の見方をしていた。

　バフェットは、こう振り返っている。

「その時、私の所持金は 1 万ドルでした。もしグレアムのアドバイスに従っていたら、今でもきっと 1 万ドルぐらいしか持っていないでしょう」

　バフェットは 2 人のことを心の底から尊敬していたが、この時の 2 人のアドバイスに関しては筋が通っていないし、自分の方が正しいと思っていた。この時の決断はバフェットにとって、自立への貴重な一歩となった。

第 2 章

バフェットの
22 歳から 39 歳

ウォーレン・バフェット
賢者の名言

043〜099

バ フェットの 22 歳から 39 歳は

　①父親であるハワードの会社で働く
　②ベンジャミン・グレアムの会社で働く
　③パートナーシップの運営
　という 3 つの時期に分けて考えることができる。
　バフェットの仕事に対する考え方は、「尊敬できる人の下で働くか、自分で好きな仕事をやる」である。バフェットがコロンビア大学大学院を卒業した 1950 年代には、最高学府を卒業した人間の第一希望はゼネラルモーターズやロッキード、US スチールといった一流企業に就職することだったが、バフェットはこうした企業には目もくれず、株式売買や投資の世界で生きていくことを希望している。
　選んだのが、最初が父親の会社であり、次がグレアムの会社である。いずれもバフェットが尊敬する人の会社ではあったものの、父親の会社では株式ブローカーとして顧客との利益相反に悩み、3 年足らずでグレアムの会社に転職している。しかし、わずか 2 年足らずでグレアムが投資の世界からの引退を決意。バフェットは後継者として会社を運営することを期待されたが、尊敬できない人間の下でジュニア・パートナーとして働くことを望まず、またニューヨークでの電車に乗っ

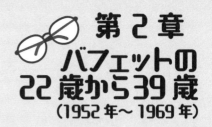

て行ったり来たりの毎日に嫌気がさしたこともあって、オマハに帰る道を選んでいる。

　バフェットはまだ26歳だったが、大学卒業時に1万ドルだった資金は約17万ドルに増えていた。そのまま就職せず投資を行うだけでも、少年時代の夢だった100万ドルを達成できるという自信はあったが、バフェットは7人からなるパートナーシップを設立、他人のお金を運用することで、より早い達成を目指すことになった。その後、パートナーシップは順調に成果を上げ、最終的に100人を超えるパートナーを抱えるまでになったが、バフェットは1969年、39歳でパートナーシップを解散した。その間の成果は素晴らしく、1969年秋、「フォーブス」は「1957年にバフェット・パートナーシップに投資された1万ドルは、今や26万ドルになった」と驚異の成功を讃えている。これほどの成果を上げたバフェットだが、この時期はまだグレアム流の「シケモク」へのこだわりが強かった。その一つが潰れかけた繊維会社のバークシャー・ハサウェイで、彼はその経営に専念することとなった。

　一方で、アメリカン・エキスプレスへの投資を通じて徐々に「ブランドの力」も認識し始めてもいた。

043

「大事なのは、自分にとってヒーローと呼べる人物を持つことです」

　コロンビア大学を卒業したバフェットは同級生たちと違い、大企業への就職ではなく、最も尊敬している人の会社で働きたいと考えた。第一志望は敬愛するベン・グレアムの会社グレアム・ニューマンへの入社だったが、同社はユダヤ人だけを雇っているという理由で願いは叶えられなかった。

　グレアムの所で働けないのなら、もう一人の尊敬すべき人の所で働くまでだ。バフェットは生まれ故郷のオマハに戻り、父ハワードの会社で働くことを望んだ。当初、ハワードはもっと大きな地元の名門証券会社で働くよう勧めたが、バフェットの決意は揺るがなかった。

　父の会社で働きながらも、バフェットはグレアムの下で働くという夢を諦めることはなかった。1954年、バフェットは念願かなってグレアムの会社で働くことになったが、入社にあたり、給料の額さえ聞くことはなかった。大事なのは給料の額ではなく、尊敬する人の所で働き、大好きな仕事をすることだった。それはバフェットにとって「正しいこと」だった。こうした経験を元に、バフェットは学生たちにこんなアドバイスを送っている。

「大事なのは、自分にとってのヒーローと呼べる人物を持つことです」

　ヒーローの生き方、考え方を学び、できるならヒーローと共に働く。それは間違いなく、人を成功へと導いてくれる。

044

「出す薬の量のみによって 報酬が増減する 医者のところに、 誰が行きたがるだろうか」

　大学を卒業後、オマハに帰り、父ハワードの会社バフェット・フォークで株式ブローカーとして働き始めたバフェットは、「ムーディーズ・マニュアル」を何度も読み返すなど熱心な勉強家だったが、株式ブローカーとしての仕事そのものにはすぐに嫌気がさすようになった。株式ブローカーの仕事は顧客に株を売ることであり、売り買いを盛んにすればするほどたくさんの手数料が入ってくる。こうしたやり方に、バフェットは疑問を抱いていた。

「薬を売った量に応じて報酬をもらう。薬によっては報酬の多いものもある。出す薬の量のみによって報酬が増減する医者のところに、誰が行きたがるだろうか」

　バフェット自身は十分な知識を備えていたが、株の売買を頻繁に行わなければ報酬が得られない以上、バフェットと顧客の利害は時に相反するものにならざるを得なかった。利益を得るためには自分がいいと思っていない株でも無理に売りつけること、短期で売り買いさせることが不可欠だが、それは自分の報酬のためには良いことでも、顧客のために良いこととは限らない。やがてバフェットは「顧客とテーブルを挟んで向き合う」株式ブローカーではなく、「パートナーである人々とテーブルの同じ側にいる」パートナーシップへと関心を移すようになっていった。薬の量ではなく、その薬が実際に効いたかどうかがバフェットの関心事となった。

「私は
カスタマー・ロイヤリティの力を
知ったんだ。
誰もそれを変えることはできない」

　バフェットはフィリップ・フィッシャーの理論や、チャーリー・マンガーとの出会いを通して「ブランドの力」を高く評価、投資スタイルも変化することになったが、こうした変化を可能にしたものの一つに、20代の頃に購入したものの大失敗に終わった「シンクレアのガソリンスタンド」での経験がある。

　当時、バフェットは父ハワードの証券会社で株式ブローカーとして働いていたが、思うようにいかず、その仕事に頼らなくてもすむ方法を考え始めた。誰かに使われるより自分で商売をした方がいいと考えたバフェットは、州兵の訓練で知り合ったジム・シェーファーと共同でガソリンスタンドを購入した。

　バフェットは祖父アーネストの店の手伝いをしていた頃から「肉体労働」が大の苦手だったが、笑顔での接客を心がけた。車のガラスもせっせと磨いた。しかし、そんな努力にもかかわらず、隣にある「テキサコのガソリンスタンド」にいつも売り負けていた。結果的にバフェットはガソリンスタンドを手放し、2000ドルの損失を出すことになったが、ここでの経験を通してバフェットは「長年商売を続け、しっかりとした常連客を持つ、カスタマー・ロイヤリティの力」を知ることになった。強固なブランドをひっくり返すのは難しい。バフェットは「ブランドの力」を意識するようになった。

「私には野心があった。 ガイコの株の0.1%を所有 するつもりだった」

　バフェットの夢は「35歳までに億万長者になる」ことだった。

　コロンビア大学の大学院を卒業してオマハに帰った時、バフェットの手元には1万9738ドルの資金があった。まだ35歳には時間がたっぷりとあったが、バフェットは急いでいたし、目標を達成するためには高利回りで複利の運用をしていかなければならないと考えていた。

　そんなバフェットにとって最も期待できる投資先が、学生時代に出合ったガイコだった。父親の証券会社で株式ブローカーとして働き始めたバフェットは、自分好みの株を叔母や、大学の友人といった安心できるお客に売り始めた。最初の客の叔母は、ガイコを100株買うことでバフェットに自信を持たせてくれた。

　以来、バフェットは誰彼構わず買ってくれそうな相手に電話をかけてガイコを勧めたが、時にはまったくお客が見つからないこともあった。そんな時、バフェットはガイコの株を5株ずつ自分で購入した。目的は、ガイコの株の0.1%、発行済み株式の17万5000株を所有することだった。そうすればガイコの時価総額が10億ドルに達した時、その0.1%は100万ドルになるからだった。バフェットにとってガイコは、自分の夢を叶えてくれる期待の銘柄だった。

「ウォーレン・バフェット」

「ベンは決算書の数字ばかり 見ていましたが、 私は帳簿に記載されない資産や、 目に見えない資産に着目しています」

　バフェットはグレアムの継承者ではあるが、グレアムにはなかったものを持ち込むことで、より見事な投資実績を残すことになった。1963年、バフェットは工場のような目に見える資産を持たないアメリカン・エキスプレスに注目した。アメリカ人にとってカードが必需品となり始めていた頃のことだ。

　アメリカン・エキスプレスの子会社で植物油精製会社アライドが不祥事によって倒産したことで、同社の株価が急落した。投資家たちは同社の株を売り急ぎ、果たしてアメリカン・エキスプレスは生き残れるのかという噂さえささやかれ始めていた。

　バフェットは違っていた。バフェットはオマハのレストランや店を時間をかけてチェック、その信用はスキャンダルによってまったく低下していないことを確信した。同社は倒産などしないし、今後も高いブランド力によって成長すると確信したバフェットは、同社株に積極的な投資を行った。バフェットはこう考えた。

　「私は、優れた企業や経営陣に高い値段を付けてもよいと思うようになりました。ベンは決算書の数字ばかり見ていましたが、私は帳簿に記載されない資産や、目に見えない資産に着目しています」

　アメリカン・エキスプレスは、今もバークシャー・ハサウェイの投資先であり続けている。

048

「私はいろいろなことを ベンから学びましたが、 この点（いい投資先を共有する）だけは 受け継ぎませんでした」

　バフェットはベンジャミン・グレアムの考え方の正当な継承者だが、なかには受け継がなかったものもある。１つはシケモク株にこだわり、企業のブランド力や成長可能性に目を向けなかったこと。２つ目は極端すぎるほどの分散投資へのこだわり。そして３つ目が、いい投資先に関して「みんなで共有すればいいじゃないか」という考え方だ。

　グレアムはコロンビア大学やニューヨーク金融研究所で投資に関する講座を持っていたが、そんな時も実例を用いて教えるのを常としていた。投資家というのは、いい投資先を見付けると、先回りされないように気を付けるし、自分がどんな企業に目を付けているかを大っぴらに話すことはないが、グレアムはそんなことは一切気にすることなく、他人に平気で教えていた。

　そのためグレアムが買ったのと同じ株を買うことで、グレアムに便乗する者も多かったが、グレアムは気にするどころか、人に教え、手本となるのが好きだった。一方、バフェットもオマハ大学などで教えたことがあるが、その際も投資の知識は教えても、自分の投資の成功については話そうとはしなかった。「私はいろいろなことをベンから学びましたが、この点（いい投資先を共有する）だけは受け継ぎませんでした」という点にグレアムとバフェットの違いがある。

049

「会社が近くにある時は、まず例外なく経営陣に会いに行った」

　父ハワードの証券会社で働いていた時も、ベン・グレアムの会社で働いていた時も、バフェットが欠かさなかったのが、合わせて1万ページほどある『ムーディーズ・マニュアル』の工業版、運輸版、銀行・金融版を徹底して読み込むことだった。たくさんの会社を隅々まで調べては投資に値する企業を見付けて、その株を買うことを習慣にしていたが、ニューヨークで働くようになってからは、ムーディーズやスタンダード＆プアーズに直接出向いてメモをとっていた。

　今と違ってインターネットのない時代、調べるにはこうした作業を丹念に繰り返すほかなかった。さらにバフェットは気になる会社が近くにある時は、ほぼ例外なく経営陣に会いに行った。前もってアポイントは取らなかったものの、たいていは会ってもらえたというからベン・グレアムの威光のお陰かもしれないが、こうした「聞き込み」はベン・グレアムというよりは、もう1人の師であるフィリップ・フィッシャーが推奨したやり方である。

　グレアムが得意とした財務統計分析は、現在は割安だと判断できる銘柄を見つけるには役に立つが、将来的に成長し続ける企業を発掘したければ、数字だけでなく優れた経営力や強い営業力、卓越した研究開発力といった、たくさんの要素に目を向けることが欠かせない。バフェットの「聞き込み」は、それらを突き止めるための武器だった。

※フィリップ・フィッシャー：『株式投資で普通でない利益を得る』（パンローリング株式会社）の著者。企業の価値を評価するための「15の質問」がバフェットに影響を与えた。

050

「オマハでの生活の方がずっと まともです。 こちらにいた方が 考えがまとまります」

　投資の世界で勝負するなら、できるだけたくさんの情報が集まる場所、投資関係の人がたくさん暮らす街に住む方がいいと考えるのが普通だが、バフェットはウォール街のあるニューヨークで暮らしたことはあるものの、人生の大半は生まれ故郷のオマハで送っている。

　ニューヨークでの生活は、バフェットが望んだものだった。敬愛するベンジャミン・グレアムの会社に入り、大好きな仕事ができたものの、グレアムの引退を機にオマハに帰る決心をしている。1950年代、大学の卒業者が自営業者になること、それもニューヨークを離れて金融関係の仕事をするなど考えられない時代だったが、バフェットは意を決してオマハに帰っている。この勇気ある決断が、バフェットの成功につながった。

　「オマハでの生活の方が、ずっとまともです。ニューヨークで働いていた頃は、都会の方が刺激があって、アドレナリンも分泌されるだろうと思っていました。でも、あのままニューヨークにとどまって都会特有の刺激に反応するようになっていたら、頭がおかしくなっていたかもしれません。やっぱり、こちらにいた方が考えがまとまります」

　バフェットに必要なのは、洪水のような情報ではなかった。余計な雑音から離れ、目の前の銘柄に集中する、じっくりと読み、考える時間を持つことで初めて優れた考えがまとまり、優れた決断ができるというのがバフェットの考え方だ。

051

「オマハに住めば、都会に住むという苦痛を我慢する必要がない」

　バフェットは、人生のほとんどの時間をオマハで過ごしている。中学に入学して間もなく、父親が下院議員に当選したため一家で首都ワシントンに移ったものの、ひどいホームシックにかかってオマハに帰っている。大学もペンシルベニア大学ウォートン校に進んだものの、ここでもほどなくしてネブラスカ大学に編入している。グレアム・ニューマン社で働くためにニューヨークで暮らしたこともあるが、同社が解散すると、やはりオマハに帰ってパートナーシップを始めている。

　つまり、90歳を過ぎたバフェットがオマハ以外で暮らしていたのは、10年に満たない期間となる。その理由を、こう話している。

「ニューヨークとワシントンに住んでみて思ったのは、ニューヨークは移動にとても時間がかかるということだった。オマハに住めば、飛行機に片道3時間乗るだけでニューヨークやロサンゼルスに行けるし、そのいいところだけを味わえる。都会に住むという苦痛を我慢する必要がない」

　ウォール街と距離を置くバフェットに、ニューヨークで暮らす意味はない。政府の内部情報も必要ないだけに、ワシントンも縁がない。自分にとって最も居心地のいいオマハで暮らすことこそが、バフェットの成功を引き寄せることになった。

052

「顧客とテーブルを挟んで
向き合うのが嫌だった。
パートナーである人々と
テーブルの同じ側にいて、みんなが
事情を知っているようにしたかった」

　1956年、ベン・グレアムが62歳になったのを機に引退を表明、バフェットはニューヨークを離れてオマハに帰っている。しかし、以前に勤めていた父ハワードの会社で働くつもりはまったくなかった。バフェットにとって株式ブローカーは「顧客とテーブルを挟んで向き合う」仕事であり、バフェットが望む「パートナーである人々とテーブルの同じ側にいる」ことは不可能だったからだ。

　手元には17万4000ドルの資金があり、投資家として資金を運用することもできたが、バフェットは7人のパートナーからなるパートナーシップ、「バフェット・アソシエーツ」を発足させている。株式ブローカーには、利益相反の問題がつきまとう。顧客の金を失ったり、顧客を落胆させる可能性も十分あるだけに、バフェットは「株を売りつける」のではなく、「顧客と利益を共有して顧客の資産を運用する」ことで、顧客もバフェット自身も共に豊かになりたいと願っていた。バフェットは言う。

　「パートナーである人々とテーブルの同じ側にいて、みんなが事情を知っているようにしたかった。商売をする人間は、本来、そういうことはしないものだがね」

　こうした考え方はバークシャー・ハサウェイにも受け継がれ、バフェットは良いことも悪いことも株主と共に、という方針を貫いている。

053

「私は7人の者たちと 小さなパートナーシップ契約を結んで、 運用資金10万5000ドルを預かりました。 7人は私に資産運用を任せた方が、 自分で運用するよりも 資産を増やせると考えてくれました」

　バフェットがベンジャミン・グレアムの引退に伴ってオマハに帰ったのは、1956年のことだ。その時、手元には約17万ドルのお金があり、これまでのペース（年60%の利回り）で資金を運用すれば、生活費などを除いても念願の億万長者になることは可能だった。しかし、より早く目標を達成するためには、さらに高利回りで複利の運用をする方が効率的だった。

　そのために、バフェットはグレアムの会社とよく似たパートナーシップを設立することにした。バフェットはこれまでの経験から自分の力には自信を持っていたが、それでもかつて姉のドリスの時のように株価が下がったからと非難されるのは耐えられなかった。そこで、バフェットは自分のことを信用してくれると分かっている姉夫婦や叔母、義父や大学時代の友人とその母親のお金だけを預かることにした。

　この人たちはバフェットにとって「何よりも大切な人」であり、「みんなバフェットの力を信じてくれる人たち」だった。バフェットは言う。「損を出すことがあると思っていたら、アリス叔母さんや姉や義父の金を受け取ることは、絶対にできなかった。その時私は、損を出すかもしれないとは考えなかった」

　バフェットはパートナーシップ解散後も、こうした人たちを大切にし続けた。

054

「私は人をがっかりさせたくない。最初に株を売り始めた時から、私は人に過度の期待を与えることを怖れていた」

　バフェットは若い頃から自信家で、自分が成功すること、億万長者になることを一瞬たりとも疑ったことがないというほど自分の力に自信を持っていた。しかし、その一方で他人のお金を預かって運用するという仕事には当然ながら強いプレッシャーが付き物だ。ましてや、自分のことを信用してくれる人たちを裏切ることほど怖いことはない。

　そのためだろうか、バフェットはダウ平均を大きく上回る成功をおさめながら、パートナーたちには「こんなことは二度あることではない」と都度、釘を刺している。バフェットにとってあまりに続く成功は、パートナーたちの期待を大きくする一方、失敗した時の落胆も大きくなるだけに、機会があるたびに「必ず利率が下がる時が来る」と警告し続けている。当時、バフェットはこう考えていた。

　「私は人をがっかりさせたくない。最初に株を売り始めた時から、私は人に過度の期待を与えることを怖れていた」

　それはバフェットへの評価が高まってからも変わることはなかった。「金持ちになりたければバフェットに投資しろ」と言われても、バフェットは「これはいつまでも続くことではないんだ」と言い続けている。木が永遠に天に向かって伸び続けることはない。バフェットはどれほど成功しても、自らを過信することはなかった。

055

「本当に私は この散髪に30万ドルを 費やしたいだろうか」

　バフェットにとって投資とは、消費を延期することを意味している。もし手元にある100ドルを消費に費やせば、そこで100ドルは消えてなくなるが、消費を先延ばしして複利で運用したならば、5年後、10年後にいくらになるのかがバフェットの複利式の考え方だ。こうした考え方をバフェットは、子ども時代に読んだ『1000ドル儲ける1000の方法』で学んでいる。

　もし1000ドルを年利10%で運用すると、5年で1600ドル以上、10年で2600ドル以上、25年で1万800ドルを超える。今日の1ドルも数年経てば10倍になるのだから、少額のお金だからと安易に消費するのは馬鹿げているとバフェットは考える。

　結婚して2人目の子どもが生まれようとしていたバフェットは、生まれて初めて一軒家を購入した。価格は3万1500ドルだが、バフェットの頭の中では100万ドルに等しい買い物であり、すぐに「バフェットの愚行」と名付けている。そして妻スージーが何かを買いたいと訴えると、「そんなことで50万ドルをふいにするのはどうかな」と答え、自らの散髪にも「本当に私はこの散髪に30万ドルを費やしたいだろうか」と自問した。

　少額のお金も消費を先延ばしして運用すれば数年後、数十年後にはちょっとした資産になる。複利式の考え方と、質素な生活がバフェットを大投資家へと育てることになった。

「まず自分自身が顧客になり、次に他人のために働くべきだ。一日一時間を自分に充てるべきだ」

　バークシャー・ハサウェイで長く副会長を務めているチャーリー・マンガーは、ミシガン大学とカリフォルニア工科大学で学んだ後、ハーバード大学ロースクールに進学、弁護士となっている。しかし、弁護士だけに満足できないマンガーは、副業として不動産開発などの投資も手がけるようになっていた。バフェットと出会ったのは1959年のことである。

　バフェットと初めて会う日、6歳年長のマンガーはさほど大きな期待をしていなかったが、ほんの少し話しただけで、バフェットのことを「普通の人間じゃない」と感じ、その後、急速に距離を縮めている。そしてバフェット自身もマンガーの中に自分と似たものを感じ取っていた。マンガーもバフェット同様に早くから「金持ちになる」ことを目指していたが、それは「自立」のためであり、そのために「脚が生えている本」と呼ばれるほど本を読み、努力をしていた。マンガーの努力をバフェットは高く評価している。

　マンガーは考えた。『僕にとって一番大事な顧客は誰だろう』と。そしてそれは自分自身だと確信した。そこで、毎日一時間、自分のために働くことにした。早朝にそのための時間を設け、その後、建設や不動産開発の仕事をした。「誰しもこれを見習い、まず自分自身が顧客になり、次に他人のために働くべきだ。一日一時間を自分に充てるべきだ」

　自分への惜しみない投資。それがバフェットとマンガーに共通する成功法則だった。

057

「ちょうどチャーリー・マンガーの影響を受けて変わりつつあるところだった。戻ってはまた進んでいた。宗教改革の最中みたいなもんだ」

　ウォーレン・バフェットの投資戦略を理解するには、2 人の投資家について知る必要がある。1 人目は「バリュー投資の創始者」ベンジャミン・グレアムであり、グレアムの①安全域の確保、②企業の一部を所有するつもりで株を買う——といった考え方を今もバフェットは守り続けているが、それだけでは今ほどの成功を収めることはできなかった。

　バフェットの成功、それはグレアムの投資原則を守る一方で、フィリップ・フィッシャーの「グロース（成長）株投資」を取り入れることでもたらされている。フィッシャーのやり方は①高い成長が見込める厳選した数種類の企業にのみ集中投資を行い、②可能な限り長く保有し続ける——というもので、この 2 つの理論を巧みに組み合わせたことがバフェットの成功につながっている。

　1960 年代、バフェットはグレアムの「シケモク理論」と、マンガーが心酔していたフィッシャーの「偉大な会社」のどちらを選ぶかを迷いつつ、「戻ってはまた進んでいた」が、マンガーの勧める企業への投資などを通じて、成長の期待できる、強いブランドを持つ企業の素晴らしさは理解し始めていた。バフェットにとってグレアムが「教皇」であることは変わらなかったものの、ある日にはキング牧師の話を聞き、次の日にはローマの教皇の説を聞くという、この時期の行きつ戻りつを経て、バフェットは本当の天才投資家になっていった。

058

「来年1年、すべての時間を
テクノロジーの勉強に費やしても、
私はその分野における、
100番目や1000番目、いや1万番目に
優秀なアナリストにもなれないでしょう」

バフェットの投資の特徴の一つは「能力の輪」をしっかりと決め、能力の輪の外に属する企業には、その企業がどれほど成長し、どれほどの利益を生んでいたとしても、決して手を出さない所にある。その典型が、ITなどテクノロジー企業だった。

1960年代半ば、市場で人気を博していたのはトランジトロン、ポラロイド、ゼロックス、エレクトロニック・データ・システムズといったテクノロジー企業であり、そうした企業の株を世界中の人が欲しがったが、バフェットは決して手を出すことはなかった。

この制限が人生最大の投資機会を逃すこともあった。グリネル大学の理事となり、財務委員会に加わったバフェットはある時、のちにインテルとなる企業への投資を承認するかどうかを求められた。バフェットは大学の投資は承認したものの、自らは決して投資することはなかったし、その姿勢はインテルの急成長を見ても変わることはなかった。理由はこうだ。

「来年1年、すべての時間をテクノロジーの勉強に費やしても、私はその分野における100番目や1000番目、いや1万番目に優秀なアナリストにもなれないでしょう」

投資をするのなら自分がよく分かる企業、得意とする分野に集中する方がいい。バフェットは自らの能力の輪をしっかりと守り、よく分かる企業、よく分かる分野に集中して投資することで素晴らしい成果を上げることになった。

059

「バークシャー・ハサウェイの名前を耳にしなかったら、今頃私はもっと裕福だったろうね」

　バフェットは投資家として世界一と言える成功を収めているが、その過程では失敗をし、その失敗から教訓を得ることで次の成功へと歩を進めている。バフェットの過ちの一つ、それはバークシャー・ハサウェイの経営権を取得したことにある。

　1960 年代初めのバフェットはまだベン・グレアムの「シケモク買い」「バーゲン株買い」主義に強くとらわれており、そこで出会った繊維会社バークシャー・ハサウェイを見て、利益が出ない倒産しそうな会社ではあるものの、企業価値よりも株価がはるかに安いため、「安いし、心底欲しい」と思ったという。

　1965 年、バフェットは「ひと吸い分だけ残っているかもしれない」と信じて同社の経営権を取得したものの、実際には同社には「一服できる分は残っていなかった」。バフェットは同社の経営者を選び、それなりの資金も投じて何とか立て直そうと努力を続けるが、1985 年についに繊維部門を閉鎖、400 人の工員を解雇し、機械設備一式を 16 万ドル余りで売却することになった。後年、バフェットはこう振り返った。「バークシャーには、一服できる分は残っていなかった。バークシャー・ハサウェイの名前を耳にしなかったら、今頃私はもっと裕福だったろうね」

　この失敗こそが、バフェットにすぐれた企業を選ぶ大切さを教えることになった。

060

「有能な騎手も、名馬に乗れば勝てるが、骨折した駄馬に乗っては勝てない」

　バフェットは、事業の成功には優れた経営者が欠かせないと考えている。では、経営者が優れていれば、すべてうまくいくかというと、そうではないことも知っている。

　1966 年、バフェットはボルティモアの老舗百貨店ホクスチャイルド・コーンを買収した。百貨店に関する知識はほとんど持っていなかったが、株が安く買えること、そして何より一族のルイス・コーンが会社の数字や収益性に通じており、かつ質素に暮らす信頼できる人間であることが決め手となった。価格は 1200 万ドル。買収のための資金の融資を依頼した銀行は「あんなちっぽけな古い会社に」と驚いたが、自信が揺らぐことはなかった。

　しかし、結果は悲惨だった。「楽しかったのは二日だけ。買った日と売った日だ」とマンガーが評したように、斜陽産業となっていた百貨店の経営はまったくうまくいかなかった。4 つの百貨店が競う地域の競争の激しさを見落としていたのだ。購入価格は安かったし、不動産の含み益もあった。経営陣も素晴らしかった。コーンは IQ も高く、高潔で、とても優秀な人物だったが、それでも経営が好転することはなく、バフェットは 3 年後に買った時とほぼ同じ金額で売却するほかはなかった。

　優れた騎手は優れた馬に乗ることで良い結果を出すが、馬がガタガタではどうにもならなかった。バフェットは、優れたビジネスを何より重視するようになった。

061

「書いたり、話したりする能力は、きわめて大切です。コミュニケーションの能力は、最強の武器になります」

　今でこそバフェットは「話し上手」として知られているが、コロンビア大学を卒業してオマハに帰り、父親の会社で株式のブローカーをやっていた時には、「風采の上がらない、セールスに苦労する」若者に過ぎなかった。

　顧客を訪問し、株の説明をするものの、「父上はどう考えているのかね？」と聞かれることがしょっちゅうだった。「相手の考えを読むのも雑談をするのも苦手で、話を聞くのが下手だった」うえに、自分の好きな株の情報を相手のニーズなどお構いなしに一方的にまくしたてるのが当時のバフェットだった。たしかにダメな営業社員だ。

　自分の欠点を何とかしようとバフェットはデール・カーネギーの教室に通って上手なコミュニケーションの取り方を身に付けているが、その後、オマハ大学に行って授業を受け持つようになったことで、さらにその大切さを実感することになった。バフェットは言う。

　「書いたり、話したりする能力は、きわめて大切です。コミュニケーションの能力は、最強の武器になります。若いうちに、外へ飛び出して、多くの人と接するべきです。成長を余儀なくされるような環境に自らを置くべきです」

　書いたり、話したりする能力を身に付けたバフェットの話を聞きたい人は今や世界中に大勢いるし、バフェットが書く「バフェットからの手紙」も多くの人が楽しみにしている。

「投資の世界には、
見送り三振がありません」

　1969年、バフェットはパートナーシップの解散を表明した。パートナーシップは素晴らしい運用実績を上げ続けていたが、それ以前の「ゴーゴー時代」を含め、バフェットが関心を示す企業、利用できるチャンスは確実に減っていることをバフェットは感じていた。

　しかし、パートナーシップを運営し続ける限り、投資は行う必要がある。投資のチャンスがなく、投資の優れたアイデアがないにもかかわらず、無理やりに投資を行うのはバフェットの流儀ではなかった。大好きな野球を例に、こう話している。

「投資の世界には、見送りの三振がありません。投資家は、バットを持ってバッターボックスに立ちます。すると、市場という名のピッチャーがボールをど真ん中に投げ込んできます。例えば、『ゼネラル・モーターズ株を47ドルでどうだ』という感じで投げて来るのです。もし47ドルで買う決心がつかなければ、バッターはそのチャンスを見送ります。野球であれば、ここで審判が『ストライク』と言いますが、投資の世界では誰も何も言いません。投資家がストライクをとられるのは、空振りした時だけなのです」

　投資家は傍から見てどんな絶好球であっても、気に食わなければバットを振る必要はない。自分の得意な球、好きな球が来るまで、いつまでも待てばいい。さらには、野手（他の投資家やウォール街など）が眠ってしまったのを見計らってから球を打つこともできる。

063

「2月の時点で、将来が見通せないとしたら、なぜ5月になってから、8月に起こることが分かるのだろう」

　世の中には「今年の株価はいくらになるのか」などと予想をする人がいるが、バフェットはいつだって「そんなこと、まったく見当がつきません」とそっけない。

　1960年代、バフェットがまだパートナーシップを運営していた頃、バフェットの顧客の中には市場の暴落を受け、「マーケットは今後も下がり続けるはずだ」とバフェットにアドバイスする人たちがいた。バフェットは、こんな疑問を持った。

「2月の時点で、5月にはダウが865ポイントになるのが分かっていたのなら、なぜそれを教えてくれなかったのか。まだ安全圏にいた3カ月前の2月の時点で、将来が見通せないとしたら、なぜ5月になってから、8月に起こることが分かるのだろう」

　バフェットが指摘するように、2月の時点で5月の数字を予測できた人は誰もいなかった。ただ単に株価が下がっているという事態を前に、株価はもっと下がるのではないかという恐怖心からバフェットにあれこれ言ってくるだけのことだった。当時からバフェットは市場の予測は決してやらなかったし、訳知り顔のアドバイザーの予測をもとに株の売買をすることもなかった。バフェットにとって重要なのは株価の動きを予測することではなく、市場がどう動いたとしても長期的に揺るぎない企業価値を維持し続けることができるビジネスを見付け、投資することだった。

064

「私はこの映画が
この先何年も
繰り返し上映されるかどうか、
自分の目で確かめたかったのです」

　バフェットが言う価格と価値の差を知るためには、企業価値を正確に
つかむ必要がある。価格は株価からすぐに計算できる。不動産など帳簿
に載っている価値もすぐに分かる。問題は帳簿には載らない、しかし今
日の企業にとって最も大切な資産の一つであるブランド価値をどう評価
するかだ。

　これは決して簡単ではないが、「企業の内在価値を正確にはじき出す
公式はありません。企業について知ることがまず大事です」がバフェッ
トの考え方だ。

「知る」ためには自分で「動く」ことが欠かせない。ある時、バフェット
はニューヨークに『メリー・ポピンズ』の映画を観に行った。切符売
り場で「大人一枚、子ども一枚」と言い、「子どもは？」と聞かれて、「ど
こかその辺に」と嘘をついて入っているが、そうまでして観たかったの
は「私自身としては、この映画がこの先何年も繰り返し上映されるかど
うか、この目でたしかめたかった」からだ。

『メリー・ポピンズ』は 1964 年にディズニーによって制作された映
画である。ディズニーの株を買うにあたって、バフェットは会社のこと
をすべて知りたかった。価格に割安感はなかったが、ディズニーに投資
すれば、映画の『白雪姫』やミッキーマウス、ディズニーランドまで付
いてくる。企業の価値を知れば、投資すべきかどうかが判断できる。

065

「これは多分 私の偏見だろうが、 集団の中から飛び抜けた 投資実績は生まれてこない」

　バフェットがグレアム・ニューマンを離れ、オマハに帰り、1人でパートナーシップを立ち上げようという決断をした当時、ウォール街から離れることは、株式投資で大金持ちになるという夢を捨てることさえも意味していた。

　しかし、そんな当時の常識をバフェットは見事に覆すことになった。1957年にバフェットのパートナーシップに投資された1万ドルは、1969年には26万ドルとなったのだから、フォーブスが「オマハはいかにしてウォール街を打ち負かしたか」という記事を掲載するのも当然のことだった。

　なぜバフェットはたった1人、ウォール街から遠く離れたオマハでこれだけの成功を収めることができたのか。なぜウォール街はバフェットほどの成果を上げられないのか。バフェットは、こう指摘した。

「これは多分私の偏見だろうが、集団の中から飛び抜けた投資実績は生まれてこない」

　問題は、ウォール街の投資判断や横並び意識にあった。ウォール街に限ったことではないが、「同業他社が行えば、企業は無意識に追随する」ものであり、こうした横並び意識、業界の常識にとらわれたやり方の中から優れた投資判断が生まれることはない。バフェットの成功は、たった1人、ウォール街から遠く離れたオマハで開業したことも一因だった。

066

「最高のCEOと呼ばれる人は、会社の経営が大好きで、財界人円卓会議やオーガスタ・ナショナルでゴルフをすることなど好まないものです」

　企業の経営者に必要なのは、何一つゆるがせにしない徹底した仕事ぶりや、企業のために自分のすべてを捧げることのできる情熱や熱意である。バフェットはこのすべてを兼ね備えた経営者に、1976年に出会うことになった。アソシエーテッド・コットン・ショップスを経営するベンジャミン・ロズナーである。

　同社はシカゴやバッファローといった、あまり柄の良くない場所に安売りの婦人服店を80店舗展開する売り上げ4400万ドル、利益は200万ドルと、「四流の値段がついた三流店」だったが、ロズナーはトイレに各店舗の売り上げ成績を張り、用を足しながら数字を比較したり、パーティーの最中にライバル店の経営者からトイレットペーパーの仕入れ値を聞くやいなや、自分の店の倉庫に駆け戻りトイレットペーパーの巻数を確認するような人間だった。

　バフェットはすぐに同社を600万ドルで買収したが、買収後もロズナーに会社に残り、これまで通り経営に当たってくれるように頼んだ。「最高のCEOと呼ばれる人は、会社の経営が大好きで、財界人円卓会議やオーガスタ・ナショナルでゴルフをすることなど好まないものです」と考えるバフェットにとって、ロズナーは理想の経営者だった。ロズナーは80代で引退するまでの20年間、バフェットの期待に応え続けた。

067

「熱意こそ
抜きんでる代価」

　バフェットがバークシャー・ハサウェイが所有する企業で働く人たち
に求めることの一つが、「自分がオーナーになったつもりで考える」こ
とだ。会社を売却した後は、本来はバフェットがオーナーであり、経営
者は雇われの身となるが、バフェットはそうではなく、以前と変わらぬ
ままに自分がオーナーであり、自分が責任を持って経営をするという熱
心な経営者を望んでいた。

　その一人が、百貨店のホクスチャイルド・コーンの失敗の後に出会っ
たアソシエーテッド・コットン・ショップスのベンジャミン・ロズナー
だ。同社は 80 店舗、売上げ 400 万ドル、利益 300 万ドルの、チャー
リー・マンガーに言わせれば「ちっぽけな安物屋」だったが、63 歳の
経営者ロズナーは「販促のプロ」と呼べる経営者だった。

　ロズナーはトイレに各店舗の売り上げ成績を貼り出し、仕入れに関し
ても決して手を抜くことはなかった。パーティーで情報を聞き出すと、
抜け出して自社の倉庫に駆けつける熱心さも持っていた。バフェットは
600 万ドルで同社を買収、ロズナーをおだてて経営を続けてもらうこ
とにした。大切なのは「熱意」であり、何一つゆるがせにしない仕事ぶ
りこそが成功をもたらすことをバフェットに再認識させてくれた経営者
だった。引退の日、ロズナーはバフェットに「会社を売ったことを忘れ
ていたよ」という感謝の言葉を口にした。

068

「株式市場は、短期的には
人気投票の場にほかなりません。
しかし長期的には、
企業の真の価値を測る計量器の役目を
果たしてくれるのです」

「株式市場は、短期的には人気投票。長期的には、計量器」は、バフェットがベンジャミン・グレアムの会社に勤務していた頃、グレアムに教えられた言葉である。市場を的確に表しているからと、バフェットが頻繁に紹介したことでよく知られた言葉となった。

ITバブルの崩壊によって多くのIT企業が大きなダメージを受けたが、当時のトップランナーだったアマゾンも、1年足らずで株価が10分の1以下になるという厳しい洗礼を受けている。

株式市場からも厳しい目を向けられ、社員も動揺していたが、創業者のジェフ・ベゾスはバフェットの「株式市場は、短期的には人気投票。長期的には、計量器」を引用して、株価の変動に一喜一憂せず、自分たちがやるべきことに専念するように呼び掛けている。

実際、たしかに株価は下がっていたが、顧客数など株価以外の事業指数はすべて上向きだった。「間違っているのは自分たちではなく、株価である」と確信したベゾスは、さらなる顧客サービスの充実に邁進、アマゾンは再び成長軌道に乗ることになった。株価と価値がぴったり合致することは滅多にない。価値に比べて株価が低いと感じることもあれば、異様に高すぎることだって起こりうる。そんな気まぐれな株価に振り回されることなく、自らの企業価値を高める努力を続けることこそが経営者の務めなのである。

069

「単に大勢の人々が
一時的にあなたに同意したからといって、
あなたが正しいとは限りません。
重要人物が同意したからといって、
あなたが正しいとも限らないのです」

　バフェットは 1969 年にパートナーシップを解散し、バークシャー・
ハサウェイの経営に専念している。以後、バークシャーの株主に「バ
フェットからの手紙」を送っているが、それ以前はパートナーに対して、
「パートナーシップ・レター」を送っている。

「バフェットからの手紙」と同様に、そこに書かれている内容からはバ
フェットの投資に対する考え方を知ることができる。1962 年の手紙に
こうある。

「単に大勢の人々が一時的にあなたに同意したからといって、あなたが
正しいとは限りません。重要人物が同意したからといって、あなたが正
しいとも限らないのです」

　政治の世界では数の力がものを言う。多数決こそが正義であり、多数
決によって国や自治体の政治のあり方が決まっていくが、投資の世界に
おいて多数決は、「気休め」にはなるかもしれないが、成功を保証する
ものではないし、リスク管理の役にも立たない。では、投資の世界の正
しさは何で決まるのか。バフェットは言う。

「あなたの仮説が正しく、事実が正しく、根拠が正しいならば、多くの
取引においてあなたは正しいでしょう」

　投資においてみんなが賛成するか、反対するかは、判断の成否とは無
関係だ。データに基づく判断が正しければ、正しいというのがバフェッ
トの考え方だった。

070

「いつ起こるかではなく、何が起こるかに主眼を置くのです」

　バフェットは、株式市場や景気変動について予測することはない。新聞や雑誌などで専門家が新年に披露する「年末の株価はいくらになっているか」などを口にすることもない。パートナーシップを運営していた頃には、「予測が投資計画に必須だと思う方は、このパートナーシップに参加すべきではありません」とはっきり言い切っている。

　とはいえ、バフェットが何の予測もしないかというと、そうではない。バフェットの予測には特徴がある。当時からこう言っている。

　「いつ起こるかではなく、何が起こるかに主眼を置くのです」

　たとえば、株価が上昇を続けたとしても、木が天に向かって伸び続けるということはあり得ない。伸び続けて株価は「いつかは分からない」ものの、どこかで弾けることになる。あるいは、2007 年にアメリカの住宅市場で起きたサブプライムローン危機に関しては、信用度の低い人に対する融資の危険性や、デリバティブの危うさを指摘、「大変動は突如起こる」という警告は発していた。

　だからこそバフェットは、「いつ起こるか」は誰にも分からないものの、「いつか確実に起こる」ことへの備えを欠かさない。それが、どんな変化が起きたとしても、持ちこたえることのできる「本物の企業」への投資だった。

「自分の保有株式の市場価格が
20%か30%下落した時に
感情的もしくは金銭的に苦しくなるようなら、
一般的な株式投資の類には
手を出さないことです」

　バフェットは11歳の時に初めて株式投資を行っているが、その際、購入した時の株価が下がったことで毎日のように姉のドリーに責められ、それが嫌で、ほんの少しだけ株価が上がった時に売却して、ごくわずかの利益を手にしている。以来、買った時の株価に拘泥してはいけないことを自らの原則にしているが、同様にパートナーシップの人たちに対しても、同じ心構えを求めている。こう手紙に書いている。
　「自分の保有株式の市場価格が20%か30%下落した時に感情的もしくは金銭的に苦しくなるようなら、一般的な株式投資の類には手を出さないことです」
　株式市場というのは上昇することもあれば、急落することもある。急落を回避することはできないし、そのタイミングを予測するのも難しいとしたら、株式投資を行う以上、株価の急落によって冷静さを失って売りに走るとか、あるいは金銭的に追い詰められるとしたら、株式投資などやらない方がいいというのがバフェットの考えだった。
　株価は日々揺れ動いたとしても、長い目で見れば、投資した企業に本物の価値があれば、価格はその価値に近づいていくことになる。投資において大切なのは、株価が激しく上下しても決して冷静さを失わないことと、生活に支障のない範囲で投資をすることだというのがバフェットのアドバイスだった。

072

「新しいやり方が
大きな利益を生み出すことができ、
同時に私のやり方が効力が失せ、
大きな損失を出す可能性があるとしても、
私はこれまでのやり方を
変えるつもりはない」

　バフェットがオマハでパートナーシップ「バフェット社」を設立した
のは1956年、同社を解散したのは1969年だが、この時期はバフェッ
トにとってさまざまな葛藤があった時期でもある。

　特に1960年代のアメリカの株式市場は「ゴーゴー時代」と呼ばれ
るバブルの時代であり、29歳の中国系アメリカ人のジェラルド・ツァ
イがフィデリティ投信のファンドマネジャーとして、7年間で285%
のリターンを実現、1965年に独立してマンハッタンファンドを設立す
るなど、成長企業への投資がもてはやされた時代でもある。

　ツァイが得意としたのはゼロックスやポラロイドなど、当時としては
「博打」に近いものだったが、その成果は圧倒的だった。ツァイと好対
照な立場にいたのがバフェットだ。バフェットの成果も素晴らしいもの
だったが、バフェットはテクノロジー企業には手を出さなかったし、相
変わらずの「シケモク買い」だった。バフェットは、ゲームのルールが
変わったことや、新しい潮流に馴染めないことを認めたうえで、「新し
いやり方が大きな利益を生み出すことができ、同時に私のやり方が効力
が失せ、大きな損失を出す可能性があるとしても、私はこれまでのやり
方を変えるつもりはない」とパートナーたちに伝えている。大きな変化
の中、バフェットは自分のスタイルを決して変えようとはしなかった。

073

「私は少しばかり高いリターンを求めて次から次へとトレンドを乗り換えていく気にはなれない」

　バフェットの特徴の一つに、人と人の関係を大切にするところがある。チャーリー・マンガーによると、もしバフェットがパートナーシップを長く続けたり、たくさんの株主を抱えることをせず、その分を複利で増やしたとしたら、さらに何十億ドルものお金を手にすることができたが、バフェットはお金よりも道義心や関係を大切にしたという。

　1968年、バフェットはパートナーへの手紙でこう述べている。

　「私は気の置けない人とビジネスをしていると、刺激を受けることができ、かつ投資のリターンを得ることができる。だから、少しばかり高いリターンを求めて次から次へとトレンドを乗り換えていく気にはなれない」

　ゴーゴー時代の流行と言えば、企業を次々と買収し、そして簡単に売り飛ばすことで大金を手にすることだが、バフェットはバークシャー・ハサウェイもホクスチャイルド・コーンも厄介だと思いながらも、簡単に売り飛ばすようなことはなかった。たとえ平均より劣るビジネスであっても、全体として満足できる数字が達成できるなら、それも許容するというのがバフェットの考え方だった。バフェットは人とのつながりにこだわり、わずかの利益のためにオマハや友人、企業を捨てることはなかった。優秀な人々との関係を、お金のために不満や腹立ちの多い関係に置き換えることはしないというのがバフェットの哲学だった。

「バフェットの投資原則」

074

「私たちは、
企業を買うのは好きですが、
売るのは好きじゃありません。
傘下に収めた企業との関係が
一生続くことを望んでいます」

　バフェットは短期的な利益を追求する取引を嫌い、かつて保有期間が
1 年に満たない株式の売却益には 100％の譲渡益税をかけるべきだ、
と提案したことさえあるほどだ。しかし、こうした考え方をするのはご
く一部で、たとえばかつてバフェットのライバルとも見られていたフィ
デリティ投信のジェラルド・ツァイの上司は、こう話していた。

「株を買った時に、その株と結婚したとは感じたくないですね。関係を
『友愛結婚』と思いたいのかとおっしゃる方もいるでしょう。しかし、
それではまだまだ足りません。できれば時おり『不倫』したり、ごくた
まに『一晩か二晩を共に過ごす』のが私たちの好みです」

　バフェットが企業の内在価値を知り、長期的な成長性に重きを置くの
に対し、ツァイが見ていたのは株式チャートであり、さまざまなアイデ
アを駆使しながら、抜け目なく株式の売買を繰り返すことで高利回りを
生み出していた。ツァイたちにとって、バフェットのように何年間も株
を持ち続けるなど考えられないことだった。

　数年後、ツァイは自ら立ち上げた投資ファンドをさっさと売却、大金
を手にしたのに対し、バフェットはパートナーシップは解散したものの、
バークシャー・ハサウェイの経営に専念、それ以前に株を取得したガイ
コ（一時中断あり）やアメリカンエキスプレスは今もバークシャーの傘
下、あるいは保有企業となっている。

075

「最初のうちは、朝届く郵便は入金ばかりで、保険請求はほとんどない。この時味わうのは、初めてクレジットカードを受け取った時のような有頂天の気持ちである」

バフェットがバークシャー・ハサウェイを成長させていくうえで、大きな役割を果たしたのが損害保険事業である。1967年にナショナル・インデムニティおよびその姉妹会社のナショナル・ファイア＆マリンを買収して以来、「損害保険事業は当社の成長をけん引してきたエンジン」だと認めている。

バフェットがこうした保険事業に興味を持った理由は、業界のビジネスモデルにあった。保険事業は保険料を前払いで受け取り、保険金は後日支払うことになる。支払うことなしに終わることもある。このようなお金を先に受け取り、支払いは後になるビジネスモデルは、バフェットが「フロート」と呼ぶ潤沢な資金をもたらし、支払いが発生するまでの間はその資金を運用することができる。

フロートのもたらすメリットについて、バフェットはこう話している。「最初のうちは、朝届く郵便は入金ばかりで、保険請求はほとんどない。この時味わうのは、初めてクレジットカードを受け取った時のような有頂天の気持ちである」

同じくバフェットが投資していたブルーチップもそうだが、そこから生み出されたフロートは、バフェットの機動的な投資を可能にし、バークシャーのその後の成長を加速させる役目を果たすことになった。

076

「ビジネスは人なり」

「スージーと私は、映画を観に行くお金を節約して684万9936ドル投資しています」

　バフェットの生活は若い頃から、とても地味なものだった。早くからビジネスを行い、投資も行っていただけに、コロンビア大学を卒業した頃には既に2万ドル近い資産を手にしていた。その資産は増え続け、グレアム・ニューマンを辞め、オマハでパートナーシップを始める頃には手元におよそ17万4000ドルもの資金を蓄えていた。

　オマハで借りた家は月175ドル、生活費は年1万2000ドルだった。26歳のバフェットの計算によると、引退して手元の資金を運用するだけでも35歳で念願の億万長者になれるはずだった。

　それだけの資産を持ちながらバフェットが借りた家は、かろうじて住める程度の広さしかなく、しかもそこの狭い書斎を事務所として、たった1本の電話を引いてパートナーシップを始めることにした。

　バフェットはできるだけ出費を抑え、かつ一つひとつの出費を黄色い罫線に手書きで記入することでコントロールした。長年、こうやって運営したパートナーシップの総資産は膨れ上がり、1966年には4400万ドルに達し、大金持ちになったバフェットは投資家への手紙にこう書いた。

「スージーと私は、映画を観に行くお金を節約して684万9936ドル投資しています」

077

「『この間出席したパーティーで 小耳にはさんだのでね、200株買ってみた』 という話をよく聞きますが、 小口の投資は 大した理由もなく行われてしまう 傾向があるように思います」

バークシャー・ハサウェイが現在、買収の対象として考えているもの は「エレファント級」と呼ぶ大企業となるが、その規模はともかく、バ フェットは早い時期から「厳選した数少ない銘柄に、それなりの額を投 じる」ことを重視してきた。

1980 年代にバークシャーが「ウォール・ストリート・ジャーナル」 に掲載した「会社買います」の広告にはいくつもの条件が掲載されてい るが、そのうちの第 1 番目の条件は「大企業であること（税引き後利益 が少なくとも 1000 万ドルあること。多ければ多いほど望ましい）」と なっている。

バフェットは、なぜ「大きさ」にこだわるのか。その理由は、パート ナーシップを運営していた時、大口の投資と小口の投資のどちらの利回 りが高いかを調べたところ、大口の投資は小口の投資よりも常に高い利 回りを上げていることが分かった、という経験が影響しているようだ。 その理由を、こう説明している。

「金額が大きくなればなるほど、投資決断に至るまでの調査が厳密に行 われるためであり、相応の批判も乗り越えなければならないためでしょ う。金額が小さいと、そうした作業はおざなりになる恐れがあります」

「小口の投資は大した理由もなく行われる」ところに落とし穴がある。

078

「性格や適性に合ったやり方で仕事をしていくのが、つまりは、一番効率的だということです」

　バフェットがコロンビア大学大学院を卒業した1950年代に、大学まで卒業した人間が大企業に就職せず、自営の道を選ぶというのはとても珍しいことだったという。バフェットも数年間は父親の会社と、ベンジャミン・グレアムの会社で働いてはいるが、元々が自分で自分の資金を運用することで目標としていた億万長者になれるという自信もあっただけに、最初から大企業への就職は考えていなかった。それだけでも、当時としては画期的な選択だった。

　そしてグレアムの会社を離れ、オマハに帰ってからはほとんどが「1人で考え、1人で決める」という仕事のやり方を続けている。こうしたやり方がバフェットはとても気に入っており、こう話している。

「並外れて運がいいと思いますよ。自分のしたいことを、自分の好きなやり方で、しかも自分が選んだ素晴らしい仲間と一緒にやっていけるんですから。思った通りのことができるというのは、本当に運に恵まれていると思うんですよ」

　但し、自分のやり方が絶対とも考えていない。親友であるビル・ゲイツにはビル・ゲイツに合ったやり方があるし、自分には自分に合ったやり方がある。大切なのは「性格や適性に合ったやり方」をすることであり、それこそが成功への道となるということだ。

079

「場合によっては、注ぎ込む金額が少ないことが、かえって失敗になることがあります。長い人生においては、時に信じられないように大チャンスが巡ってくるからです」

　バフェットが初めて借金をしたのは1951年、20歳の時だ。バフェットの目から見ると、投資するチャンスがいっぱいあったが、肝心の資金が不足していた。ある株を買おうとすれば、ほかの株を売るしかないが、それは嫌だった。当時、バフェットは純資産の4分の3近くをガイコに投じており、何かを買うためにはほれ込んでいるガイコを手放す必要があったのだ。

　金を借りることに抵抗はあったものの、バフェットは父親のハワードに保証人となってもらうことで、オマハ・ナショナル銀行から5000ドルのお金を借りて、それを投資することにした。バフェットによると、人生にはそれこそすべての財産を注ぎ込んでも惜しくないほどの大きなチャンスが巡ってくることがある。たとえば、キャピタル・シティーズに大金を投じていれば、業界で最高の経営者が手に入ったし、コカ・コーラなら自分の財産をすべて投資したとしても何の心配もない。むしろ将来にわたって安定した暮らしが約束されることになる。

　バフェットは「分散投資」を意味のないものとして切り捨てるだけでなく、「場合によっては、注ぎ込む金額が少ないことが、かえって失敗になることがある」とさえ言い切っている。絶対の確信さえあれば、時に大胆であっていい。

「時間というのは、素晴らしい企業には友だちであっても、月並みな企業にとっては敵なのです」

　バフェットが師匠であるベンジャミン・グレアム譲りの「シケモク買い」から手を引くことを決意したのは、バークシャー・ハサウェイと、ボルチモアの百貨店ホクスチャイルド・コーンなどでの苦い経験が影響している。

　当時、バフェットは十分に安い価格で株を買えば、その企業の長期的な収益力が悲惨なものだったとしても、まずまずの利益を出して「利食う機会がたいていはある」と信じ込んでいた。特にホクスチャイルド・コーンのように、経営陣は一流で、帳簿に記載されていない不動産の含み益などがある場合、「買わずにいられなかった」とバフェットは振り返っているが、実際には、「シケモク」はいくら「タダ同然」で手に入ったとしても「掘り出し物」になることはなかった。

　理由は、「シケモク」にはそうなるだけの問題があり、問題の解決には時間と手間がかかる。パッと買って、パッと売れば、それでもかなりの利益を手にできるものの、問題が多く、売却までに多くの時間を要してしまうと、仮にある程度の利益はあったとしても、その間にかけたコストや低い収益を考えると、その投資は「目算が外れたもの」になる。「時間というのは、素晴らしい企業には友だちであっても、月並みな企業にとっては敵」となるだけに、企業を買うなら「素晴らしい企業」でなければならないというのがバフェットの原則だ。

081

「マンガーと私は、先を急ぐつもりはありませんし、結果よりも過程を大いに楽しんでいます」

　多額の借り入れを行い、レバレッジをきかせたやり方で派手な買収を行い、ごく短期間で売却を行うことで大きな利益を手にする人たちがいる。こうした人たちの対極にいるのがバフェットだ。バフェットは借り入れを嫌い、レバレッジを使わず、買収した企業はできる限り長く保有することを自らの原則としている。

　「バフェットからの手紙」の中で、バフェットは「保守的な財務方針が誤りだったと思う人もいるかもしれませんが、私たちはそうは考えていません」と言い切っている。バフェットによると、1965年当時でさえ、レバレッジを高めれば、99%の確率で良い結果を得られたであろうチャンスがあったにもかかわらず、バフェットは「ひどいことになる可能性は、たとえ低くても、利益の大きな可能性によって相殺することはできない」という信念から、そのチャンスを見送っている。

　そして、そのことは決して後悔していない。バフェットは言う。
「思慮ある行動を取っていれば、きっと結果はついてきます。レバレッジは、そのスピードを少し早めるだけです。マンガーと私は、先を急ぐつもりはありませんし、結果よりも過程を大いに楽しんでいます」

　バフェットは過程を楽しみつつ、世界最高の結果も手にすることになった。

「願えば夢がかなうのは
ディズニー映画の中だけで、
ビジネスにおいては
毒になります」

　1985年にバフェットがバークシャー・ハサウェイの繊維部門を売却したことで、同社は傘下に多くの優れた企業を抱える優れたコングロマリットになった。バフェットが同社の経営権を取得したのは1965年のことだが、それから21年後の1986年、同社の株価は実に167倍に値上がりしていた。その間、ダウがようやく2倍になったのに対し、同社の成長ぶりはすさまじく、「ウォールストリート」や「フォーブス」はバフェットを「魔法使い」「オマハのご託宣」「大衆の英雄」などと称えた。

　当時、バフェットのお陰でオマハでは50人、全米では数百人が億万長者になったと言われている。その意味では、バークシャーを買収したことは大成功と言えるが、バフェットにとっては「大失敗」であり続けた。バークシャーを買収した時、バフェットは本業の繊維事業を何とか成功させようと、20年もの間、経営努力と資本の改善を試みたものの、結局は立て直すことができず、売却するほかなくなっている。この時の経験を踏まえ、バフェットはこう振り返っている。

　「願えば夢がかなうのはディズニー映画の中だけで、ビジネスにおいては毒になります」

　どんなに良い経営者でも、弱いビジネスを立て直すのは難しい。バフェットが得意なのは資本の配分であり、倒産寸前の企業を再生させるという夢はかなわなかった。

083

「失敗した場合でも、そのいきさつを説明できるようにしておきたい、と私は考えています」

　世界一の投資家バフェットでさえ、失敗をゼロにすることはできない。
「バフェットからの手紙」などでもバークシャー・ハサウェイを初めとする失敗について触れることがあるが、一方で投資においてこうした判断ミスをゼロにするのは不可能だとも考えている。

　さらに失敗からはいろいろなことを学ぶことができるし、大きな失敗さえしなければ失敗がゼロである必要もないと考えてもいる。バフェットがここまで前向きになれるのには理由がある。バフェットは、市場動向や誰かの意見につられて株の売買をするようなことはしない。あくまでも自分で調べ、自分で考え、自分で納得したうえで判断を下している。そこには理解があり納得がある。

「失敗した場合でも、そのいきさつを説明できるようにしておきたい、と私は考えています。つまり、自分が完全に理解していることしかやりたくないということです」

　理解も納得もないままの仕事は失敗を招いたり、後悔につながりやすい。バフェットは十分な理解と納得のうえで判断を下している。だからこそ、失敗に対しても前向きになることができる。「我々はみな失敗するものだ」はバフェットの言葉だが、だからこそ人は自分のやることに十分な理解と納得が欠かせない。そうすれば失敗にも説明がつくし、失敗から何かを学ぶこともできる。

「名前を変えるんなら、バフェット・アンド・ファーザーだよ」

　バフェットは自分の尊敬する人物として父親であるハワードと、恩師グレアム・ニューマンの名前を挙げているが、「投資家」としての自分の才能に関してはかなりの自信を持っていた。大学院を卒業したバフェットはオマハに帰り、父親の会社「バフェット・フォーク」に入社した。

　友人から「親子でやっているのだから、社名は『バフェット・アンド・サン』にすれば」と言われたバフェットは、こう答えている。
「名前を変えるんなら、バフェット・アンド・ファーザーだよ」

　1956年、グレアムが現役を引退するにあたり、バフェットは会社のゼネラル・パートナーにならないかと持ち掛けられているが、バフェットは会社に残るジェリー・ニューマンの息子ミッキーとの関係について、こう考えて断っている。
「もし私が会社に残ったら、私がベン・グレアムのような立場、ミッキーがジェリー・ニューマンの立場ということになっただろう。だが、ミッキーの方が、はるかに格上のシニア・パートナーになっただろう。社名はニューマン・バフェットになったはずだ」

　バフェットは相手が父親であれ、ミッキーであれ、誰かの下でジュニア・パートナーとして働く気はなかった。バフェットは自分の力を強く信じていた。

085

「他人が貪欲になっている時は恐る恐る、周りが怖がっている時は貪欲に」

「本当の投資家であれば、自分が群衆とは全く逆の売買をしていると考えることに充足感を覚えるものなのである」はベンジャミン・グレアム、そしてバフェットの考え方だ。

　1962年1月、バフェットは11あったパートナーシップを解散して、バフェット・パートナーシップ一社にまとめた。純資産は720万ドルに達した。同年3月、株式相場がついに急落、この何年間かで一番の割安水準となった。相場下落からほとんど痛手を受けていなかったバフェットにとって、それは貪欲になるべき時だった。

「他人が貪欲になっている時は恐る恐る、周りが怖がっている時は貪欲に」

　バフェットは「従来型の投資に比べると、私たちの手法に伴うリスクはかなり少ないと思われます」というパートナーへの手紙通りに、貪欲に勝負をかけている。

　以後もバフェットは、同様のやり方をしている。1970年代に入り、ゼロックスやコダックを中心に大きく上げた株価は下がり始め、市場関係者が弱気になり始めた頃、バフェットは安い金利で調達した資金を人気株ではなく、ワシントン・ポストなどの割安株に次々と投じている。他人が貪欲な時には恐る恐る行動し、周りが疑心暗鬼に陥っている時代には豊富な資金を元に優れた割安株を手に入れる。バフェットはいつも、ウォール街とは逆のやり方をしていた。

086

「私たちは、経済学でいう純粋な経済的動物ではありません。そのため経済効果が若干悪くなることもありますが、それでも今のやり方の方がいいと考えています」

バフェットは投資にあたっては株券ではなく、企業を所有すると考えているし、その所有期間は永久でもいいと考えているが、1960年代に投資したデンプスター風車製造の買収と売却においては、社員や地元の人たちから「冷酷な清算人」と言われ、地元の人たちの激しい敵意にぶつかることになった。

同社はネブラスカ州ビアトリスで風車と灌漑設備を製造する同族会社で、問題も多い、いわゆる「シケモク」だった。バフェットとしては株価が上がったら売ればいいし、株価が上らなければ、清算して利益を得ようと考えていた。会社の支配権を握ったバフェットは社員100人を解雇し、支店を閉鎖するなどのリストラを断行、黒字が出るようになったところで売りに出した。

しかし、同社はその町で最大かつほぼ唯一の会社であり、住民たちが猛反発、300万ドル近い資金を集めてバフェットから会社を買い戻した。バフェットの手には200万ドルの利益が残ったものの、町中の嫌われ者となったことで、2度と同じ事態を引き起こしてはならないと痛感することとなった。バフェットは、こう考えるようになった。

「私たちは、経済学でいう純粋な経済的動物ではありません」

バフェットは、わずかの利益のために評判を落とすような行為は毛嫌いするようになった。

「自分を信頼してくれる人を
どんどん厄介払いしたら、
さぞかし嫌な気分に
なることでしょう」

　バフェットは世界一の投資家と呼ばれ、世界一の金持ちの地位につい
たこともある。だからこそソロモン・ブラザーズの社員の報酬を削減し
ようとした時に、彼らから「お金が大好きな金持ちが、なぜ自分たちを
強欲と非難するのか」といった趣旨の批判を浴びることにもなった。た
しかにどちらも大金を手にするという点では同じかもしれないが、バ
フェットと彼らの違いは、ウォール街の住人が金を稼ぐために手段を選
ばないのに対し、バフェットはお金のために誰かを犠牲にすることを極
端に嫌い、そんなやり方で大金を手にしたいとは考えなかったことだ。

　なかでも大切にしたのが、「人と人のつながり」だ。パートナーとの
約束は絶対に守る。少々問題があったとしても、いったん手にした企業
は簡単には手放さない。なぜならパートナーであり、仲間に投資をして
いるのだから、というのがバフェットの言い分だ。父親であるハワード
との関係も同様だ。バフェットは長く父親と同じ共和党員だったが、あ
ることをきっかけに共和党を支持できなくなっていた。しかし、父親の
存命中は共和党員としての有権者登録を変更することはなかった。「父
親にひどい仕打ちをする」とは決して思われたくなかった。「自分を信
頼してくれる人をどんどん厄介払いしたら、さぞかし嫌な気分になるこ
とでしょう」は、投資でも人間関係でも変わらぬ信念だった。

088

「馬じゃなくて騎手に賭けた」

　1967年にバフェットがパートナーへの手紙でパートナーシップの目標を引き下げた理由の一つは、投資以外の活動にも時間を割きたいという思いからだった。時間的に少し余裕のできたバフェットはグリネル大学の理事に就任し、バフェットにぴったりの財務委員会に加わっている。

　そこで委員長を務めていたのが、当時はフェアチャイルドセミコンダクターに在籍、1968年にインテルを創業するロバート・ノイスである。ノイスはゴードン・ムーア、アンドルー・グローヴとともにインテルを創業するにあたり、大学の寄付基金からの出資を求めているが、その際、バフェットは投資を承認したものの、個人での投資は行っていない。承認した理由を、こう述べた。

「馬じゃなくて騎手に賭けた」

　これは、投資家が時に口にする言葉である。スティーブ・ジョブズがアップルを退社し、ネクストを創業した際、同社に投資を決めたロス・ペローは「私はジョッキー選ぶ。ジョッキーは馬を選んで、それに乗る」と、投資の理由を話しているが、投資家にとって「どんな企業か」判断がつかない時には、やはり「騎手は誰か」が唯一の根拠となるのだろう。バフェット自身はインテルに投資はしていないが、創業者たちは紛れもなく優れた騎手だった。

「この葉巻代は
私の金から出ている」

　1958年頃までのバフェットは、シケモク株を買って、そこから利益を得るというやり方に固執していたが、やがて自らが積極的に動くことで投資した会社の経営方針にまで影響を与えるようになっていった。

　バフェットは、アメリカの都市の送電線や給水管、車道、屋根の構造や緊急避難階段などを詳細に示した地図をつくり、保険会社に販売しているサンボーン・マップに目をつけた。事業の先行きは明るくなかったが、一株45ドルという価格に対して、保有有価証券だけで一株当たり65ドルの価値のある、バフェットにとっては魅力的な会社だった。

　バフェットは仲間たちの力も借りながら、同社の取締役に選出されるだけの株数を掌握、取締役会に出席した。そこでバフェットは投資分を株主に分配するよう提案したが、顧客でもある保険会社の代表たちは拒否、配られた葉巻を吸い始めた。その様子を見たバフェットは「この葉巻代は私の金から出ている」と、はらわたが煮えくり返る思いだったという。

　会社としての資金確保を優先し、株主をないがしろにして、自分たちの都合のいいように株主の金を使う会社の姿勢に我慢がならなかったバフェットは、さらに株を買い進めて実質的な支配権を握った。最終的に取締役会は白旗を上げ、バフェットの提案通りになった。バフェットの影響力が徐々に大きくなり始めていた。

090

「『ウォーレン、
君は黄金でできた干草の山から
黄金の針を見つけ出そうとしているけど、
針にこだわってどうするんだ』。
私は、見つかりにくいものほど好きだった」

　1960年代のバフェットは、ベンジャミン・グレアム流の「シケモク投資」から、フィリップ・フィッシャー的な「将来の成長が約束された優れた企業への投資」に軸足を移していくことになるが、そんなバフェットに影響を与えたのがチャーリー・マンガーと、ハーブ・ウォルフである。

　店頭銘柄専門のトレーディング会社ニューヨーク・ハンゼアティックに勤務するウォルフはバフェットの才能を認めながらも、ブランド力や成長性に重きを置こうとしないバフェットに「ウォーレン、君は黄金でできた干草の山から黄金の針を見つけ出そうとしているけど、針にこだわってどうするんだ」とアドバイスした。

　ブランドや成長性も加味して企業を評価すれば、投資に値する企業はたくさんあった。にもかかわらず、バフェットは「黄金でできた干草の山から黄金の針を見つけ出そう」と「見つかりにくいもの」を探そうとしていた。それはウォルフからすれば「宝さがし」のような、労多くして得るものの少ない行為だった。

　やがてバフェットは、株価の急落に見舞われていたアメリカン・エキスプレスに300万ドル近い投資を決意するが、それは資産ではなく、圧倒的なブランドの価値を認めたからだった。バフェットは、色々な人の影響を受けながら投資スタイルを確立していった。

091

「初めて会った時は、みな 小金持ちという感じでしたが、 今は全員が大金持ちです」

　バフェットには「グレアム・ドット村」と呼ぶ、ベンジャミン・グレアムの影響を受けた投資家たちの仲間がいる。ウォルター・シュロスやトム・ナップなど、それぞれやり方は少しずつ異なるものの、根底にはグレアム流の理論があり、それによって投資で大成功をした人たちだ。

　1968年、バフェットはグレアムの門下生に、グレアムを招いて同窓会をやろうと呼び掛けた。倹約家のバフェットは当初、ホリデイ・インで開こうとしたが、みんなから反対され、サンディエゴ湾に面した、マリリン・モンローの映画『お熱いのがお好き』が撮影されたホテル・デ・コロナドに集まることになった。2日間滞在して、相場について話し合ったが、「チャンスがない」ことを嘆く者が多かった。

　それでも、誰もが確実に成功への道を歩んでいた。バフェットはメンバーについて「初めて会った時は、みな小金持ちという感じでしたが、今は全員が大金持ちです」と語り、ベンジャミン・グレアムの教えを胸に、「ただ単に、一歩ずつ着実に歩いてきただけです。すべて、ベン・グレアムのお陰です」と感謝の言葉を口にしている。

　アメリカンドリームというと、起業して成功するケースが多いが、バフェットとその仲間たちは、グレアム流の堅実な投資によって小金持ちから大金持ちになった。

「今はみじめでも、
10年後には良くなるなどと
思って行動してはいけない」

　バフェットの仕事に対する考え方は、自分の好きなことをやることと、尊敬できる人たちと働く、ということだ。大学院を卒業してオマハに帰った時、バフェットは父親の会社で働くことを望んだが、父親は地元の名門企業への就職を勧めている。

　その会社の面接でバフェットが望んだのは「物事を理解してくれる、賢明な顧客との出会い」だったが、その企業のトップがバフェットに言ったのは「賢明かどうかはどうでもいい。金持ちかどうかが重要だ」だった。バフェットは断った。さらに父親の会社でも、顧客との利益相反に悩み、ベンジャミン・グレアムの会社に早々に転職している。バフェットは言う。

「自分が学ぶべきものを持っている人が周囲にいて、かつその組織に馴染むことができれば、良い結果は自ずとついてくるでしょう。今はみじめでも、10年後には良くなるなどと思って行動してはいけない。今楽しめないものを、10年後に楽しむなんてことができるでしょうか。たぶん無理でしょう」

　人生には修行も必要だし、忍耐も必要だが、バフェットは「今のみじめさ」を我慢する必要はないと考えていた。大切なのは、自分の好きなこと、得意なことをやることだ。そこでの我慢は、将来への飛躍を可能にしてくれる。

093

「どんな状況であっても、嘘をつくな。弁護士の言うことなど気にするな」

　バフェットは父親のハワードの生き方からさまざまなことを学んでいるが、子どもたちにも人としての生き方をしっかり伝えようとしている。長男のハワードにバフェットが教えたのは、「正直に生きる」ことだった。こう伝えた。

「どんな状況であっても、嘘をつくな。弁護士の言うことなど気にするな。もめ事になった時、弁護士を入れると、連中はまず『何も言わず、黙っていてください』と言う。だが、見たまま、聞いたままを隠さず話しておけば、もめ事に巻き込まれること自体なくなるだろう」

　バフェットは、ソロモン・ブラザーズが不正を働いた時、暫定会長として問題解決にあたっているが、その際、バフェットは会社が用意したPRの専門家たちの話を聞くことはなく、記者会見でもソロモンで起きていることをはじめ、どのような対処をしているのか、今後どうしていくのかについて、ありのままを正直に話している。

　記者たちというのは、隠そうとするから追及するし、逃げようとするから逃げられないように追いかける。バフェットのように時間を気にせず、正直に話をされると、それ以上、追及のしようがなくなってしまう。

　自分に正直に生きることは、自分の評判を守ることであり、余計なもめ事に巻き込まれないための最善の策だった。

「エクセレント・カンパニーと称される
優良企業が異常な事態に直面し、
株価が適切に評価されなくなる時。
絶好の投資機会は、
こういう時に訪れます」

　バフェットが投資対象と考えているのは、強いブランド力や成長可能性を持った優れた企業である。しかし、こうした企業はどうしても株価が高くなりがちだ。

　ところが、こうした優れた企業が時に異常な事態に直面することがある。ワシントン・ポストであれば、ウォーター事件の際に政権を真正面から批判したことで、政権の圧力を受け、株価が企業価値を大きく下回ったことがある。1964年にはアメリカン・エキスプレスの子会社が問題を起こしたことで株価の急落に見舞われている。ガイコも1976年に破綻の危機に瀕したことがある。

　こんな時、多くの投資家は凄まじい勢いで株価が下がっていくのを見て、恐怖心からなのか、持っている株を慌てて売ろうとするが、実はこの時こそがバフェットにとっては最善の投資のチャンスとなる。バフェットは言う。

「エクセレント・カンパニーと称される優良企業が異常な事態に直面し、株価が適切に評価されなくなる時。絶好の投資機会は、こういう時に訪れます」

　アマゾンなどもそうだったように、企業は時に急速な株価の急落に見舞われることがある。そんな時にこそ「企業の真の価値」を冷静に見極める力が問われることになる。株価はいずれ真の価値を反映するものになる、というのがバフェットの考え方だ。

095

「価格とは、
何かを買う時に支払うもの。
価値とは、
何かを買う時に手に入れるもの」

　バフェットの投資手法において最も大切なことの一つが、「価格と価値の違い」である。

　モノづくりの世界でもそうだが、「価格とは価値は違う」ということをしっかり理解しておかないと間違いを犯すことになる。製品の価値が上がった時に価格を上げるならまだしも、価値が変わらないにもかかわらず、たとえば原価が上がったからと安易に価格を上げてしまうと、お客から見れば詐欺にあったような気になってしまう。価格と価値の違いをしっかりと頭に入れたうえで、価値に見合った価格を設定しないと、商売は決して成功しない。

　商売の世界では価値に見合った価格を決めようとするが、投資の世界では時に価値と価格の間に大きな開きが生まれることがある。まだ海のものとも山のものとも分からないテクノロジー企業が異常に高い価格で売買されることもあれば、素晴らしい価値を秘めているにもかかわらず驚くほど安い価格で取引されることもある。バフェットの投資術は、こうした価格と価値の差に注目するやり方だ。

　とはいえ、企業の価値を知ることは、それほど簡単なことではない。バフェットは言う。

「企業の価値を計算することは、芸術であり、科学である」

　それでも企業の今日の価値よりも安く買うことができて、経営陣が信頼できる企業への投資であれば、長期的には利益を得ることができるというのがバフェットの考え方だ。

096

「絹の財布は絹でつくるのが一番だと、これまでの経験から学んできました。絹以外を使えば必ず失敗します」

「豚の耳から絹の財布はつくれない（You cannot make a silk purse out of sow's ear)」という英語の諺がある。「粗悪な材料で上等な製品はできない」とか、「素材の悪さは変えようがない」という意味だろうか。

バフェットにとっての「絹の財布」は、長期的に成長し続けることのできる「優れた企業」であり、「豚の耳」というのは、バフェットがかつて「バーゲン品」にこだわって買収した繊維会社としてのバークシャー・ハサウェイ（1965年に経営権を取得）や、百貨店のホクスチャイルド・コーン（1966年に買収）のことを指している。

これらの企業を買収した頃のバフェットは、「素材の良さ」よりも「価格の安さ」に惹かれるところがあり、同時に自分の力をもってすれば「豚の耳から絹の財布をつくる」ことができると考えていたところもあるようだ。

しかし、どれほど頑張ったとしても、粗悪な素材から上等な製品をつくり上げることはできなかった。最終的にバークシャー・ハサウェイの繊維部門も、ホクスチャイルド・コーンも売却するほかはなかった。「絹の財布は絹でつくるのが一番だと、これまでの経験から学んできました。絹以外を使えば必ず失敗します」と学んだバフェットは、それ以降は何より「素晴らしい企業」にこだわるようになった。

097

「適正な会社
(将来性があり、業界固有の強みを持ち、
優れた経営陣がいる、など)を買えば、
株価は自ずと上がります。
そういうものこそ、キャッシュレジスターを
景気よく鳴らすのです」

　パートナーシップを運営していた頃のバフェットはベンジャミン・グレアム流のシケモク買いを中心に据えていたが、1964年頃になるとデータから見た掘り出し物は減り、小さな会社が多く、大金を投じるには功を奏さなくなった。

　そんなバフェットにとって、アメリカン・エキスプレスは大きなチャンスを与えてくれる会社だった。子会社が引き起こした問題により同社の株価が急落、果たして生き残れるかという声さえ出始めた。アメリカン・エキスプレスには、メーカーのような工場や不動産はない。それ以前のバフェットなら、こうした資産のない会社に興味を持つことはなかったが、バフェットは同社のクレジットカードやトラベラーズチェックがスキャンダルにかかわらず顧客から信頼されていることを自分の目で確かめたうえで、パートナーシップの資金を大量に投資した。グレアムの分散投資とはかけ離れた、ポートフォリオの3分の1を投じるというものだった。バフェットは、こう考えるようになった。

「適正な会社(将来性があり、業界固有の強みを持ち、優れた経営陣がいる、など)を買えば、株価は自ずと上がります。そういうものこそ、キャッシュレジスターを景気よく鳴らすのです」

　定量的なやり方よりも定性的な判断をする方が大きな儲けにつながる、と確信した。

「私は今の相場には合っていないし、自分には理解できないゲームをプレイしようとして、これまでの立派な成績をそこねたくはありません。英雄としてやめたいのです」

　バフェットがパートナーシップの「バフェット社」を解散したのは1969年だが、解散の意志については1967年10月のパートナーへの手紙で表明している。理由はこうだ。

「私が公然と市場に参加する限り、競争しないわけにはいきません。投資のウサギを追い抜くことに一生専念するのはごめんです。足をゆるめるとすれば、やめるしかありません」

　当時、株式市場は数兆ドルの規模となっていたが、バフェットのやり方では「1億500万ドルを理性的に投資する方法」が見つからなかった。もちろんテクノロジー系の企業への投資など、自分のやり方を変えれば投資の機会はあったが、バフェット自身は自分のやり方を変える気はまったくなかった。しかし、パートナーシップを運営する以上、他人の金を預かっているだけに、成果を上げることが必要になる。

「チャンスが豊富にあるとは思えない環境ではやりたくなかった」というのがバフェットの正直な気持ちだった。

　バフェットの意思を聞いたパートナーの人たちは驚いたが、バフェットの気持ちが揺らぐことはなかった。1969年、『フォーブス』が「1957年にバフェット・パートナーシップに投資された1万ドルは、今や26万ドルになった」と、圧倒的な成果を記事にした。ジェラルド・ツァイのファンドに投資した人は、逆の運命をたどった。

「経済以外の活動にも余裕を割ける
経済目標にしたいのです。
ほどほどに楽で、安全で、儲かって、
楽しい物事に
絞っていきたいと思います」

　バフェットが長年続けてきたパートナーシップの「バフェット社」を
解散したのは1969年のことだが、その2年前の1967年10月、バ
フェットはパートナーへの手紙で自ら掲げていた目標を下げる（市場平
均を年間10ポイント上回るから5ポイント上回る、あるいは9％リター
ン）一方で、自分の時間を「金儲け以外のこと」に使うようにしたいと
宣言している。こう書いている。

「経済以外の活動にも余裕を割ける経済目標にしたいのです。ほどほど
に楽で、安全で、儲かって、楽しい物事に絞っていきたいと思います」

　あるインタビューでは、こうも語っている。

「私は自分の時間を、人類の問題に貢献できるよう、知的に、そして有
効に使いたいのだ。私は金儲け以外のことに力を注ぎたいのだ」

　バフェットの妻のスーザンは結婚以来、「じっと座ってお金儲けをす
るばかりが人生ではない」と言い続けているが、その影響かどうかは
ともかく、バフェットはこの頃、大統領選に出馬したユージーン・マッ
カーシーの選挙資金を担当するなど政治的な活動も行っている。プレッ
シャーも和らぎ、バフェットには個人的な関心を行動に移す時間が必要
だった。

第3章

バフェットの
40歳から55歳

ウォーレン・バフェット
賢者の名言

100~158

バフェットの40歳から55歳は

①バークシャー・ハサウェイとの悪戦苦闘
②シケモク株から成長株へ
③「フォーブス400」への登場

など、バフェットの投資手法が大きく変わり始めた時期と言える。

パートナーシップをすべて解散して、バークシャー・ハサウェイの経営に専念するようになったバフェットだが、当初は「再建」への自信を見せていたものの、やがて繊維部門の限界に気づき、55歳で繊維部門を閉鎖、今日の投資会社への業態転換を行っている。バフェットにとっては「バークシャーという会社を買収しなければ、今頃もっと豊かだった」と嘆く結末ではあったが、同時にバークシャーの失敗は「どういう会社に投資すればいいか」を身をもって実感させるものとなった。

バフェットの投資手法の根底にあるのは、師であるベンジャミン・グレアムの考え方だが、グレアムの下で働いていた当時から「極端な分散投資」にあきれ、「数字しか見ない」やり方には疑問を感じていた。実際、のちにバークシャーの傘下

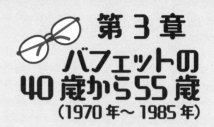

に入る保険会社のガイコに関しては、会社を訪問して直接話を聞いたうえで、成長性を確信、自分の資産の大半をガイコに投じるという、グレアムの考え方とは真反対のやり方をしてもいる。

そんなバフェットの背中を押したのが相棒となるチャーリー・マンガーであり、「成長株投資」で知られるフィリップ・フィッシャーである。両者に共通するのが工場や不動産といった資産にこだわるのではなく、強い競争力を持つ、将来にわたって成長の期待できる企業を「そこそこの価格」で買うという考え方だ。

バフェットはガイコやアメリカン・エキスプレスでも既にこうしたやり方をしてはいたが、パートナーシップを解散して以降、特にシーズキャンディーズの買収を通じて「優れた経営者のいる、優れた企業をそこそこの価格で買う」ことの有効性を実感することとなった。こうしたフィッシャー的な①成長の期待できる企業への投資、②長期にわたって所有する——という考え方に、グレアムの①安全域を重視する、②株券ではなく企業の一部を所有する、③日々の株価にこだわらない——という考え方が加わることで出来上がったのが、バフェットの投資手法となる。

「スノーボール」

「二番手には
居場所がないんだ。
二等賞の赤リボンなんかない」

　今でこそバフェットは、新聞をさほど見込みのないビジネスと割り
切っているが、かつては高く評価し、日刊紙の買収に熱心に取り組んで
いた。1977年、バフェットはバッファローイブニングニュースを買収
したが、その際、街にはクーリエ・エクスプレスという二番手のライバ
ル紙があった。その街の住民は夜明け前に工場に出勤し、新聞は夕方に
読む習慣があった。夕刊紙を発行するバッファローイブニングニュース
はクーリエ・エクスプレスの倍の読者を持ち、広告収入も1.75倍だっ
たが、日曜版は出していなかった。

　どの街でも新聞は、強いものがより強くなる傾向があった。バフェッ
トは直ちに日曜版の発行に取り掛かるが、日曜版が生命線のクーリエ・
エクスプレスは裁判に訴えて対抗してきた。両紙の泥仕合が続き、バッ
ファローイブニングニュースもストライキによって新聞が発行できなく
なるという危機に陥ったが、バフェットは粘り抜き、結果的に財務基盤
の弱いクーリエ・エクスプレスが倒産、バッファローイブニングニュー
スはバフェットの念願通り市場を独占することとなった。バフェットは
こう言い切った。

「二番手には居場所がないんだ。二等賞の赤リボンなんかない」

　競争によって市場が活性化し、みんなが利益を享受するという時代も
たしかにあったが、今は強い者がより強くなる時代だ。バフェットは常
に一番を目指していた。

「ピラミッド建設用に石を運ぶ人々に雇用を与えるのは素晴らしいことだと考える人々もいます。その連中は間違いを犯しています。そういう人々は、投入するものだけを考え、生み出されるものについて考えていません」

　オマハの伝説的人物ピーター・キューイットが亡くなった時、バフェットは『オマハ・ワールド・ヘラルド』に追悼文を載せ、キューイットがどこまでも生産者であり、消費者ではなかったこと、利益を会社の所有者の贅沢のためではなく、会社の能力の向上に使ったことを讃えた。バフェットにとって何も生産せず、何も生み出さない消費はただの浪費であり、それはファラオが自分のためにピラミッドをつくるようなものだった。

　ピラミッドについては公共事業という見方もある。人を使い、彼らに食料や給料を支払うのだから人々の役に立っているという見方もあるが、バフェットはそれは「馬鹿げているし、倫理的にも間違っている」と切り捨てている。

　ピラミッドは、つくる過程では人々に多少のお金をもたらすかもしれないが、出来上がったピラミッドは現在でこそ観光資源としての価値を持つものの、つくられた当時は権威の誇示以外の何物でもなく、何も生み出すことはなかった。バフェットによると、もしも自分のためのピラミッドをつくりたいのなら、その人は相応の税金を支払うべきであり、その税金によって病院の建設や子どもの教育といった、社会への貢献を行うべきと考えていた。

　お金は、自らの贅沢のためではなく、社会のために何かを生み出し、貢献し、社会をより良いものに変えていくために使われてこそ価値がある、というのがバフェットの考え方だった。

102

「私たちは約束した通りの姿勢を守ります。そう約束したからであり、そうする必要があるからです」

　決まるまではおいしいことを言い、いざ契約がまとまると平気で前言を撤回する人がいるが、バフェットにとって、それは詐欺同然のやってはならない行為だった。

　「ミセスB」こと、ローズ・ブラムキンはバフェットが最も敬愛した経営者の一人だが、1983年にミセスBの経営するファニチャー・マートをブラムキン家がハンブルグの会社に売ろうとしていることを知ったバフェットはハンブルグの会社ではなく、自分の会社に売ることのメリットを、こう説明した。

　買収を目論む企業の多くはどれほどファニチャー・マートの業績が良くても、自分たちのやり方が優れていると考え、やがては自分たちのやり方を押し付けるか、あるいは時機を見計らって、より高く売れる相手への売却を検討するものだ。しかし、それではミセスBが一生を賭けて築き上げた会社が台無しになってしまうとして、ミセスBを初めとするブラムキン家にパートナーとして残ってもらい、これまで通りの経営を続けてもらうことをバフェットは約束した。さらに「私たちは約束した通りの姿勢を守ります。そう約束したからであり、そうする必要があるからです」とも付け加えた。

　この考え方にミセスBが賛同、ハンブルグの会社の提示した買収金額の方が高かったものの、バークシャー・ハサウェイへの売却を決断することになった。

「蓄えがないのに
大きな財政的義務を負うのは、大変な間違いだ。
私個人はといえば、
手持ちの25%以上のお金を借りて使ったことはない。
1万ドルしか持っていないのに
100万ドルがあったらいいなと思うような
アイデアが浮かんだ時もそうだった」

　バフェットの特徴の一つは、借金を極端に嫌い、過大な借金をしてビジネスや投資を行なえばいずれ道路の穴ぼこに落ちると考えている点だ。それは子どもたちに対しても同様だった。バフェットは子どもたちに借金の脅威について教えるために、子どもたちや身内にお金の融通を頼まれても頑として首を縦に振らなかった。

　ある時、甥のビリー・ロジャースが家を買うための頭金を融通してほしいとバフェットに頼んだところ、バフェットは借金が「賢明な人間が道を踏み外す」原因の一つとして断りを入れている。理由はこうだ。
「1万ポンドの重量のトラックが何度も橋を渡るのであれば、橋の強度は1万1ポンドではなくて、1万5000ポンドの重量に耐えられるものでなければならない」

　さらに自らの経験を元にこうも諭した。
「蓄えがないのに大きな財政的義務を負うのは、大変な間違いだ。私個人はといえば、手持ちの25%以上のお金を借りて使ったことはない。1万ドルしか持っていないのに100万ドルがあったらいいなと思うようなアイデアが浮かんだ時もそうだった」

　1980年代、借金で買収し、借金が利益を生むレバレッジの役目を果たしていたが、バフェットは変わらず現金で買収し、借金を使ったディールを嫌悪していた。

104

「ネブラスカの
フットボールチームの選手は、
父親が花形クォーターバック
だったからといって、
最初からクォーターバックの
ポジションを相続することはできない」

バフェットは大変な資産家だが、かといって子どもたちに贅沢な暮らしをさせることはなかった。あるとき、バフェット・グループの会合で、バフェットが子どもたちにはクリスマスごとに数千ドルを与え、死んだ時には50万ドルずつ遺すつもりだと話したところ、『ワシントン・ポスト』の社主キャサリン・グラハムは「子どもたちを愛していないの？」と涙を流して聞いたという話があるほどだ。

バフェットにとって50万ドルという金額は「やりたいことを始めるには、十分だが、何もしなかったら暮らせない額」であり、子どもたちには自分の居場所は自分で切り拓く強さを求めていた。娘のスーザン・アリスが家を改装するための資金3万ドルを貸してくれように頼んだところ、バフェットは「銀行に頼めばいいだろう」と断って、こう付け加えた。

「ネブラスカのフットボールチームの選手は、父親が花形クォーターバックだったからといって、最初からクォーターバックのポジションを相続することはできない」

多額の遺産を遺すことは金持ちに食糧配給切符をやるようなものだというのがバフェットの考え方だ。お金は社会からの預かりものであり、それはいずれ社会に返さなければならないというバフェットの考え方がやがて史上最大の慈善事業への寄付として実行されることとなった。

「まずまずの企業を
素晴らしい価格で買うよりも、
素晴らしい企業を
まずまずの価格で買うことの方が、
はるかに良いのです」

　バフェットの投資スタイルが変わったことを象徴しているのが、1971年のシーズキャンディーズの買収である。この時期、バフェットはパートナーシップを解散して、バークシャー・ハサウェイの経営に専念するようになるが、その頃、「カリフォルニアではかなう相手のいない企業」であるシーズキャンディーズが売りに出ていることを教えられた。

　バフェットは以前から製菓会社について調べてはいたが、「割高」とも感じていた。代わりに動いたのが「シケモク買い」を好むバフェットと違って、「成長企業」を高く評価するマンガーである。シーズの要求は500万ドルの資産に対して3000万ドル。バフェットには高い買い物に思えたが、同社のブランドや名声、商標、顧客の信頼といった「見えない価値」を評価するマンガーは、「妥当な金額で買える。マネジャーも切れ者だ」とバフェットを説得、同社を買収することになった。

　結果は素晴らしいものだった。シーズキャンディーズはバークシャー・ハサウェイやホクスチャイルド・コーンといったガタガタの馬と違って、バフェットにさしたる苦労もなしに利益をもたらし続けてくれることになった。「まずまずの企業を素晴らしい価格で買うよりも、素晴らしい企業をまずまずの価格で買うことの方が、はるかに良いのです」が、バフェットの投資原則となった。

106

「ミセスBは、
やり方を心得ていることすべてを
素早くやる。
ためらったり、考え直したりはしない」

　バフェットにとってファニチャー・マートの「ミセスB」ことローズ・ブラムキンは、いつだって成功の素晴らしいお手本だった。ミセスBは、ロシアの貧しい家に生まれ、第一次世界大戦が勃発後、3カ月近くをかけてアメリカへと渡った。英語が話せないミセスBは、ロシア語が通じるオマハに移住。夫に代わって店を引き受けたミセスBは、経費をぎりぎりまで切り詰め、仕入れ値に10%を乗せて売る薄利多売方式により、1980年代初めには北米最大の家具販売店へと成長させている。

　バフェットは英語もろくに話せず、何も持たなかったミセスBの成功をこう見ていた。

　「ミセスBは、やり方を心得ていることすべてを素早くやる。ためらったり、考え直したりはしない。後ろは振り返らない。とにかくやり遂げる」

　バフェットはミセスBを心の底から尊敬している。ミセスBが100歳の誕生日を迎えた日、バフェットは彼女のために歌を歌い、ミセスBが改装を進めている地元の劇場に100万ドルを寄付した。成功するために必要なのは自分の得意なことを知り、それに情熱を持ち、ただひたむきにやり続けることだ。そうすれば人はミセスBのように何も持たなくとも素晴らしい成果を上げることができるというのが、バフェットがミセスBを見て実感したことだった。

107

「本当の価値の数分の１の価格で証券を買えるのなら、リスクなどほとんどありません」

　バフェットがベン・グレアムに学び、大切にしている原則の１つに、「安全域の確保」がある。「安全域」というのは、「現在の株価と本質的価値との差額の領域」を指し、安全域が狭いとリスクは大きく、反対に安全域が広ければ、それだけリスクは小さくなる。

「安全域」について説明する時、バフェットが好んで使うのがワシントン・ポストのケースである。1973年当時、ワシントン・ポストの価格（時価総額）は8000万ドルに対して価値（純資産）は４億ドルを超えていた。しかも借入金は０のうえ、会社は正直かつ有能な人たちによって経営され、経営陣もそれぞれの資産の大半を同社の株で保有していた。バフェットが言うところの「本当の価値の数分の１の価格で証券を買えるのなら、リスクなどほとんどありません」の典型的なケースである。

　バフェットはすべてを買ったわけではないが、8000万ドルを支払えば、４億ドルもの価値を手に入れられるわけだから、これほどリスクのない買い物はなかった。結果、この時にバフェットが支払った1060万ドルがどうなったか。10年余り経った1984年、その価値は１億4000万ドルに達したとして、バフェットはワシントン・ポストの社主キャサリン・グレアムにお礼の手紙を出している。投資の世界ではやたらと「価格」ばかりが注目されるが、バフェットが注目するのは企業そのものの「価値」である。

108

「ベン・グレアムのことを
知る人は多いのに、
彼の理論を
実行に移す人は少ない」

　投資の世界に生きる者で、ベンジャミン・グレアムの名前を知らない
人はほとんどいないだろう。グレアムが著した『賢明なる投資家』は投
資のバイブルとして今も読みつがれている。ところが、これだけよく知
られた本であるにもかかわらず、グレアムの理論を忠実に実行する人は
あまりいないという。

　グレアムは 1976 年に他界しているが、亡くなった時に約 300 万ド
ルの資産を残している。その弟子であるバフェットの資産は今や 10 兆
円を超えている。そんなバフェットから見れば、「ベン・グレアムのこ
とを知る人は多いのに、彼の理論を実行に移す人は少ない。どうしてで
しょうね」は、もっともな疑問と言える。

　そしてバフェット自身も、自分の投資原則はいろいろなところで話を
しているし、年次報告書などにも書いている。それらは簡単に学べるも
のだし、実行することもできるわけだが、やはり「私たちを知る人は多
いのですが、私たちのやり方を真似してくれる人は少ないようです」と
バフェットは感じている。

　もっとも、それはバフェットにとって決して悪いことではない。市場
で流行の理論に追随してヘマをする人が増えれば増えるほど、賢い投資
家のチャンスは増えるからだ。みんなが流行の理論を追えば追うほど、
グレアム・ドット村は栄えることになる。

109

「私は、どこかの会社が経費削減に乗り出したというニュースを耳にするたびに、この会社はコストというものをちゃんと理解していないと思ってしまいます」

1977 年、バフェットはバッファローイブニングニュース社を買収しているが、初めての交渉に際してコネチカット州にある同社を訪問。こぎれいなオフィスや印刷工場を目にしたチャーリー・マンガーは、こんな感想を口にした。

「新聞社が新聞を発行するために、なんで宮殿が必要なんだい？」

バフェットも同様の感想を持ったらしく、その建物を「タージマハル」と呼んだ。それは著名な建築家の手によるものだったが、風の強いバッファローの街の建物としては相応しいものではなかった。実用的とは言えない建物を莫大な費用をかけて建てることほど、２人が忌み嫌うことはなかった。バフェットにとって質素倹約を重んじること、日々コスト意識を持つことは、当然のことだった。

「私は、どこかの会社が経費削減に乗り出したというニュースを耳にするたびに、この会社はコストというものをちゃんと理解していないと思ってしまいます。経費の削減は、一気にやるものではないからです」

バフェットにとってコストの削減は、人が朝起きて顔を洗うことと同じようなものだった。優れた経営者なら、朝起きて「さて、息でもするか」と考えないように、コスト削減も当たり前のようにできて当然のことだった。

110

「台所に
一匹ゴキブリがいれば、
それは他にもたくさんいる
証拠なのです」

　バフェットはこれまでたくさんの企業に投資しているが、なかには
買ってすぐに厄介ごとに巻き込まれたことも少なくない。1977年に
3250万ドルでバッファローイブニングニュースを買収したバフェット
は、日曜版の発行を巡ってライバル紙のクーリエ・エクスプレスから「独
占の力を利用している」という理由で訴訟を起こされ、その過程で「有
料の橋を所有していて通行料を値上げできる人間」と決めつけられてい
る。「新聞社を買った時に、訴訟も一緒に買ってしまった」ようなものだっ
た。

　13の組合を抱える同紙では、労使問題にも巻き込まれた。新聞の発
行を中止し、会社を清算するほかはないというほどの崖っぷちに追い込
まれもしたが、バフェットはいずれも問題を何とか解決、同社を市場
を独占する優良企業に変えてみせた。困難で骨の折れる仕事を経て、バ
フェットはこんな教訓を学んだ。

　「困難なビジネスにおいては、一つの問題の片が付く前に、次の問題が
起きるものです。台所に一匹ゴキブリがいれば、それは他にもたくさん
いる証拠なのです」

　当初の買収条件がどれほど魅力的であっても、問題が次々と起こり、
その解決にたくさんの時間やお金を取られれば意味はない。「良いビジ
ネスでは次々に楽な決断をしていけばいいのに、悪いビジネスでは繰り
返し困難な決断を迫られる」ことになる。

「小さなことで規律を破ると、大きなことでも破るようになる」

　バフェットには、子どもの頃から体験を通して身に付けた原理原則がいくつかある。初めて株式投資を行った時に学んだ、①「買った時の株価に拘泥しない」、②「目先の利益を追ってはいけない」や、競馬場を訪れる人たちを見ながら身に付けた、③「負けを同じやり方で取り返そうとしてはいけない」──といった原理原則である。

　そして、こうした原理原則を無視した際には、たいていの場合、手痛い痛手を被っている。そのせいだろうか、バフェットはどんな時にも自ら決めた原理原則や規律にとことん忠実であろうとしている。

　倒産寸前だったガイコに、再建の目途が立った頃のことだ。

　バフェットは仲間とペルルビーチでゴルフをすることになったが、その際、三日間のプレイ中に一回でもホールインワンを決めたら2万ドルという賭けを持ちかけられた。賭け金はわずか10ドルだった。全員が賭けに参加したが、バフェット一人は勝てる見込みがないと判断したのか、こう言って断った。

「小さなことで規律を破ると、大きなことでも規律を破るようになる」

　普通の人なら「10ドルくらい」となるところだが、バフェットはどんな時にも自らが決めた原則、そして規律を徹底して守り抜くことで大投資家となった。

112

「どんなことであれ、自分が
本当の意味で理解しているのなら、
他人が理解できるように
表現できるはずです」

　バフェットが年次報告書「バフェットからの手紙」を書き始めたのは、1970年のことだ。以来、毎年、株主だけでなく、世界中の投資家たちが楽しみにするようになった。「一体、世界一の投資家のバフェットは何を考えているのか」を知るうえで、とても役に立つからだ。

　なぜ「バフェットからの手紙」は、これほど魅力的なのか。

　バフェットはバークシャー・ハサウェイの年次報告書を書く時、「会社の半分を保有し、かつ一年中旅行している姉に事業の内容を説明するようなつもりで書く」という。姉はビジネスオンチではないが、その道の専門家でもない。そういう姉が読んで理解できるのなら、その年次報告書はとても分かりやすく読みやすいものと言える。そして、そうした年次報告書を書くために必要なのは、自分自身が本当に理解していることが必要だとも説いている。

「どんなことであれ、自分が本当の意味で理解しているのなら、他人が理解できるように表現できるはずです」

　他人に何かを教えるためには、誰よりも自分がしっかり理解していることが必要だ。人は他人に教えることで、誰よりも自分が学ぶことになるというが、他人に伝わらないのは、相手の理解力が足りないのではなく、こちらの伝える力の問題が多い。バフェットが言うように、話すこと、書くことといったコミュニケーションは大きな武器になる。

113

「チャーリーは
いつか菓子屋になる夢を
持っているかもしれませんが、
私は事業報告書を
読み続けるだけにします」

　バフェットは、今では投資した企業の経営は経営者に任せ、自ら細かいことに口を出すことはないが、かつては「事業に没頭した」こともある。

　1971年にシーズキャンディーズを買収したバフェットは、自分の仲間にシーズの箱入りチョコレートを送り、数日後には、シーズの副社長に手紙を書いて、新店舗を開く件について、各地のショッピングセンターのオーナーと話した内容を伝えようとした。さらに、シーズの広告の文句をコカ・コーラのようなものに変更したらどうかとも提案している。

　こうしたバフェットの、絶え間なくやんわりとプレッシャーをかけるやり方を、ベテランの社員たちは「褒める一方で、もっと仕事を増やそうとする」と評した。最初はバフェットの意見を聞くのも新鮮だったが、あまりにしつこいと腹が立ってくる。しかし、やがてバフェットはやっていることの無意味さに気づいたのか、「チャーリーはいつか菓子屋になる夢を持っているかもしれませんが、私は事業報告書を読み続けるだけにします」と宣言、余計な口出しをしなくなった。

　「私たちにできる主なことは、彼ら（経営者）の邪魔にならないようにすることなのです」がバフェットの流儀となった。

114

「つねに前例ではなく、道理を重視した」

　危機に瀕した企業を救うためには、優れたリーダーの存在が欠かせない。

　1976 年、バフェットにとって「初恋の人」とも言えるガイコは、破たんの危機に瀕していた。1 億 9000 万ドルの赤字を出し、配当は停止、ほんの少し前まで 61 ドルあった株価は 2 ドルにまで暴落した。当時、バフェットは同社の株を持っていなかったが、新しく CEO となったジャック・バーンに会い、「今日、明日にでも価値がなくなるかもしれない株」を 50 万株注文、さらに数百万株を買い足すよう手配した。

　バフェットによると、バーンは「本当に冷静で動じることのないプロフェッショナル」だった。バーンはバフェットの協力も得ながら、改革を推し進めた。問題を起こした経営陣は追放し、収益につながらない 3 万人の契約を解除、社員 2000 人も解雇した。「公立図書館の運営をしているんじゃない。会社を救おうとしているんだ」という厳しい姿勢で子会社も整理し、いくつもの州から撤退するなどのリストラを進める一方で、「私が墓場で口笛を吹かなかったら、誰が吹くんだ」と率先して会社を明るく楽しい場所に変えようと努力した。

　バフェットはバーンを「国中探しても、あれより優秀な戦場指揮官は見つからなかっただろう」と評価、「途方もない時間を一つの目標に集中した。つねに前例ではなく、道理を重視した」と、そのやり方を讃えた。同社は見事に再生し、目標を達成することになった。

「今日の投資家が 昨日の増益から利益を得る ことはありません」

　バフェットは投資に値する企業を知るために膨大な数の資料に目を通しているが、「ベンは決算書の数字ばかり見ていました」と振り返っているように、決算書の数字だけですべてが理解できるとは考えていない。

　バフェットによると、年金基金の運用を担当するファンドマネジャーたちは、過去の記録をもとにして投資の是非を判断しているが、それは「バックミラーを見ながら車を運転するようなもの」だという。バフェットのもう一人の師であるフィリップ・フィッシャーによると、みんなが優れた投資法の鍵を握ると信じ込んでいる財務統計分析は、過去の動きを知り、価格に比べて割安な株を見つけるのには役に立つものの、企業にとって最も大切な「未来の成長可能性」を教えてはくれない。
「過去よりも未来」を知る大切さをバフェットは、こう表現している。
「当たり前の話ですが、今日の投資家が昨日の増益から利益を得ることはありません」

　過去にどれほどの利益を上げ、どれほど良い企業であったとしても、変化に対応できなければダメになる。未来への投資を怠れば、競争力は急速に低下していくことになる。だからこそ、投資に際しては過去の数字ばかりに拘泥せず、その企業が未来のためにどんな準備をしているか、長きにわたって成長し続けるかを知る努力が欠かせない。

116

「好ましい長期的な展望があれば、短期的な株価変動はそれが魅力的な価格で保有高を増やせる機会であるということ以外に、私たちにとっては意味のないことなのです」

たとえば、「イーロン・マスクは今年だけで13兆円も資産を減らした」といったニュースが報じられることがある。たしかに目を引くニュースだが、現実には「13兆円」という数字が円の対ドルレートによって変わってくるし、何より資産の大半が経営している企業の株式となれば、日々の株価次第で大きく変化することになる。

企業の経営者が日々の株価にばかり拘泥するようだと、株価を上げるためにはどうすべきかということにばかり目を向けるようになる。気になるのは株価と四半期決算の数字ばかりで、これではどうしても長期の視点は置き去りにされてしまう。一方、バフェットの投資の原則は長期保有にあるだけに、日々の株価の変動に関心を払うことはない。バフェットは、こう話している。

「投資に関する成功は、毎月の株価の変動ではなく、長期的な成長によって測っています。好ましい長期的な展望があれば、短期的な株価変動はそれが魅力的な価格で保有高を増やせる機会であるということ以外に、私たちにとっては意味のないことなのです」

バークシャーが長期保有しているコカ・コーラもアメリカン・エキスプレスも当然、株価の変動はあるが、長期的にはその価値を増やし続けている。経営者にとっても、投資家にとっても、見るべき、意識すべきは長期的な成長なのである。

117

「ムダ遣いしてはいけないよ。
この金を投資すれば
何倍にもなるんだよ」

　バフェットは世界有数のお金持ちだが、かといって子どもたちに贅沢
な暮らしをさせることはなかった。こう振り返っている。

「うちの子どもたちは、私が金持ちとは思っていませんでした。そこそ
こ儲かってからも、同じ家で暮らしていました。子どもたちが知ってい
るのは、この家だけで、学校も公立に通わせました」

　バフェットが子どもたちにクリスマスプレゼントとして 1 万ドルを
送ったり、バークシャー・ハサウェイの株を渡したりするようになった
のは、子どもたちが成人してからというところに、バフェットの子ども
たちを甘やかさない姿勢が表れている。バフェットは子どもたちにお金
を与える時、いつもこう言っていた。

「ムダ遣いしてはいけないよ。この金を投資すれば何倍にもなるんだよ」

　まさに複利式の考え方だが、そんなバフェットを次男のピーター・バ
フェットは「うっとうしさ」を感じることもあったと話している。そう
語るピーターは、母スーザンの才能を受け継いだのか、音楽に秀で、映
画『ダンス・ウィズ・ウルブス』に曲を提供するなど、作曲家として活
躍している。「僕は自分たちの力だけでここまでやってきたんだからね」
と話すピーターを見れば、バフェットの子育てもまんざら悪いものでは
ないらしい。

118

「万能選手になる必要はないが、どこに限界があるかは知る必要がある」

　バフェットの投資に際しての原則の一つは、「能力の輪の中にある企業に投資する」ことだ。その際、厳守しているのが能力の輪の外に出ないことと、無理に能力の輪を広げようとしないことだ。つまり、自分がよく知る、よく理解できる分野の企業への投資に絞るということだが、それは経営においても貫かれている考え方だ。

　バークシャー・ハサウェイが所有する企業、投資している企業はとても多く、業界業種も多岐に渡っている。バフェットはたしかにバークシャーの会長ではあるが、これら企業の経営者に対して余計な口出しをすることはない。所有はしていても、管理をしようとはしない。理由は、こうだ。

「万能選手になる必要はないが、どこに限界があるかは知る必要がある」

　バフェットが得意としているのは「資本を動かし、理に適ったビジネスがあれば、そこに資本を投じる」という「資本の配分」であり、経営者としてイノベーションを起こしたり、難しいビジネスを再建するということを得意としているわけではない。得意でないにもかかわらず口を出し過ぎると、問題が起こりがちだ。傘下の企業すべてを管理することなどできるはずもない。自分は何が得意で、どこに限界があるのかを知ったうえで行動するからこそバフェットも、バークシャーも成功することができた。

「同じものをずっと
繰り返し食べるのが好きなんだ。
ハム・サンドイッチなら、
朝食に50日間続けて食べられるよ」

　バフェットがソロモン・ブラザーズの会長に就任した際、最も驚いたのはウォール街の住人の贅沢な食生活だった。幹部社員用食堂の厨房は、ニューヨークのどのレストランよりも広く、社員は「この世にある欲しいものは何でも注文できる」仕組みになっていた。

　そんなある日のこと、バフェットは運転手に車を止めてくれるように頼み、近くの店へと入った。戻ってきたバフェットを見た運転手は驚かされた。手にはハム・サンドイッチとコカ・コーラがたくさん入った袋を持っていたのだから。そしてバフェットは他の重役たちが分厚いステーキを頬張る横で、ハム・サンドイッチを食べ、コカ・コーラを飲むのだった。

　それがバフェットの当たり前の生活だった。

　そんなバフェットを変えようとした人物がいる。ワシントン・ポストの社主キャサリン・グラハムだ。キャサリンはバフェットを「高めよう」と、お抱えのコックに珍しい料理をつくらせ、有名人を招いたディナーの常連扱いをしたが、結局、「同じものをずっと繰り返し食べるのが好きなんだ。ハム・サンドイッチなら、朝食に50日間続けて食べられるよ」と考えるバフェットが変わることはなかった。

　リスクを嫌うバフェットは、同じものを食べるのを好む。それはウォール街に行こうと、世界のVIPと食事をともにしよう、と決して変わることのない習慣だった。

120

「市場は下落し、投資を引き揚げる人には損失発生。しかし、これから投資する人々にとっては利益になる」

　株式市場が下落する時、多くの人は慌てふためき売りに転じがちだが、バフェットによると「市場は下落し、投資家に損失発生」という見出しを見ると、笑みがこぼれる人もいる。理由はこうだ。

　「市場は下落し、投資を引き揚げる人には損失発生。しかし、これから投資する人々にとっては利益になる。記者はこの自明の理を忘れがちですが、すべての売り手に買い手がおり、一方が損失を被れば、もう一方には利益となるのです」

　バフェット自身、パートナーシップを解散したあとの1970年代、多くの株式や企業に安い値が付けられたことによって、大きな利益を手にすることになった。1973年初め、バークシャー・ハサウェイの経営に専念していたバフェットはソロモン・ブラザーズを主幹事にして2000万ドルの資金調達を行っている。

　やがて株価は暴落、ウォールストリートは「見通しがはっきりするまで、株の購入は見合わせた方が良い」と報じた。すべての売り手には買い手がある。バフェットは底値の株を買い続けた。『フォーブス』に、こう宣言した。

　「今こそチャンスだ、儲けよう」

　バフェットにとって、「投資家に損失発生」は、「儲ける絶好のチャンス」だった。

121

「売る理由は、マスコミ株が下げているからとか、みんなが売っているからという理由が多い。みんなそれほど確固たる理由はない」

　株を買う時には「なぜ、この株に投資するのか」についてとことん考えることが欠かせないというのが、バフェットの考え方だ。間違っても「株価が上がっているから」「証券会社が勧めるから」といった理由で買ってはならないとも話している。

　そして、これは「売る」についても同様だった。1973年、バフェットはワシントン・ポストの株を何回かに分けて購入、外部の株主としてはバークシャー・ハサウェイが筆頭株主となっている。理由は、同社の株価が急落していたからだ。当時、ワシントン・ポストはウォーターゲート事件にかかりきりであり、リチャード・ニクソン大統領を支える共和党の有力者が、ワシントン・ポストの所有するテレビ局の免許更新に異議を申し立てた。

　政治的な意図によるものだが、収益が脅かされることでワシントン・ポストの株価は38ドルから16ドルにまで急落した。株価が下がると投資家たちは慌てて売りに走る。まさにバフェットの言う「売る理由は、マスコミ株が下げているからとか、みんなが売っているからという理由が多い。みんなそれほど確固たる理由はない」のである。

　これが、バフェットにとってチャンスとなった。企業価値が変わらないにもかかわらず、多くの人は「みんなが売っているから」と売ってしまう。「買う」と同様に「売る」ことにも自分の頭で考えた、確固たる理由が必要なのだ。

「すべてを考える必要はない。
ほかの人の肩の上に立つのは
ちっとも
悪いことじゃない」

「巨人の肩の上に立つ」は万有引力の法則などで有名なアイザック・ニュートンが用いた言葉として広く知られている。先人たちが築き上げた学問や技術があってこそ偉大な何かを生み出すことができる、という意味で引用する人も多い。

バフェットは今や「世界一の投資家」として、世界中の投資家たちがバフェットの投資手法から学ぼうとするほどの存在だが、かつてはバフェットもベンジャミン・グレアムや、フィリップ・フィッシャー、そしてガードン・W・ワトルズといった投資家たちに学び、「便乗する」ことで成功を手にしている。

バフェットによるとワトルズは「ある会社の株を割安で買って、その会社が別の会社を割安で買い、そこがまた別の会社を買う」という手法で多くの企業を所有していたが、バフェットはワトルズに学び、自らのバークシャー・ハサウェイを似たような仕組みの組織にしようとしていた。バフェットは言う。

「ワトルズは私がやりたいことのモデルだった。必ずしも大金が得られるとは限らないが、儲かることが読める。すべてを考える必要はない。ほかの人の肩の上に立つのはちっとも悪いことじゃない」

バフェットは先人たちの肩に乗ることで、先人たちをはるかに超えていった。

「質の高い株主を引き付け、手放さないためには、事業や理念について絶えずきちんと説明して、あとはそれぞれの判断に任せればよいと、私たちは感じています」

　バフェットによると、バークシャー・ハサウェイの発行済み株式のおよそ98%は年初と同じメンバーによって保有されているという。同族会社ならともかく、バークシャーのような巨大企業でこれほど株主が変わらないのも珍しいことだが、これこそが当初からバフェットが目指していたものだ。

　バフェットは株式投資においても、優れた企業であればできるだけ長期にわたって保有したいと考えているが、同様にバークシャーに関しても、株主には長期にわたって保有し続けてほしいと考えていた。もちろん、そのためには経営者の努力が欠かせない。1983年の「バフェットからの手紙」にこう書いている。

「質の高い株主を引き付け、手放さないためには、事業や理念について絶えずきちんと説明――同時に、矛盾したメッセージを発信しない――そして、あとはそれぞれの判断に任せればよいと、私たちは感じています」

　バフェットによると、バークシャーにおける完全な開示は、「もし私たちが逆の立場であれば教えて欲しいと望む情報を提供する」ことであり、株主総会で長時間にわたって株主との質疑応答をするのも、それこそが株主総会のあるべき姿だと信じているからだ。本当の株主ファーストとは、こういうことなのだ。

124

「大半の人は、
他の人がやっているからという理由で
株式投資に興味を持つようです。
でも本当は、
他の人がやっていない時に
興味を持つのがベストです」

1929 年の大恐慌の引き金を引いたとも言われる「伝説の投機王」ジェシー・リバモアの信条は、「大衆と同じバスに乗っていても、時期が来たら、いつでもそこから飛び降りようと身構えている。そして、逆方向に進む結果となることも恐れはしない」だ。同年、アメリカの景気は最高潮で、株式市場には「濡れ手で粟」を夢見る大衆が次々と繰り込んできていた。大衆にとって、その頃の株式市場はまるで「打ち出の小づち」のように見えていたが、みんながそう考えていた時、リバモアは逆方向に進んでいた。

株式市場に、これまで投資と無縁の人がたくさん入り込んで来たり、金融や投資と関係のない雑誌などが投資の特集を組み始めた頃というのは、たいてい絶好調だった市場がピークを過ぎた頃というのはよくある話だ。バフェットは、こう忠告している。

「大半の人は、他の人がやっているからという理由で株式投資に興味を持つようです。でも本当は、他の人がやっていない時に興味を持つのがベストです。既に人気化した株を買っても、高い投資利回りを残すことはできません」

バフェットが言うように、大半の人は「他の人がやっているから」と慌てて投資を始めようとする。そして、「他の人が買っているから」「他の人が売っているから」という理由で株の売買をする。投資で成功したいのなら、他の人と逆を行く勇気も必要だ。

「私たちは企業のトップとして、物質的かつ精神的にさまざまな役得も得ています。そうした牧歌的な状況の下では、株主に負担をかけて必要ともしない報酬を得ようなどとは考えていないのです」

　バフェットは日本円にして10兆円を超える資産を持つ超の付くお金持ちだが、その資産のほとんどはバークシャー・ハサウェイの株式である。バークシャーから得る報酬額はアメリカ証券取引委員会（SEC）への提出書類から分かるように、1980年から40年以上にわたって変わらず10万ドルである。

　2019年のS&P500企業のCEOの平均年収が1500万ドルだけに、10万ドルという金額は驚くほど少ない金額となっている。アメリカのCEOの中には驚くほど高額の報酬を得ている人が少なくないが、バフェットもチャーリー・マンガーも10万ドルという金額に十分満足しているという。理由をこう述べている。

「私たちは好きな人々と楽しい仕事をしています。同じく重要なことは、退屈で不愉快な仕事はほとんどしなくてよいということです。私たちは企業のトップとして、物質的かつ精神的にさまざまな役得も得ています。そうした牧歌的な状況の下では、株主に負担をかけて必要ともしない報酬を得ようなどとは考えていないのです」

　バフェットが望むのは、大好きな人たちと、大好きな仕事をとびきり上手にやることだ。「もしもまったくの無報酬だとしても、私はこの楽しい仕事を喜んで引き受けるでしょう」と話しているように、バフェットにとって大切なのは、お金よりも仕事の楽しさだった。

126

「私たちは
じっと辛抱することができます。
どれほどの才能や努力をもってしても、
時間をかけなければできない
こともあります」

　1985 年、バフェットは長年親交のあるキャピタル・シティーズの経営者トム・マーフィーから「ABC テレビを買ったので、どうやって支払えばいいか教えてくれないか」という電話を受けた。当時、ABC は乗っ取り屋の対象になっており、放送局をいくつか所有するマーフィーに助けを求めたのが買収のきっかけだった。

　ABC とキャピタル・シティーズを合わせると、100 社近い出版社と、24 のラジオ局、規模の大きなテレビ局 12、50 のケーブルテレビを抱えることになる。バフェットは約5億ドルを投じてキャピタル・シティーズの株の 15%を購入、キャピタル・シティーズは他の資金も集めて約 35 億ドルで ABC を買収した。

　ABC は三大ネットワークの一つだったが、当時は視聴率が 3 位に落ち込んでおり、バフェットから見るとその価格は「法外な金」だったが、バフェットはテレビの持つ力も理解していた。決して楽観的とは言えない投資に、なぜ応じたのか？　投資をしたり、買収をした時、たいていの経営者はすぐに結果を求めがちだが、バフェットは「時間をかけなければできないこともある」ことをよく知っていた。「じっと辛抱する」ことができた。その後、ABC の株価は上昇、1995 年にウォルト・ディズニーがキャピタル・シティーズ ABC を 190 億ドルで買収している。

第3章 ●バフェットの
40歳から55歳(1970年〜1985年)

「バフェットからの手紙第4版」

「もしも あなたの乗っているボートが いつも水漏れを起こしているようならば、 その修復に労力を費やすよりも、 ボートを乗り換える努力をする方が、 よほど生産的でしょう」

　バフェットがバークシャー・ハサウェイの株を買い始めたのが1962年であり、経営権を取得したのが1965年だ。以来、バフェットは既に競争力を失いつつあった繊維会社を何とかしようと資本を投じ、さまざまな努力もしているが、30年後の1985年に繊維部門を閉鎖して、投資会社へと大きく舵を切っている。

　同社を買収した当時、北部の繊維工場は南部の繊維工場に比べて競争力が低く、同社の繊維部門もいずれ閉鎖されると見られていたが、バフェットはケン・チェースやギャリー・モリソンに任せればもっと良い業績を上げられると思い込んでいた。たしかに、一時的に業績は好転したものの、繊維事業は「ついぞ儲かる事業にはならなかった」。にもかかわらず、バフェットは事業の多様化を進めつつあった1978年になってなお、「繊維事業を続けていく」と言い続けている。

　やがて「大きな間違い」に気づいたバフェットは同社の繊維部門の閉鎖を決めるが、そこから得たのが「良い結果を出すためには、乗り込んだボートをいかにうまく漕ぐかではなく、どのボートに乗り込むかを事前にしっかりと調べることが大切」という原則だ。「もしも乗っているボートがいつも水漏れを起こしているようならば、その修復に労力を費やすよりも、ボートを乗り換える努力をする方が、よほど生産的」なのである。

「辛抱強さや冷静さは、知能指数より重要かもしれないと私は思っています」

　投資で成功するためには、どのような能力が必要か。バフェットは4つを挙げている。

　1つ目は財務会計や簿記の知識。企業の活動を知り、財務諸表を読みこなすだけの力

　2つ目はある程度の情熱

　3つ目が辛抱強さ

　4つ目が冷静さとなる。

　なかでも大切なのが、最後の2つだとバフェットは強調している。

「特に辛抱強さや冷静さは、知能指数より重要かもしれないと私は思っています」

　なぜ知識や知能指数以上に辛抱強さと冷静さが必要なのかというと、株式市場は時に集団ヒステリーに襲われることがあり、その時に他の人と一緒になってレミングになるか、それとも自分の判断に忠実に孤高を守るかで、投資の成果は大きく左右されるからだ。

　賢明なる投資家になるためには、熱狂や恐怖に飲み込まれないだけの冷静さ、そして辛抱強さが欠かせない。どれほど優秀な頭脳を持っていても、熱狂に巻き込まれては失敗を招くことになる。

　バフェットは、辛抱強さと冷静さこそが成功への最も重要な資質であり、これがあれば時折市場を襲う集団ヒステリーの悪影響を避けることができる、と説いていた。

「賢明なる投資家」

「船は丸い地球を帆走しようとも、『地球は平らだと考える集団』は繁栄するのです。市場では価格と価値が一致しないケースが途切れることなく生まれ、グレアムとドッドの著書を読んだ者は成功を収め続けるのです」

　1984年5月、バフェットは『証券分析』の出版50周年を祝して、「グレアム・ドット村のスーパー投資家たち」と題する講演を行い、グレアムが生み出したバリュー投資が今も有効であることを力説している。

　バフェットの講演は「時価に対して大きな安全域を有した価値ある銘柄を探すグレアムとドッドの証券分析手法は、今や時代遅れなのでしょうか？」という問いから始まっている。この問いに対するプロの答えは「イエス」だが、バフェットは毎年必ずS&Pを上回る運用成績を上げているウォルター・シュロスやトム・ナップなどの例を挙げながらグレアムとドッドのやり方が今も有効だと証明している。そしてもちろんバフェットもバークシャー・ハサウェイもグレアム・ドット村の住人であるとして、「船は丸い地球を帆走しようとも、『地球は平らだと考える集団』は繁栄するのです。市場では価格と価値が一致しないケースが途切れることなく生まれ、グレアムとドッドの著書を読んだ者は成功を収め続けるのです」と締めくくった。

　バフェットによると、バリュー投資はいまだかつて流行を見せたことはなく、大学もバリュー投資をカリキュラムから外しているというが、そうした流れと関係なしにバフェットの自信は増すことはあっても、揺らぐことはなかった。

130

「やる必要のない仕事は上手にやったところで意味がない」

　バークシャー・ハサウェイには MBA の出身者もいなければ、弁護士や企画立案者、広報担当者、人事担当者なども存在しない。警備員も運転手もコンサルタントも存在しない。

　1980 年代、わずか 11 人の社員しかいない同社を訪ねた投資銀行ベベアー・スターンズのジョン・オットーは、同行したガス関連事業を営む企業の売却を希望する顧客とバフェットの交渉に強烈な印象を受けた。K マートで買ったような靴を履いたバフェットは簡単なあいさつの後、すぐに本題に入るよう促した。バフェットは事前に資料を受け取っており、顧客との質問のやり取りの後、いくつかの条件をつけて、すぐに金額を提示した。

　オットーによると、通常は一度会っただけで具体的な交渉に入ることはないというが、バフェットはあれこれ駆け引きをしたり、誰かが下交渉をしたりするのを好まなかった。自分で話し、自分で判断し、結論を出す。そして一旦出した結論を変えることはなかった。大企業バークシャーの強みは、このシンプルさだった。複雑な組織、たくさんの役員が大企業には付き物だが、彼らがやる仕事の多くはさほど意味のないものばかりだ。

「やる必要のない仕事は上手にやったところで意味がない」

　当時バフェットは、自分と 1 人のアシスタントで他社なら 100 人以上で運用するポートフォリオとほぼ同じ大きさの資金を運用していた。

131

「リスクとは、自分が何をやっているかよく分からない時に起こるものです」

　リスクというのは誰が決めるのか。たとえば株価が下げている時に、「今、株に手を出すのは危ない」とか、「早めに売らないと損をする」などとリスクの大きさを警告する人がいるが、バフェットによると、リスクとはそんな一般論ではなく、当人がどれだけやっていることを理解しているか、また確信を持っているかで決まってくるという。

　1973年、ワシントン・ポストの株価が38ドルから16ドルまで急落した時、バフェットは癌で亡くなったフリッツ・ビービ会長の5万株を初め、積極的な投資を行っている。理由は時価総額に比べて、その何倍もの価値があり、経営者も有能だったからだ。バフェットは、こう言い切った。

「こんなに安全な投資先はありません。全財産を注ぎ込んでも、何ら心配することはなかったでしょう。リスクとは、自分が何をやっているかよく分からない時に起こるものです」

　バフェットは何をやるにつけても、自分がよく理解しているかどうかを大切にする。ニューヨークで食事をする時も、「この前のレストランにしましょう」と言う。相手が「この間行ったばかりですよ」と言っても気にしない。たいていの人は新しい店に行きたがるものだが、バフェットは、そんなリスクは犯さない。どんなものが出るかよく分かっている店の方が安心できる、というのがバフェットの流儀である。

132

「私たちは多くのキスを見てきましたが、ほとんど奇跡は起こりませんでした」

　企業規模を拡大するうえで、企業買収は効果的な方法とされている。ゼロから新しい事業を育てるのに比べ、買収はその手間を省き、「時間を買う」ことができる。バフェットによると、世の中には買収に飢えた経営者がたくさんいるという。彼らが魅せられているのは、今はさえない企業でも、自分が経営し、資本を投下すれば見違えるほど立派な企業になるという、「カエルにキスするプリンセスの童話」に出てくるような企業の買収だ。

　おとぎ話に魅せられた経営者は驚くような変化を期待して、喜んで企業買収（ヒキガエルにキスする権利）を行うが、たいていは失望を味わうことになる。かつて先行きの知れた繊維会社バークシャー・ハサウェイに魅せられたバフェットは、自分の力で素晴らしい企業に変えようと努力したが、最終的に繊維部門は消え去る結果になってしまった。

　もちろん、まれに経営上のスーパースターが現れ、企業を見事に再生させることもあるが、それはごくまれなケースに過ぎない。ほとんどの買収は変身しないヒキガエルの数を増やすだけに終わる。バフェットはこう振り返った。

　「私たちは多くのキスを見てきましたが、ほとんど奇跡は起こりませんでした」

　バフェットは、奇跡を信じてヒキガエルを買うことはやめた。容易に見分けがつくプリンスをヒキガエルのような価格で購入する。それがバフェットのやり方となった。

133

「難しいのは新しいアイデアを生むことではなく、古い考え方から逃れることである。私が古い考え方から脱するには時間がかかりました」

　多くの人が「変わる」ことに抵抗感を持つのは、慣れ親しんだやり方や考え方のほうが居心地も良く、失敗の恐れも少ないからだ。とはいえ、いつまでも「変わる」ことを拒否し続ければ、やがては大きな損失を出したり、時代に取り残されることになる。

　バフェットにとっての「古い考え方」というのは、ベンジャミン・グレアムに教えられた「シケモク理論」である。学生時代、バフェットはグレアムから「投資に際しては有形資産を好むべきであり、価値が経済的なのれんに大きく依存している企業を避けるように」と教えられて以来、バークシャー・ハサウェイのような工場などの有形資産のある企業にこだわり、シーズキャンディーズのような「強いのれん」を持つ企業の魅力になかなか気付くことができなかった。こうした偏見が「投資活動のうえで多くの重要な機会を見逃すという過ちにつながった」と振り返っている。

　しかし、やがていくつかの投資経験を通して、「永続的で経済的なのれんを持ち、有形固定資産を最小限にしか使用しない企業」の魅力に気付き、そのことがその後の成功につながっている。バフェットに限らず、古い考え方から逃れることは、新しいアイデアを生むこと以上に難しい。ましてや過去に成功した企業にとってはそうだが、それなしには、成功すること、成功し続けることは難しい。

134

「胴元にとって良いことは、顧客にとって良いことではない」

　バフェットが父の会社バフェット・フォークで働いていた当時、いつも悩んでいたのは顧客の利益と自分の利益が相反関係にあることだった。会社の利益を考えたなら、顧客はできるだけ頻繁に株式の売買をしてくれる方がいい。一方で顧客の利益を考えれば、ガイコのような優れた株を持って長く保有し続ける方がいい。

　バフェットは、もし教会に信者が次々と入れ替わることによって手数料を得て、その手数料で生活するブローカーがいれば、そこでは信者はキリスト教から仏教、またはキリスト教からイスラム教へ、あるいはその逆へと次々と宗旨替えをすることになる。ブローカーにとっては願ってもないことだが、果たしてそれは信者にとって望ましいことなのだろうか、と考えた。

　バフェットは「市場性」や「流動性」といった用語を使って、売買の回転率が高い銘柄を賞賛する証券会社のやり方を「胴元にとって良いことは、顧客にとって良いことではないことを投資家は理解すべきです。あなたの懐を満たすことのできない人間に限って、確信を持ってあなたに何かを吹き込もうとするのです」と切り捨てている。

　日々の株価の変動など気にすることなく、一生持ち続けたいと願うような株を持つ。証券会社にとっては何とも困った客だが、その方がお客自身はきっと幸せになれる、というのがバフェットの変わらぬ考え方だ。

135

「私たちは、アイスホッケーの名選手 ウェイン・グレツキーの 『パックがあるところにではなく、 パックが向かう先に行け』という アドバイスに従っています」

　スティーブ・ジョブズが好み、バフェットもしばしば使っているのが、アイスホッケーの名選手ウェイン・グレツキーの次の言葉である。

「パックがあるところにではなく、パックが向かう先に行け」

　敵や味方が群がっているパックのある場所に向かうのではなく、広く開いているスペースに滑り出せば、そこにパスが来るため、自由にプレーすることができる、というのがグレツキーの考え方だ。「今」にとらわれるのではなく、少し先の未来の可能性を見て、早めに動き出すことの大切さを教えてくれる言葉である。

　ジョブズはこう考えることで数々の「世界を変える製品」をつくり出すことに成功したが、バフェットは「目先の利益」や「短期的な収益」にばかり目を奪われるのではなく、投資する企業の「将来の可能性」「将来にわたって得られる利益」に目を向けることで、バークシャー・ハサウェイを世界的企業へと成長させることができた。

　バフェットによると、企業買収に際して、買い手が現在の収益のみを追求するのは愚かなことで、たとえ短期的に収益を上げる可能性があったとしても、企業の内在価値を減らすことになる合併や買収は数多く断ってきたという。目先の利益を追い求めすぎると、将来の利益を犠牲にすることもある。見るべきは「今」だけではなく、「未来」なのである。

136

「CEO はたいてい戦略企画スタッフやコンサルタントや投資銀行家に、買収すべきかどうかを尋ねます。それは、インテリアデザイナーに5万ドルの敷物が必要かどうかと尋ねるようなことです」

　バフェットによると企業の CEO というのは、旺盛なアニマルスピリットとエゴを持っており、だからこそ成功できたとも言えるが、それは昇進を極めたからといって消えることはないという。現状に満足することなく、常に成長を願い、より大きくを追い求める CEO は多く、企業買収などを勧められると、つい前のめりになってしまう。

　バフェットの友人の CEO がある時、生命保険会社の買収を考えた。「なぜ買収したいのか」という理由を戦略上の視点で取締役会で説明したが、最後にお茶目な顔つきで言った「だって、みんなが持ってるんだもん」が彼の本音だった。

　企業買収は買収側の経営陣にとっては所得と地位の向上につながり、それを勧めるアドバイザーたちにとっては蜂蜜入りの壺となる。バフェットによると、たいていの買収は買収側の株主の資産を減らすだけの結果になりやすいが、それでも盛んに買収が行われるのは次のような理由からだ。

　「CEO はたいてい戦略企画スタッフやコンサルタントや投資銀行家に、買収すべきかどうかを尋ねます。それは、インテリアデザイナーに5万ドルの敷物が必要かどうかと尋ねるようなことです」

　投資や買収は「自分の頭で考えて」こそ、望ましい答えにたどり着くことができる。

137

「はったりをかます人間という評判は、一生つきまとう。だから、やらないということを理解してもらった」

　1977年にバフェットが買収したバッファローイブニングニュースは、当時のバフェットにとっては大きな投資だった。当時のバッファローイブニングニュースの利益はさほどでもなかったが、どの街でも強い新聞はますます強くなり、二番手以下は廃刊に追い込まれることを知っていたバフェットにとっては魅力的な投資先でもあった。

　しかし、二番手のクーリエ・エクスプレスも生き残りをかけた反撃に打って出た。反トラスト法に抵触するという訴えである。判決は、バッファローイブニングニュースが希望する日曜版の発刊は認めるものの、販売活動や頒布に制限を課すという、バフェットにとって不利なものとなった。弁護士でもあるチャーリー・マンガーは控訴を勧めたが、バフェットは控訴の必要性を認めながらも消極的だった。こう話している。「はったりをかます人間という評判は、一生つきまとう。だから、やらないということを理解してもらった」

　判決を覆さない限り、新聞社に投資することで、それも独占の力を手にすることで儲かるという目論見は崩れてしまう。新聞社は赤字を出してもいた。それでもバフェットが気にしていたのは、自分の評判を貶めることだった。バフェットにとって勝つことは大前提だが、「評判を落とす」ことは絶対に避けたいことでもあった。

138

「3階の人間は誰も
利益に影響を与えるようなことを
していない」

　バフェットは人道的な人間だが、利益の配分に関しては割り切った考え方をしている。1977年にバフェットが3250万ドルで買収したバッファローイブニングニュースは、問題の多い会社だった。二番手のクーリエ・エクスプレスから訴えられ、収益面に大きな影響が出たばかりか、13の組合が会社相手に闘争を繰り返し、待遇改善を要求してストライキを打つこともあった。

　買収から5年目の1982年、単年での赤字は減っていたものの、累積赤字は1200万ドルに膨らみ、チャーリー・マンガーは赤字の回収は不可能ではないかと考えるようになった。このままでは2つの新聞のうち、どちらかが倒産するのではという不安も街には広がったが、最終的に倒産したのはクーリエ・エクスプレスの方だった。

　ライバルが倒産し、バッファローイブニングニュースは朝刊も発行するようになり、部数も広告も飛躍的に伸びた。儲かるだけではなく、非常に儲かるビジネスとなった。翌年、同社は1900万ドルもの利益を上げた。管理職からは「社員に利益を還元したらどうか」という意見が出たが、バフェットの返事は「3階の人間(ニューズルーム)は、誰も利益に影響を与えるようなことをしていない」と、にべもなかった。リスクを負っていたのはバフェットだ。利益を受け取る資格があるのは、リスクを負った人間だけだった。

139

「未来が
はっきりしていることなどない。
不確かな時こそが
長期投資家の味方なのだ」

　今やバークシャー・ハサウェイにとってアップルは「巨像」と言える
存在だが、バフェットはスティーブ・ジョブズが存命中は同社に投資し
ていない。バークシャーの取締役の1人がいかにiPhoneをかけがえの
ないものとして大切にしているかを知ったことが投資のきっかけだが、
今から40数年前、iPhoneの生みの親であるジョブズとバフェットは
共にグリネル大学の理事を務めていたことがある。

　1979年、株式市場は低迷し、『ビジネスウィーク』は2度と誰も株
を買わないとでも言うように「株式の死」を宣言している。投資家は株
式投資ではなく、金やダイヤモンド、プラチナ、美術品や不動産などに
競って投資をしていた。グリネル大学の新任理事に就任した、当時24
歳のジョブズは投資委員会を説得して、株を売り払って金を買うように
説得したが、委員会はその提案を退けている。

　当時の株式の低迷は、たしかに短期売買を繰り返す投資家にとっては
厄介だったが、バフェットはジョブズとはまるで反対の考え方をしてい
た。

「未来がはっきりしていることなどない。不確かな時こそが長期投資家
の味方なのだ」

　世の中が明るく、株価が上昇している時には、割高な株を買ってしま
いがちだが、長期保有を前提とするなら、株価の低迷は絶好のチャンス
でもあった。

140

「君は本当に凄腕だから。
君がいなくなったら、
穴を埋めるのに3人必要だよ」

　バフェットが長者番付の「フォーブス400」に初めて登場したのは1979年、49歳の時だ。その前後にバッファローイブニングニュースを買収したり、ミセスBのネブラスカファニチャーマートを買収するなど、バークシャー・ハサウェイは急速に拡大し始めていた。オフィスはキューイット・プラザに置かれていたが、今と同様にオフィスで働く人間は最小限だった。

　少ない人数で、増え続ける仕事量をこなすのは大変だ。しかも、バフェットはミセスBとの間で「バークシャーが有価証券報告書をSECに提出する際、ファニチャーマートの個別財務諸表を提出しないようにする」といった「簡単には片づけられない」仕事を簡単に請け負うこともあった。厄介な仕事を押し付けられたのは、バークシャーの財務担当のバーン・マッケンジーだ。バフェットは、こう言った。

「君はとても素晴らしい。だから、この仕事もあっという間に、大したコストもかけずに片付けてくれるだろう。君は本当に凄腕だから。君がいなくなったら、穴を埋めるのに3人必要だよ」

　知力の優れた人間には何でもできると、そう考えるバフェットは干渉しないボスではあったが、精神的にはすごく疲れるボスでもあった。

「何ひとつ彼らに落ち度はないのだが、彼らはトラクターが出てきた時代の馬の立場に置かれていた。再教育などというのは体のいい話に過ぎない」

　バフェットが長年再建のために奮闘してきたバークシャー・ハサウェイの繊維部門を閉鎖したのは、1985年のことである。バークシャー自体は当時、傘下にいくつもの優良企業を抱え、かつ保険事業を育てることで強固な企業へと変身しつつあっただけに、繊維部門の閉鎖はバフェットにとっても会社にとっても痛くもかゆくもなかったが、長年、繊維部門で働いてきた人たちにとっては、そうはいかなかった。

　残っていた工員は約400人。年齢は50代かそれ以上だった。英語をあまり話せない人や、機械の側で長年仕事を続けたことで聴覚に支障をきたしている人もいたが、バフェットにできるのは2カ月分の給料を払って契約解除をすることだけだった。本来なら再就職のための教育や、セーフティーネットが必要なのだが、バフェットは自由市場の非情さもよく知っていた。バフェットは、こう話している。

　「何ひとつ彼らに落ち度はないのだが、彼らはトラクターが出てきた時代の馬の立場に置かれていた。再教育などというのは体のいい話に過ぎない。市場は完ぺきではない。市場があらゆる人にゆとりのある暮らしを与えてくれるなどと期待してはならない」

　バフェットは後年、持てる者の義務を強調し、熱心に慈善事業に取り組むようになるが、この時の経験も影響しているのだろうか。

142

「優勝カップといえるような トロフィー・ワイフには お目にかかったことがないね」

　バークシャー・ハサウェイの繊維部門を売却したことで、同社は有力な企業を傘下に抱え、保険事業というフロートを生む部門を抱える大企業への道を歩み始めることになった。同時にバフェットも「フォーブス400」に載る、大企業の CEO というわけだが、他の CEO と違って贅沢を楽しむつもりはなかった。バフェットは五つ星のリゾート地に出かけることもなければ、高級なワイン、高額な美術品への関心もなかった。運転手付きの高級車に乗り、大型のヨットを所有するつもりもなかった。豪邸を建てるつもりも、さらさらなかった。

　妻のスージーとは 1977年に別居しており、事実上の独り身だったが、金持ちにありがちな「トロフィー・ワイフ」を求めることもなかった。バフェットは、こう話している。

「優勝カップと言えるようなトロフィー・ワイフには、お目にかかったことがないね。いつだって私にはブービー賞みたいに見える」

「トロフィー・ワイフ」というのは、社会的に成功した男性と結婚した、若く美しい女性のことだ。バフェットのように財力もあり、社会的な地位も得た男が、自らの成功を誇示するために、誰もがうらやむような魅力的な女性を妻にしたものの、男の容姿や年齢と釣り合っていないという、ある種、侮蔑的なニュアンスも込められているが、バフェットはどんなに成功し、どれほどのお金を手にしても、若い頃と変わらぬ生活を続けていた。

143

「私たちは、格付けを基に判断している わけではありません。 もし格付け会社のムーディーズや スタンダード&プアーズに 投資資金の運用を任せたいのであれば、 とっくの昔にそうしています」

1983年と1984年、バフェットはワシントン電力公社の社債を1億3900万ドル購入したが、その際には「大丈夫か」という問い合わせが殺到したという。

理由は、その社債はただの紙切れになるリスクが極めて高く、投資には適さないと格付け会社が認定した、いわゆる「ジャンクボンド」だったからだ。「WHOOPS」（おっと、しまった）とも呼ばれており、「安全域」を重視するバフェットがなぜ手を出したのかが不思議がられた。

一方のバフェットは、まるで意に介さなかった。こう言った。

「私たちは、格付けを基に判断しているわけではありません。もし格付け会社のムーディーズやスタンダード&プアーズに投資資金の運用を任せたいのであれば、とっくの昔にそうしています」

会計監査人の意見に関しても、こう言い切っている。

「もし会計監査人の方が自分より買収に詳しいと思うなら、自分は会計を担当して、その会計監査人に会社を経営させるべきでしょう」

ワシントン電力公社の社債は紙切れになるどころか、バークシャーに年率16%を超える利回りをもたらした。バフェットの言い分は正しかった。

144

「大半の人は、ほかの人が興味を持っている株に興味があるようです。でも本当は、そうでない株に興味を持つのがベストです」

　ネットが一般化してからより顕著になったのが、みんなの人気が集まる、評判の高いものはよく売れるのに対し、そうでないものは売れにくいという現象だ。モノに限らず映画でも本でも売れるものと売れないものが二極化する、というのが最近の特徴だ。

　株式投資でも同じことが言える。人気のある企業の株価には大勢の人が買いに走るため株価が上っていくのに対し、人気のない企業の株価は、その価値に関係なく伸び悩む。こうした時、バフェットはほとんどのケースで1990年代後半のように、みんながIT関連の株を買いあさっている一方で、煉瓦製造の会社や、カーペットメーカーの会社、ウェスタン・ブーツの会社のような、はた目には地味なパッとしない会社に投資している。

　こうしたバフェットのやり方を「機を見るに敏じゃない」と揶揄する人たちもいるわけだが、これまで何度もみんなが経験したように、最終的には「やはりバフェットが正しかった」ということになる。バフェットは早くから自らの投資について、こんな考え方をしていた。

「大半の人は、ほかの人が興味を持っている株に興味があるようです。でも本当は、そうでない株に興味を持つのがベストです。既に人気の株を買っても、高い利回りを残すことはできません」

「人の行く裏に道あり花の山」という日本の格言は、アメリカでも通用するようだ。

「企業価値の評価(バリエーション)は、そんなにやさしいものではありません。でも、いくつかの業種に的を絞れば、バリエーションについてかなりの知識を得ることができるでしょう」

　バフェットの投資において大切なのは、「能力の輪」をしっかりと守ることにある。自分の能力の輪の中にある企業に焦点を絞り、その「価値」を評価し、「価格」との差が大きくなった時に「買う」チャンスが訪れる。

　バフェットがなぜ能力の輪にこだわるかというと、「どの上場銘柄でも真の価値を計算できるとか言う人がいたら、その人は自分の能力をかなり過大評価している」ことになるからだ。バフェットは言う。

「企業価値の評価(バリエーション)は、そんなにやさしいものではありません。でも、いくつかの業種に的を絞れば、バリエーションについてかなりの知識を得ることができるでしょう」

　バフェットでさえ、すべての企業の真の価値を計算するのは難しい。半面、能力の輪の中にある企業であれば、真の価値と価格の差を素早く計算できるだけに、「判断は5分でできる」ことになる。こうしたこだわりは時に「携帯電話会社については、買い損ねました」と振り返っているように、チャンスを逃すことにもなるが、よく分かっているものに投資すればリスクは少ない、というのがバフェットの変わらぬ考え方だ。

146

「何の危険もないオマハにいながら、運転手たちが叩きのめされるような決断を下すことはできなかった」

バフェットは資本の分配に関しては甘い顔をしないが、決して非人道的な人間ではない。現場で働く人たちへの思いやりや優しさも持ち合わせている。バークシャー・ハサウェイの経営権を握ったもの、繊維部門は不振が続き、「なぜ清算しないのか」と聞かれた時、こんなことをパートナー宛の手紙に書いている。

「私は、この繊維産業に携わる人たちが好きなのです。彼らは困難な状況のもと、事業を改善しようと必死で働いています」

こうした思いやりは1980年、バッファローイブニングニュースのトラック運転手たちがストライキを打った時にも垣間見られる。たとえ新聞を印刷しても配達することができなければ何の意味もない。問題だらけの新聞社は、放っておけば廃刊に追い込まれる恐れさえあった。しかし、バフェットは非組合員の運転手を雇うことはなかった。「何の危険もないオマハにいながら、運転手たちが叩きのめされるような決断を下すことはできなかった」からだ。

バフェットは組合員に「社には限られた量の血液しかない。大量に出血すれば生き延びられない」と告げた。48時間後、新聞の発行が再開されることになった。バフェット自身は肉体労働は苦手でも、現場の人たちへの思いやりは持ち続けていた。

「うちの子どもたちは、
自分の居場所は自分で切り拓く。
それに、どういうことをやりたくても、
私が味方であることを知っている」

　バフェットの子育ては、大金持ちの父親としてはかなり厳しいもの
だった。チャーリー・マンガーによると、バフェットは子どもを甘やか
さず、不用意に物を買い与えることはなかった。お金に関しても「やり
たいことを始めるには十分だが、何もしなかったら暮らせない額」を渡
すと周囲に話しており、キャサリン・グラハムからは「子どもたちを愛
していないの？」と批判されたこともある。

　バフェット自身はこうした厳しさを決して後悔してはいない。こう話
している。

「うちの子どもたちは、自分の居場所は自分で切り拓く。それに、どう
いうことをやりたくても、私が味方であることを知っている」

　その甲斐あってか、長女のスーザン・A・バフェットは小規模な事業
に関わる一方でボランティアの活動も熱心に続け、バフェットも「うち
のような幸せに恵まれていない人たちを、しっかり支援できている」と
認めている。長男のハワード・グレアム・バフェットはバークシャー・
ハサウェイの役員の一方で環境活動に熱心に取り組んだほか、イリノイ
州の小さな町で保安官を務めたこともある。次男のピーター・バフェッ
トは音楽家として活躍し、妻のメアリーもバフェットに関する本を出版
している。

　バフェットの子育ては、まずは及第点と言うところなのだろう。

148

「3万ポンドの負荷に耐えると業者が主張する橋が建造されたとしても、その橋を走行するであろうトラックはせいぜい1万ポンドです」

　バフェット流の投資を行うためには、投資をしようとする企業の根底を成す事業を大まかに概算できる知識が必要になる。大まかに「価値」を計算したうえで、「価格」の方が安ければ、それは割安な株として、投資の対象となる。

　この価格と価値の差が「安全域」となるわけだが、その際、「ぎりぎりで見積もるべきではありません」というのがバフェットの考え方だ。

　良い例としてバフェットがしばしば例に挙げているのが、1973年のワシントン・ポストである。当時の時価総額は8000万ドルだが、同社の資産は、4億ドルは確実にあった。この差が投資における安全域となる。安全域が大きければ大きいほど、リスクは少なくなるのに対し、安全域が小さければリスクは自ずと大きくなることになる。バフェットは、こう話している。

「価値が8300万ドルの事業を8000万ドルで買おうとしてはいけません。大きな余裕を見ることが肝要なのです。3万ポンドの負荷に耐えると業者が主張する橋が建造されたとしても、その橋を走行するであろうトラックはせいぜい1万ポンドです。これと同じ原則が、投資にも当てはまるのです」

　価格と価値の差を冷静に見極めて、できるだけ大きな安全域を確保する。そうすれば、投資におけるリスクは大幅に低く抑えることができる。

149

「トラクターが登場した頃の馬や、自動車が登場した頃の馬の蹄鉄をつくる鍛冶屋だったりすることはやっぱり楽しいことではありませんね」

　モノづくりの世界では、時に今ある製品を一瞬にして「過去の遺物」に変えてしまうような革命が起きることがある。たとえば、フォードがＴ型フォードを大量生産することで移動手段としての馬は完全に過去の遺物となったし、携帯電話が普及すれば、ポケットベルは過去の遺物となる。iPhone のようなスマートフォンが広く普及すれば従来型の携帯電話がまるで過去の遺物であるかのように見えてくる。

　これこそが進歩であり、こうした変化に対応することなしには人も企業も生き残れない。バフェットも 1990 年代後半には「過去の遺物」扱いされた時期もあるが、バークシャー・ハサウェイの繊維部門で働く人たちを最終的に切り捨てざるを得なかった経験を含め、時にこんな感想を口にすることがあった。

　「トラクターが登場した頃の馬や、自動車が登場した頃の馬の蹄鉄をつくる鍛冶屋だったりすることは、やっぱり楽しいことではありませんね」

　バフェット自身、ベンジャミン・グレアムに学んだ原則を守りながらも、フィリップ・フィッシャーの成長株理論などを巧みに取り込むことで成功しているし、バークシャーという会社も繊維会社から投資と保険をメインとする会社に変わることで巨大企業へと成長させている。勝つためには、巧みに変化し続けることが欠かせない。

150

「一緒に働く人はしっかり選びたい。最重要事項だから、一人も疎かにすることなく選ぶ。結婚相手を探すぐらいの気持ちで臨んでいる」

　日本の企業では、採用は人事部に任せ、上の人間が採用に関わるのは最終面接であることが少なくない。一方、アメリカの企業などを見ていると、日本以上にトップが採用に関わっているように感じる。「誰を採用し、誰を昇進させるか」は企業文化に大きな影響があるからだろう。

　バフェットは採用においても、取引においても、「好きになれない人や、尊敬できない人と話をしたり取引をする気にはなれない」を徹底している。理由は、邪悪な人たちと仕事をしても決して良い結果は得られないからだし、いくら頭が良く、実行力があったとしても、その人に誠実さというものが欠けていたら、安心して仕事を任せることなどできないからだ。こう、はっきり言っている。

　「一緒に働く人はしっかり選びたい。最重要事項だから、一人も疎かにすることなく選ぶ。結婚相手を探すぐらいの気持ちで臨んでいる」

　バフェットにとって大切なのは、信頼できる、素晴らしい能力を持つ人たちと一緒に働き、自分の大好きなことをやることだ。お金のためだからと安易に信頼できる人たちの縁を切ることはしない。バフェットは投資にあたっても優れた企業だけを選び、長く所有することを基本にしているが、その姿勢は人の選び方関わり方にも通じるものがある。

151

「問題児の面倒を
見るようなものです。
5年やそこらで売却することは
ありません」

　1985年、バフェットは長い付き合いのあるトム・マーフィー（キャピタル・シティーズCEO）から、テレビのABCネットワークを買収することを知らされた。当時、ABCは乗っ取り屋の標的になっており、マーフィーがホワイトナイトとして買収することになったのだが、「どうやって支払えばいいのか」をバフェットに教えて欲しいという電話だった。バフェットは約5億ドルの資金を投じてキャピタル・シティーズの株を買い、その資金がABCの買収に使われることになった。

　ABCの経営状態は決して良いものではなく、バフェットの目からは「高い買い物」に見えたが、バフェットはマーフィーにこう約束した。「問題児の面倒を見るようなものです。5年やそこらで売却することはありません。私たちはパートナーとして投資しているのですから」

　バフェットの基本は長期保有にある。株価の動きを見ながら短期での売買をするのは「投機」であり、単なる「利ザヤ稼ぎ」だ。バフェットは、投資した企業の株価がどうなろうとすぐに手放すようなことはしなかった。問題があってもやがて解決できればいい。バフェットはガイコやアメリカン・エキスプレスが問題に直面していた時に投資しているが、以来、今に至るまで所有し続けている。

152

「私は
投資の原点である『十戒』に
手を付けるつもりは
ありませんでした」

　1956 年、ベンジャミン・グレアムはグレアム・ニューマン社を解散して、投資の世界から引退している。それでもグレアムの投資手法はバフェットらに受け継がれていたし、『賢明なる投資家』などが多くの人に愛読され続けていた。

　それから 20 年余り後の 1970 年代後半、カリフォルニア州で入院生活を送っていたグレアムは、バフェットに連絡を取り、『賢明なる投資家』の改訂作業を手伝ってくれるように依頼している。バフェットは依頼を受け、いくつかの個所の改訂を提案した。こう話している。

　「私はインフレについてもう少し書き加えたかったし、企業の分析方法についても書いてみたかったのです。それだけです。私は投資の原点である『十戒』に手を付けるつもりはありませんでした」

　その後、元気を回復したグレアムは 1 人で改訂作業を進めたため、バフェットの提案が採用されることはなかったが、両者の関係について、バフェットのパートナーシップを引き受け、セコイア・ファンドを立ち上げたウィリアム・ルエインは、こう評している。

　「私たちにとっては、グレアムの著書はバイブルである。そしてウォーレンは、自身の資産運用を通じてこれを改訂した。言うなれば、新約聖書を書いたようなものだ」

　まさに言いえて妙である。

153

「ビジネススクールは
単純明快な行動よりも
複雑な行動の方を高く評価するようですが、
実際は単純明快な行動の方が
効果があるんです」

　バフェットによると、ベンジャミン・グレアムの「1ドル札を40セントで買う」という概念は、それを学んで即座に効果を発揮する人と、まったく効果のない人がいるという。知能指数や大学教育とは無関係に、即座に理解する人もいれば、まったく理解しない人もいる。そして話を聞いてもすぐに理解できない人は、たとえ何年もかけてデータを見せても、その単純な概念を理解できないまま終わってしまう。

　また、グレアムの理論自体、大学や大学院で教えられることはめったになく、いまだかつて大流行したこともない。その理由をバフェットは、こう説明している。

「難しくないからですよ。つまり大学は難しくて、しかも役に立たないことを教えているんです。ビジネススクールは単純明快な行動よりも複雑な行動の方を高く評価するようですが、実際は単純明快な行動の方が効果があるんです」

　グレアムの理論が投資において大きな効果を発揮することは、バフェットを見ていればよく分かる。そしてバフェット自身も、グレアムの継承者として、自分の投資に対する考え方を隠すことはない。にもかかわらず、ビジネススクールで教えられることがないというのは、バフェットの言うように複雑なものほどありがたく、単純明快なものにはありがたみが感じられないということなのだろう。

154

「スーツを仕立てに行って、『グレーのピンストライプの背広をつくりたい。ハサウェイの裏地で頼むよ』なんて言う客はいない」

　バフェットがアップルに投資を始めたのは、高齢の取締役の1人がタクシーの中でiPhoneをなくしたことを嘆き悲しんでいるという話を聞いたことがきっかけだ。似たような製品がたくさんある中で、「この会社の製品でなければいやなんだ」という強い愛着を感じさせるものこそがブランドの力である。

　繊維会社としてのバークシャー・ハサウェイに投資を始めた頃のバフェットはブランドの力に重きを置いていなかったが、シーズキャンディーズの買収などを通してブランドの強い企業と弱い企業の差を理解するようになった。バークシャーについてこう嘆いた。

「われわれは全米の紳士用スーツの裏地の半分を生産しているが、スーツを仕立てに行って、『グレーのピンストライプの背広をつくりたい。ハサウェイの裏地で頼むよ』なんて言う客はいない」

　バフェットは取引先であるシアーズ・ローバックの会長とも知り合いだったが、仮に値上げの相談をしたら、「正気かね？」と言われる惨めなビジネスだった。強いブランドを持つ企業は製品の価格をある程度自分たちで決めることができるし、他社よりも少しくらい価格が高くても人々は喜んで買ってくれる。繊維会社としてのバークシャーは、バフェットにブランドの持つ価値を教えてくれる存在でもあった。

155

「もしシーズを買っていなかったら、
コカ・コーラも
買っていなかったでしょう。
ですから、この120億ドルは、
シーズに感謝しなくてはなりません」

　バークシャー・ハサウェイにとって投資先としての1位、2位を争うのはアップルやコカ・コーラだが、こうした企業を買ううえでバフェットに確信を持たせてくれたのは、間違いなくシーズキャンディーズである。

　1971年、シーズが売りに出されていることを知ったバフェットは、同社をカリフォルニアでかなう相手のいない素晴らしい会社と評価し、2500万ドルで買収している。資産価値500万ドルの会社にそれは「高い」と感じたものの、資産以外のブランドや名声、顧客、社員や経営者の持つ見えない価値を加味することで買収に踏み切ることができた。その成果は圧倒的だった。

　2019年の株主総会でバフェットは、「2500万ドル投資し、20億ドル以上の税引き前利益を得た」と同社の貢献の高さを讃えている。そして、この成功体験こそがのちのコカ・コーラへの投資につながったとして、こう話している。

「もしシーズを買っていなかったら、コカ・コーラも買っていなかったでしょう。ですから、この120億ドル（コカ・コーラ株で得た利益）は、シーズに感謝しなくてはなりません」

　1つの成功体験が、さらなる成功へとつながることになった。

156

「花から花へと舞っていては、投資における長期的成功を収めることはできないと私たちは考えます」

　バフェットが長期的に成長し続ける優れた企業への投資を積極的に行うようになったのは、1971 年のシーズキャンディーズの買収あたりからだ。その後、ワシントン・ポストへの投資やネブラスカファニチャーマートの買収などを行っているが、共通しているのは「有能な経営者によって運営され、経済状態は永続的に儲かりそうで、バフェットがしっかりと理解可能な大きな企業」という点だ。

　そして所有期間についても、「できるだけ長く」持つようにしている。こうした企業は、当時のバフェットにとっては「スーパースター企業」であり、バフェットが言うところの「大したことのない企業の一部を機転よく売買して大金を儲ける」やり方とは一線を画していた。バフェットは言う。

　「花から花へと舞っていては、投資における長期的成功を収めることはできないと私たちは考えます。派手に取引する『機関』を『投資家』の名の上に冠するのは、一夜の恋を繰り返す者をロマンチストと呼ぶようなものです」

　20 世紀を代表する経済学者のケインズによると、正しい投資法というのは、投資家自身が理解していると信じ、かつその経営陣を信頼できる企業に、まとまった額を投資することだというが、バフェットはこの言葉がすべて語ってくれていると述べている。

157

「ほとんどの人にとって投資において 最も重要なことは、 自分がどれだけ知っているかではなく、 むしろ、自分が知らないということを 正しく知ることにあります」

「バフェットからの手紙」の中で、20世紀を代表する経済学者ケインズのこんな手紙を紹介している。

「とりたてて自信を持つべき根拠がないにもかかわらず、自分がほとんど理解していない多くの企業に投資を分散することでリスクを限定できる、などという考えは誤りです。人間の知識や経験は疑うべくもなく限定されたものであり、私自身完全に自信を持てる投資対象が同時に2〜3社以上存在することなど、めったにないのです」

「経済学の巨人」ケインズにして、この言葉である。そして「投資の巨人」バフェットも、「目まぐるしい技術革新を追いかけざるを得ない企業では、長期的経済状態に関して安定した評価を得るのは困難です」と、1980年代にコンピュータ業界などの将来を予測することの難しさを口にしている。

ケインズやバフェットの凄さは、「私たちの能力では予測できない」ものがあるということをはっきりと自覚している点にある。一方で、他の追随を許さないほどよく知る分野があるのだから、「ある分野での能力の欠如は何ら問題にならない」ことになる。投資で大切なのは、「自分がどれだけ知っているかではなく、むしろ、自分が知らないということを正しく知ることに」ある。「能力の輪」を知り、守ることが成功につながっている。

158

「私が記憶している限り、ベン・グレアムの価格でフィル・フィッシャーの株を買うのは、これが初めてです」

　バフェットは、「オマハの賢人」と呼ばれることはあっても、「預言者」と呼ばれることはない。バフェットがしばしば明言しているように、バフェットは決して予想は口にしないし、相場の動向について詳しく語ることもない。

　しかし、その発言や行動はたいていの場合、適確に市場の未来を言い当てている。1969年、市場がピークに達しようとしていた時には「投資の機会は、事実上、失われました」とパートナーシップの解散を宣言、引退を宣言している。さらに1974年11月には、株価が急落して、アメリカ経済がガソリン不足で苦境に陥っているにもかかわらず、バフェットは『フォーブス』のインタビューに「今が投資を始める好機です。私が記憶している限り、ベン・グレアムの価格でフィル・フィッシャーの株を買うのは、これが初めてです」と答えた。

　実際には、『フォーブス』は前半の部分だけを掲載し、グレアムやフィッシャーには触れていないというが、バフェットにとっては、この部分こそが自分の発言の中で最も重要な部分だった。バフェットの投資手法は、グレアムの「安全域」や「企業の一部を買う」「日々の株価に拘泥しない」といった原則を守りつつ、フィッシャーが言う「成長株を買い、長期にわたって持ち続ける」を重視し始めていた。バフェットの投資手法はこの時期、大きく変わり始めていた。

第4章

バフェットの
56歳から70歳

ウォーレン・バフェット
賢者の名言

159〜266

バフェットの56歳から70歳は、バフェットが「オマハの賢人」としての尊敬を勝ち得た時代である。

バフェットはそれ以前にワシントン・ポストに投資し、バッファローイブニングニュースを買収するなど新聞社のオーナーや取締役を務める存在となっていたが、「フォーブス400」のベスト10に入って以降、ソロモン・ブラザーズに請われて投資、取締役となったほか、コカ・コーラでも取締役を務めるなど、お金だけでなく、地位や名誉も手にする存在となっていた。

そんなバフェットの名声を一気に高めることになったのが、1991年に国債の不正入札によって存続の危機に陥ったソロモン・ブラザーズの暫定会長に就任、同社の再建に向けて陣頭指揮を執ったことである。ウォール街を代表する企業の一つであるソロモン・ブラザーズの暫定会長に就任することは、長い時間をかけて名声を獲得したバフェットにとって大きな賭けでもあった。ウォール街的な手法を厳しく批判してきたバフェットが、あまりにウォール街らしいソロモン・ブラザーズに投資、取締役に就任した時も周囲から批判されたが、その再建の指揮を執ることは失敗の確率も高く、せっかく築き上げた名声が崩れ去る恐れも十分だった。

バフェットは賭けに勝利した。月給1ドルで職を引き受け

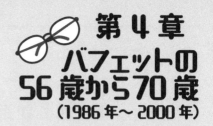

第4章
バフェットの
56歳から70歳
(1986年〜2000年)

たうえに、すべてを包み隠さず正直に話し、悪事に対しては迅速に罰するやり方は見事なもので、ソロモン・ブラザーズを見事に再生させたことで、バフェットは「世界一の投資家」であり、「オマハの賢人」であることが多くの人に認知されることになった。

しかし、そんなバフェットが再び批判されたのが1990年代後半のITバブルの時期である。この時期にはジェフ・ベゾスが創業したアマゾンや、スティーブ・ジョブズがCEOを務めるピクサーなども上場を果たしているが、ほかにもIT関連企業が次々と誕生、大量の資金が流れ込んだ時期でもある。ところが、バフェットはこうしたIT関連企業には目もくれず、相変わらずの地味な、日用品などを扱う企業への投資を行っていた。結果、バフェットは「過去の人」「昔日の象徴」と揶揄されることになったが、それでもバフェットは決して自らの投資姿勢を変えることはなかった。

まさにバフェットの言う「内なるスコアカード」のお陰なのだろうが、多くの非難の中、自らの信念を貫いたバフェットの正しさがやがて証明されることになった。2000年のITバブル崩壊によって、バフェットの正しさを多くの人が認めることになり、バフェットの名声は一段と高まることになった。

159

「人がどうふるまうかを大きく左右するのは、内なるスコアカードがあるか、それとも外のスコアカードがあるかということなんだ」

　バフェットは、株価予測にも流行の理論にも目を向けない。1990年代後半、アメリカ中がITバブルに浮かれ、みんながIT関連企業に投資をすることで大儲けをしていた時でさえ、それらの株には目を向けようともしなかった。専門家はそんなバフェットを「過去の人」「昔日の象徴」と呼び、ウォール街の専門誌は「ウォーレン、どうしたんだ？」という見出しさえ付けた。それでもバフェットは決してIT関連株を買うことはなく、自らの流儀を守り続けた。

　ほどなくしてバブルは崩壊、株式市場では数兆ドルの価値が消滅し、IT関連企業の社員は十万人以上も解雇されることとなった。バフェットの正しさが証明されたわけだが、バフェットはなぜ周囲の激しい批判や誘惑に打ち勝つことができたのか。

　「人がどうふるまうかを大きく左右するのは、内なるスコアカードがあるか、それとも外のスコアカードがあるかということなんだ。内なるスコアカードで納得がいけば、それが拠り所になる」がバフェットの答えだった。

　バフェットにとって重要なのは、他人がどう考え、行動し、評価するかではなく、自分の頭で考え、自分の決めたルールに従って投資をすることだった。それは、流行や時代の空気に左右されることではなかった。

160

「才能がある者に支払うのは
当然のことだ。
ただし、特許権使用料のように
毎度毎度払ってはいけない」

　バフェットは、大企業バークシャー・ハサウェイを率いているからと
いって、多額の報酬や多額の賞与を得るというタイプではない。この点
だけでも、ウォール街で働く人たちや、アメリカの大企業の CEO とは
随分と違っているが、自分がそうだからといって他人にも報酬を支払う
ことを嫌っているわけではない。但し、そこには「貢献」が欠かせなかった。

　ソロモン・ブラザーズの取締役を務めていたバフェットは 1991 年
までにたびたび失望を味わうことになった。株価は 8 年間ほとんど変
わることはなく、収益も 1 億 6700 万ドルに落ち込んだが、その原因
は社員の巨額すぎる報酬だった。バフェットは執行委員会に報酬の削減
を求めたものの、最終的には当初の予定より増額されることさえあった。
バフェットは、こんな言葉を口にした。

「才能がある者に支払うのは当然のことだ。ただし、特許権使用料のよ
うに毎度毎度払ってはいけない」

　業績を上げた者に支払うのはかまわない。問題は、業績を上げなかっ
た者に対しても巨額の報酬が支払われることだった。報酬は、貢献の度
合いによって決まる。さしたる貢献もなしに地位を背景に高額な報酬を
要求するのは、バフェットにとって「強欲」以外の何物でもなかった。
ウォール街の「強欲」は、あまりにも度が過ぎていた。

161

「名声を打ち立てるには 一生かかるが、 台無しにするには5分と かからない」

バフェットの名声は、長い時間をかけて打ち立てられている。1968年、『フォーブス』が「オマハはいかにしてウォール街を打ち負かしたか」という見出しで、「1957 年にバフェット・パートナーシップに投資された 1 万ドルは、いまや 26 万ドルになった」という書き出しの記事を掲載した。

12年間、一度も損を出すことなく、年31％の複利で成長したバフェット・パートナーシップが大きく取り上げられることで、バフェットは投資の世界の有名人となった。やがて、ワシントン・ポストやソロモン・ブラザーズの取締役という栄誉も手にしている。

そんなバフェットにとって、国債の不正入札によって存亡の危機に立ったソロモン・ブラザーズの立て直しで先頭に立つ（暫定会長への就任）ことは、失敗すれば長年かけて築き上げた名声が地に落ちることを意味していた。1991 年のことだ。

名声を打ち立てるには一生かかるが、台無しにするには 5 分とかからない。

同時にトップとして「逃げ隠れはできないし、身を縮めることもできない」と覚悟したバフェットは、何一つ隠し立てしないという新しい企業文化を持ち込むことで同社の再生に全力を尽くし、見事に役目を果たしている。バフェットは、著名な投資家から英雄となった。

162

「会長である私に相談すべきことと、下で解決すべきことを区別できる人間が欲しかった。悪い知らせをきちんと伝えられる人間だ」

　企業の健全性は、悪いニュースがどれだけ素早く正確にトップに伝わるかで測ることができる。バフェットはバークシャー・ハサウェイの傘下にたくさんの企業を抱えているが、これら企業に対して詳細な報告を求めることはないが、「深刻な悪いニュースがもしあるなら、早めに私に報告するようにしてください」と指示している。

　1991年、バフェットが暫定会長に就任したソロモン・ブラザーズが倒産の危機に陥った理由は、国債の不正入札という悪事が正しく上に伝わらなかったことと、悪事を聞いた経営陣が迅速かつ正しい処置を取らなかったからだ。だからこそ、バフェットは再建のためにはこうした過ちを犯すことなく、正しい判断のできる人物を必要とした。

「会長である私に相談すべきことと、下で解決すべきことを区別できる人間が欲しかった。悪い知らせをきちんと伝えられる人間だ」として、バフェットが選んだのが、保身にも走らず、報酬についても聞くことのなかったデリック・モーンだった。

　選んだら信頼して任せるのがバフェットのやり方だ。記者会見ですべてを正直に話し終え帰途につこうとしたバフェットにモーンが指示を求めたところ、バフェットは「そういう質問をするようでは、私は人選を間違ったのかもしれない」とだけ答えた。選んだ以上は任せる。あとは、悪いニュースをすぐに知らせてくれるだけでよかった。

163

「食べ物については、しごく単純なルールを守っているんだ。3歳児が食べないようなものは食べない」

　バフェットの食べ物に関するルールは、一風変わっている。投資における「能力の輪」と同じように、「輪の外」にあるものには決して手をつけようとしない。

　ある時、ワシントン・ポストの社主キャサリン・グラハムに誘われて、ソニー創業者の盛田昭夫夫妻との晩さん会に出席したとのことだが、盛田が用意する10を超える日本料理を一切食べることができなかった。ステーキは血が滴るほどのものが好きだが、生の魚がどうにもならなかった。きまりが悪く、顔に火がつきそうだったが、かといって我慢して食べるという選択肢はなかった。

　バフェットの苦手は、日本料理だけではない。普段から好んで食べるのはハンバーガーやサンドイッチで、それにコカ・コーラがあればそれで満足するバフェットは、ソロモン・ブラザーズの暫定会長時代に出されたしゃれた料理の数々には手をつけようともしなかった。バフェットは心配する秘書たちに、こう言った。

　「食べ物については、しごく単純なルールを守っているんだ。3歳児が食べないようなものは食べない」

　バフェットの投資原則は「能力の輪に出ない」ことと、「よく知っているものに投資する」だが、それは世界有数のお金持ちになっても一切変わることはなかった。

164

「PRの問題を抱えて いたんじゃない。 自分たちのやったことが 問題だったんだ」

　ソロモン・ブラザーズが国債の不正入札で存亡の危機に陥った時、同社の経営陣は会議の場に、いつものようにPR会社の人間を呼んでいた。暫定会長となったバフェットが会場に到着すると、そこに広報のプロやロビイストが多数同席していた。
「こういう場合、自分たちなら、こう危機管理する」という彼らの話をしばらく聞いていたバフェットは「申し訳ないが中座させてもらう」と言って立ち上がり、ソロモンの経営陣に「この連中に用はないと言ってやれ」と言った。理由は、世間から「誤解されている」わけではなく、「自分たちのやったことが問題だった」からだ。

　自分たちのやったことが誤解されて正しく伝わっていないのなら、その誤解を解くためのPR戦術も必要になる。しかし、ソロモンが不正を働いたのは紛れもない事実であり、その事実をPRによってどう取り繕うかなど、バフェットには何の関心もなかった。必要なのは正直に包み隠さず話すことであり、二度と不正が起きない体制を築き上げることだった。

　言葉通り、バフェットは司法に対しての全面協力を約束、何一つ隠し立てしないことを宣言したうえで、150人の記者が待つ記者会見でソロモンの過ちを正直に打ち明け、「そういう企業文化(秘密主義)は変えなければならない」と率直に話した。ソロモンは倒産の危機を回避、再生への道を歩むことになった。

「どれほど金を持っているか、去年どれほど稼いだかということを尺度にして人生を歩んでいくなら、遅かれ早かれ厄介な問題に巻き込まれるでしょう」

　ソロモン・ブラザーズで国債の不正入札を行ったポール・モウザーは、国債部門の責任者であり、相手を見下すような態度を取ることもあったが、ともに仕事をする仲間からは好かれていたという。当時の報酬は475万ドルだった。かなりの額だ。しかし、為替部門を数カ月で黒字化したモウザーにとって、その報酬はあまりにも少なすぎた。元の同僚だったラリー・ヒリブランドが秘密のボーナスによって2300万ドルもの報酬を得ていると知り、「逆上した」のか、以来、不正に手を染めるようになっていった。

　もちろんそれだけが理由とは限らないが、たとえ200万ドルの報酬を得たとしても、他の者が210万ドルもらっていると知った瞬間に喜びは嫉妬へと変わるというのがバフェットの見方だ。嫉妬は人間を惨めな気持ちにさせ、時に判断を狂わせる。特にお金の場合は。バフェットはウォール街が抱える問題をこう指摘している。

「巨大な市場が、金で人の価値を判断するような人々を惹きつけています。どれほど金を持っているか、去年どれほど稼いだかということを尺度にして人生を歩んでいくなら、遅かれ早かれ厄介な問題に巻き込まれるでしょう」

　お金を稼ぐことを唯一の目的としてしまうと、人生で大きな間違いを犯すことになる。バフェットにとってウォール街的尺度は、最も忌み嫌うものの一つだった。

166

第4章●バフェットの
56歳から70歳（1986年〜2000年）

「スノーボール」

「会社のために働いて
損害を出すのは理解できます。
しかし、会社の評判を少しでも
損ねたら容赦しません」

「名声は繊細な磁器のようなものだ。買う時は高いが、簡単に壊れる」
は、バフェットが尊敬するピーター・キューイットの言葉である。

　バフェットとソロモン・ブラザーズの関係は1976年、ガイコの救
済にあたり、同社のジョン・グッドフレンドがリスクを覚悟で助力して
くれたことから始まっている。そして1986年、バフェットは極めて
有利な条件で同社の優先株を取得、経営にも関わるようになった。バ
フェットはグッドフレンドを「誠実で高潔な人物」と評価していたが、
国債の不正入札に際しては適切な判断ができず、会社の存続さえ危うい
状況を招いてしまった。

　議会での証言を求められたバフェットは下院議員たちを前に、こう言
い切った。

「会社のために働いて損害を出すのは理解できます。しかし、会社の評
判を少しでも損ねたら容赦しません」

　それはバフェットの決意表明であり、会社の評判を落とす悪事に対し
て断固たる措置を取るという宣言だった。バフェットはバークシャー・
ハサウェイ傘下の企業にも、同様のことを伝えている。バフェットは、
バークシャーの業績は評判の上に成り立っており、ほんの小さな評判で
も、それを落としたら終わりなのだから、絶対にそういう行為はしない
ように厳しく伝えている。会社にとって最も大切なもの、それは信頼で
あり評判だった。

187

167

「私は、従業員に、家族や友人が読む朝刊の一面を賑わすような事件に加担できるかということを考えて欲しい」

　ソロモン・ブラザーズの会長となったバフェットが何よりも重視したのは、「これまでの会社とは違う新しい企業文化」を持つ会社へと変えていくことだった。不正入札には同社のウォール街的企業文化が影響しているのか、と尋ねる記者にバフェットは「修道院では、このようなことは起きないでしょうね」と答えている。

　バフェットは違法行為と反倫理的行為に関しては「社員一人ひとりがコンプライアンス担当になる」ほどの厳しさを求め、万が一こうした行為を耳にし、目にしたなら、あるいはその疑いがあるなら、ためらうことなくすぐに「私に電話するように」と社員に命じた。さらに、こう付け加えた。

　「私は、従業員に、家族や友人が読む朝刊の一面を賑わすような事件に加担できるかということを考えて欲しい」

　今、自分がやろうとしていることが新聞の一面記事になり、それを家族や友人が読む、そのことを自分は本当に望んでいるのかを自らに問いかける、というのがバフェットの「新聞の一面テスト」だった。問題が発覚してから2年後、顧客や政府の信頼を取り戻したソロモン・ブラザーズは最高益を更新することとなった。財務省高官は「ソロモンの株主は、家にバフェットの写真を飾るべきだよ」と称えた。

168

「私が他人にお金のことで助言するのが最も得意だったのは、21歳の時だった。誰も私の話を聞かなかった。今は世界一愚かなことを言っても、そこに何か隠れた重大な意味があるとみんなが考える」

　ソロモン・ブラザーズを危機から救い、議会でもウォール街的な価値観とはまるで違う価値観を披露したことでバフェットは「富裕な投資家から英雄」となった。自分に対する評価が大きく変わったと気付いたバフェットは、「お金のことで助言するのが最も得意だった 21 歳の時には、誰も私の話を聞かなかったが、今は世界一愚かなことを言っても、そこに何か隠れた重大な意味があるとみんなが考える」という趣旨の話をしている。

　21 歳の頃、バフェットは父ハワードの会社で株の売買を行っていた。バフェットは 1 万ページもある『ムーディーズ・マニュアル』を何度も読み返しては知識を蓄えていたが、当時、バフェットの勧める株を買おうという人はいなかった。「この若造、こんな会社を売り込んで回るなんて」と言われたりもした。

　そして 26 歳の頃には、グレアム・ニューマン最後の株主総会の場で、投資家のルイス・グリーンは「あとを任せようと思えば任せられるのはウォーレン・バフェットという若造だけだ。やっこさんが一番と言うんじゃ仕方がない。バフェットと相乗りしたい奴がどこにいる」とまで言われている。

　しかし、今やみんながバフェットの話に耳を傾ける。バフェットは、世間の評判が移ろいやすいものであることをとてもよく知っていた。

169

「本当に重要なことだけを選んで、それ以外は『ノー』と断ることも大切だよ」

　ビル・ゲイツがバフェットを初めて紹介されたのは1991年のことだが、以来、ゲイツにとってバフェットは最良の相談相手の1人である。バフェットはマイクロソフトの株をお付き合い程度しか持っておらず、ゲイツも投資について相談することはないが、「バフェットから貰った最高のアドバイスは？」と聞かれて、即座にこう答えている。

　「本当に重要なことだけを選んで、それ以外は上手に『ノー』と断ることも大切だよ」

　バフェットと初めて会った頃のゲイツは、とても多忙だった。山ほど会議に出席し、夜になったら1日に100万通届くと言われるメール（大半は迷惑メール）に取り掛かり、長い返事は夜に書く。そして1年の4分の1は海外に出かけ、休暇はわずか年に2週間しかなかった。

　一方、バフェットは会議にはほとんど出ないし、電話もほどほどの本数しか出ない。コンピュータはブリッジ以外に使わないので、メールも来ることはない。結果、バフェットの仕事と言えば「読むこと」と「考えること」くらいだ。初めて会った日、バフェットの手帳の予定表が真っ白だと知ったゲイツは意味がないことには関わらない大切さを学んだという。

　本当に大切なことは何かを見極め、意味のないことには決して時間を浪費しない。そうやって生み出されたたくさんの時間こそが、バフェットの「考える時間」となり、すぐれた決断の元になっている。

170

「コンピュータが
どんな役に立つのか分からない、と私は言った。
自分の保有株の値動きを
5分単位で知る必要はない。
それに、所得税なんか暗算できる」

　バフェットとビル・ゲイツは25歳も歳が離れているが、1990年代に初めて出会った時から妙に気が合ったのか、以来、長い付き合いが続いている。初めて会った日、周りの人間には目もくれずに2人は話し込んでいるが、その日、ゲイツはバフェットにコンピュータを買うことを勧めている。マイクロソフトで飛び切りの美人をインストラクターとして派遣するという素晴らしい提案だったが、バフェットはこれだけは「ノー」だった。

「どんな役に立つのか分からない、と私は言った。自分の保有株の値動きを5分単位で知る必要はない。それに、所得税なんか暗算できる」

　1990年代初め、ブルームバーグ端末はたくさんの企業が導入していたが、バフェットは3年間にわたる売り込みにもかかわらず買うことはなかった。市場を分単位で追うなどというのは投資の手法ではない、というのが理由だった。バフェットの基本は長期保有にある。本当に価値のある企業であれば、日々の株価が上がろうが下がろうが関係ないどころか、たとえ何年間も市場が閉鎖されても気にすることはない、というのがバフェットの考え方だ。たしかに、これではコンピュータの出番はない。

　しばらくしてバフェットはコンピュータを買っているが、目的はいろんな人とブリッジをすることだった。

171

「10年、20年、30年後の頭脳と肉体の働き具合が、それで決まるんだよ」

　バフェットは現在、90歳を超えているが、今でも変わることなくバークシャー・ハサウェイの経営に関わり、株主総会では数時間に及ぶ株主との質疑応答を難なくこなしている。まさに「驚異の90代」だが、1990年代、70代の頃に、その秘密の一端を明かしている。

　バフェットがよく使うたとえの一つに、精霊がくれる自動車の話がある。

　ある日、16歳のバフェットの前に精霊が現れて「君に好きな自動車をあげよう」とささやきかける。それは新車で、欲しい車さえ口にすれば、翌日には大きなリボンをかけた車が届けられることになる。こんなありがたい話はない。しかし、その車には一生乗り続けなければならない、という条件が付いていた。

　一生乗り続けるとなれば、誰だって車を大切にするし、錆びたり傷ついたら、すぐに直す。バフェットは、一人ひとりの頭脳と肉体も精霊がくれる自動車と同じだと説いている。

「頭脳も肉体も1人しかない。それを一生使わなければならない。ただ長い間乗り回すだけなら楽なものだ。しかし、頭脳も体も大切にしないと、40年後に自動車と同じようにぼろぼろになる。それが今から、今日から、やらなければならないことだ。10年、20年、30年後の頭脳と肉体の働き具合が、それで決まるんだよ」

　生涯現役であるためには、自分に投資し、自分の人生を大切に生きることが不可欠だ。

「わざわざ藁に埋もれた針を探す必要はないはずです。目の前に針が置かれている時には」

　バフェットは1990年代のITバブルの時、IT企業に投資をしないことで過去の遺物扱いされたことがあるが、こうした流行のもの、特にテクノロジー企業に投資しないのは、この時に始まったことではない。1960年代、アメリカが「ゴーゴー時代」と呼ばれるバブルに浮かれていた時も、バフェットはゼロックスなどの企業には目もくれず、独自の道を歩んでいた。

　なぜハイテクやIT系の企業に投資しないのかと聞かれたバフェットは、「私には、自分たちが変化の激しい業界の未来を予測できるとは、とうてい思えません」と謙遜するそぶりを見せたあと、こう言い切っている。

「そんなことをするよりは、もっと簡単な案件を手がけます。わざわざ藁に埋もれた針を探す必要はないはずです。目の前に針が置かれている時には」

　変化の激しい時代、流行のアプリケーションソフトがいつまで生き残れるかは誰にも予測できないが、バフェットが投資したデイリークインのアイスクリームであれば、よほどのヘマをしない限り、10年後も多くの人に愛されていることは簡単に予想できる。バフェットには、よく知る分野がいくつもある。価格と価値の差も簡単に計算できる。そんなバフェットにとって、変化が激しく予想できない企業に投資する必要などまるでなかった。

173

「飛び越えられるであろう 30センチのハードルを 探すことに精を傾けたからであり、 2メートルのハードルをクリアできる 能力があったということではないのです」

　バフェットは世界一の投資家だが、過去には投資で苦い失敗もいくつか経験している。ボルティモアの老舗百貨店のホクスチャイルド・コーンや繊維会社としてのバークシャー・ハサウェイを初め、USエアーなども期待したような利益をもたらすことはなかった。

　こうした経験を通してバフェットが学んだのは、難しい状態にあるビジネスを立て直すのはとても困難だということだ。たとえ目先の価格と価値の差が大きくても、ビジネス面で難しいものはどんなに頑張ったところでやはり難しい。

　それよりも問題のない優れたビジネスをそこそこの金額で買うことができれば、厄介な安いビジネスよりもはるかに優れた成果を上げることができる。ここから生まれたのが、バフェットの「簡単なことをやれ」という教訓だ。こう話している。

　「成功は、飛び越えられるであろう30センチのハードルを探すことに精を傾けたからであり、2メートルのハードルをクリアできる能力があったということではないのです」

　龍を避けることで、龍を殺すよりも良い結果を得ることができる。問題を抱えた難しいビジネスや、将来が予測しがたいビジネスにわざわざ投資するようなリスクを犯すぐらいなら、自分がよく知り、理解できる、自分にとって簡単なビジネスに投資するというのがバフェットの考え方であり、これこそが成功の秘訣である。

174

「散髪の必要があるか どうかを、 床屋に尋ねてはいけません」

　1987年、バフェット率いるバークシャー・ハサウェイは、ソロモン・ブラザーズに対して7億ドルを投じて償還（しょうかん）権付転換優先株を購入している。この結果、バークシャーはソロモンの筆頭株主になり、バフェットとマンガーはソロモンの筆頭株主にも就任している。

　この決断はウォール街の住人を驚かせることになった。バフェットはかねてより、証券業界や投資銀行の経営者や幹部たちが高額な報酬を受け取り、贅沢な生活を謳歌していることを厳しく批判していたからだ。「彼らは自分の利益になることなら、どんな投資アドバイスでもする」というのがバフェットの見方であり、ある年の年次報告書ではこんな辛辣なことを書いていた。

「散髪の必要があるかどうかを、床屋に尋ねてはいけません」

　バフェットは、証券会社などが顧客に配る推奨レポートや高額な報告書なども決して読もうとはしなかったし、彼らにアドバイスを求めることはもちろんなかった。そこまで毛嫌いしていた投資銀行に投資したのは、CEOのジョン・グッドフレンドの能力の高さと高潔さへの信頼があったからだった。のちにその信頼は裏切られることになるが、少なくとも投資した時点において当時のグッドフレンドには、多額の手数料の得られる取引であっても、顧客に手を出さないようにアドバイスする高潔さがあった。

175

「バークシャー全体の 約3万3000人の従業員のうち、 本社にいるのは たった12人なのです」

　企業が成長すると、それに伴って大きくなるのが本社機能である。間接部門の人数が増え、組織も複雑になり、現場と本社との距離は広がっていきがちだ。

　バフェットは、企業にとって経費削減は「当たり前のもの」でなければならないと考えているが、それはバークシャー・ハサウェイについても同様だった。1990年代、バフェットは「バークシャー全体の約3万3000人の従業員のうち、本社にいるのはたった12人なのです」と規模の小ささを強調している。

　実際、チャーリー・マンガーによると、バークシャーの本社事務所は質素で従業員も少なく、その経費は、「他のミューチュアルファンドの平均からすると250分の1程度で、うちと同規模の企業で、うちより経費が低いところはないでしょう」と話している。

　理由は「贅沢をし出すと歯止めが利かなくなる」からであり、本社が経費を最小限に抑えることで、傘下のグループ企業に対して「良き手本を示す」というのがバフェットとマンガーの狙いである。そのため、通常価格の4分の1くらいであるビルが投げ売りされていた時も、「豪華な事務所に移るのは従業員に悪い影響がある」という理由で踏みとどまったというから、徹底している。バフェットは私生活はもちろんのこと、会社経営においても質素倹約を旨としていた。

176

第 4 章 ● バフェットの

バフェットは企業の価値を知るために、たくさんの資料に目を通す。目を付けた企業の年次報告書を読み、次にライバル企業の年次報告書を読む。こうした資料をたくさん読むことで、バフェットはその企業の価値を知り、投資に値する企業かどうかを判断する。

とはいえ、読む力は人によって様々だ。バフェットが言うように年次報告書を取り寄せて読んではみたものの、思うように理解できないことだってある。そんな時、たいていの人は内容を理解できない自分の能力のなさを嘆くものだが、バフェットはちょっと違う見方をしている。
「もし理解できない（年次報告書の）脚注に出合ったら、それは書き方が悪いのかもしれません。私だったら、そんな脚注を書く会社には投資しませんね。できれば理解してほしくないという会社側の姿勢が、行間から透けて見えるからです」

かつてパソコンや家電製品についてくる取扱説明書は、やたらと分厚く、内容も理解しづらいのが当たり前だったが、アップルの創業者スティーブ・ジョブズは「小学生でも分かるように、小学生に書いてもらえばいい」と言ったことがある。たしかにユーザーに本当に理解してもらいたいのなら「理解できるように書こう」と努めるべきだ。年次報告書の分かりやすさは、その企業が投資に値するかどうかを判断する基準でもある。

177

「私たちは
会議を開いたり、財務に関与したり、
業績に文句をつけたりしません」

　バフェットは投資家であり、企業を所有するのは好きだが、そうした
企業を経営するのは好まない。もちろんソロモン・ブラザーズのように
緊急時に会長として助け舟を出すことはあるが、ほとんどの企業につい
ては経営面に口出しをしようとはしない。

　「私たちは会議を開いたり、財務に関与したり、業績に文句をつけたり
しません」と明言したうえで、理由をこう話している。

　「私たちにできる主なことは、彼らの邪魔にならないようにすることな
のです。なぜなら、例えば私がゴルフチームのマネジャーで、ジャック・
ニクラスかアーノルド・パーマーが私のチームでプレイしてくれるとい
う時、彼らのどちらにもスウィングについて私がアドバイスすべきこと
がないのと同じだからです」

　バフェットは優れた経営者のいる、優れた企業を好み、買収後も彼ら
に経営を任せ、あたかもオーナーであるかのように経営し続けることを
望んでいる。結果、経営者は余計なことに気をもまずに、経営に専念で
きることになる。とはいえ、こうしたやり方には双方の信頼が欠かせ
ない。傘下の企業の経営陣の1人が「あの人をがっかりさせたくないか
らです」とバフェットのために頑張っていると話していたが、それはバ
フェットだからこそ可能なやり方とも言える。

178

「ビジネスという道路は穴ぼこだらけです。そのため、それらをすべてかわそうなどという計画の前途に待つのは、災厄だけなのです」

　バフェットは若い頃から過度な借金を嫌い、投資においても借金について否定的な見方をしている。相棒のチャーリー・マンガーがこう話している。

　「ウォーレンも私も、信用取引で株式を買うなんて怖くてできない。反対売買をして決済するまでに何かが起これば、壊滅的な損失を被る可能性が、たとえわずかであっても存在するからだ。借金をするなら、返済期限を決めないのが理想だな」

　1980年代に発行時点で既に投資不適格債の「ジャンクボンド」が登場した時、バフェットはその危うさを指摘していたが、10年後の90年代、ジャンク・ボンドはジャンク（がらくた）という名に相応しい状態になっていた。ジャンク・ボンドに限らず、過大な借金をして経営している企業についても、バフェットは「ハンドルに短剣が取り付けられた車を運転するようなものだ」と容赦ない。

　金融の世界ではこうした負債を抱える経営者は、負債を返すべく粉骨砕身して経営にあたるから大丈夫だと言われていたが、バフェットによるとたしかに全神経を集中して運転にあたるかもしれないが、路面には小さなくぼみや小さな石ころだってある。「ビジネスという道路は穴ぼこだらけです。そのため、それらをすべてかわそうなどという計画の前途に待つのは、災厄だけ」なのである。

179

「来週抽選が行われる宝くじと、少しずつ金持ちになるチャンス。人は多分、前者の方に可能性を感じてしまうのでしょう」

　バフェットの生き方は「即座に手に入る勝利ではなく、じっくりと成功を求める」というものだ。投資の世界には一夜にして大金を手にする「一夜成金」もいるが、こうした人の多くは一夜にしてすべてを失うことが多い。

　『バフェットの株主総会』の著者で、バフェットの投資原則をよく知るジェフ・マシューズでさえ「当選金額が繰り越されて1億ドルに達しているなら、私はパワーボールを買う」と書いているほどだから、一瞬にして大金を手にできるチャンスは、人を確率など関係なしにギャンブルへと引き込むことになる。人々の心理をバフェットは見事についている。

　「来週抽選が行われる宝くじと、少しずつ金持ちになるチャンス。人は多分、前者の方に可能性を感じてしまうのでしょう」

　たいていの人が魅せられる1ドルで1億ドルのチャンスに、バフェットが魅せられることはない。バフェットだったら宝くじを売って、利益を少しずつ上げ、投資によって増やしていくだろう、というのがバフェットをよく知る人の見方だ。

　バフェットから見ると、ウォール街で行われていることもギャンブルに近い。大量の資金を借り入れて、株価のちょっとした動きに乗じて利ザヤを稼ごうとするのは「騒々しいカジノ」と同じで、それは長期的視点に立つバフェットとは遠いところにある。

180

「底抜けの楽天主義者ですから、最も面白い章はこれからやってくると考えてしまうのです」

　アメリカの著名人というのは、役職を辞した後はたいてい自伝を出版している。自分がやってきたことを自分の言葉で伝えたいというのが彼らの思いだろうし、読者だってやはり本人の言葉で読んでみたいと思うのだろう。バフェットの伝記も待ち望まれているものの一つだが、こちらはまるで出版される気配はない。

　バフェットの自身の手になる伝記に関しては、『フォーチュン』編集部のキャロル・ルーミスと1973年から話し合っていたと言うが、16年余りが過ぎた1989年、バフェットは「もしその本が伝記のようなものになるのなら、私はもう少し待つべきだと思います。なにしろ底抜けの楽天主義者ですから、最も面白い章はこれからやってくると考えてしまうのです」という趣旨のお詫びの手紙を送っている。

　ピーター・ドラッカーはたくさんのベストセラーを世に送り出しながら、「あなたの最高傑作は？」と聞かれると、決まって「次回作です」と答えたというが、恐らくバフェットも同じなのだろう。バフェットは大きな成功を収め、「オマハの賢人」と称されている。それだけでも自伝に相応しいが、バフェットは書くからには役に立つものにしたいし、誰も明らかにしたことのない優れたアイデアを盛り込みたいと考えていた。それから20数年が経ったが、今もバフェットの伝記は書かれる気配がない。

181

「喜んで10年間株を持ち続ける
気持ちがないのなら、
たった10分でも
株を持とうなどと
考えるべきですらないのです」

「これは」という優れた企業に投資することができたなら、可能な限り長く保有した方がいいというのは、ベン・グレアムもフィル・フィッシャーも言っていたことだが、バフェットは2人以上に長く保有したいと考えていた。

バフェットが投資する企業は強い競争力を持つ優れた企業であり、その経営者も優れた人材であるというのが大前提だ。そんな優れた企業がそこそこの価格で買えることなんてそうあることではないだけに、できるだけ長く、可能なら永久に保有し続けた方がいい。

目先の利益を追う投機家は、そんなことは考えない。ぱっと買って、利益が出たらぱっと売ってしまえばいいだけのことだが、それは投機家のやり口であり、本物の投資家でありたいのなら、次のような心構えが必要だという。

「喜んで10年間株を持ち続ける気持ちがないのなら、たった10分でも株を持とうなどと考えるべきですらないのです」

たとえ長く保有するつもりで投資をしたとしても、日々の株価の変動や、あるいは市場全体の動き、もっと実入りのよさそうな株の出現など投資家の気持ちを揺るがす出来事も少なくない。そんな誘惑に負けるようなら、投資などするべきではない。本物の投資家になるためには、株を持ち続ける強さ、誘惑に打ち勝つ努力も必要なのだ。

182

「新しい過ちを犯す前に、過去の過ちを振り返ってみるのはよいことです」

　過去 80 年にわたるバフェットの投資実績は、圧倒的なものがある。投資というのは、どちらかと言えば「勝ったり負けたり」で勝つこともあれば、大失敗をすることもある。だからこそ、過去一度も敗北を知らないバフェットは「世界一の投資家」なのである。

　もっとも、そんなバフェットも「すべての投資」で勝利を収めているわけではない。なかには手痛い失敗もあるが、年単位でトータルの数字を見れば勝ち続けているということだ。1989 年、バフェットは「新しい過ちを犯す前に、過去の過ちを振り返って」いる。

　バフェットによると、過ちのナンバーワンはバークシャー・ハサウェイとなる。当時から繊維産業が有望なものではないことは十分理解していたものの、価格が安く、買いたいという誘惑にかられて、20 年も無駄にしたと振り返っている。過ちの２つ目は US エアーだ。こちらは「飛行機中毒者更生会のホットラインに電話しなかったのがいけなかった」と後悔している。そして３つ目の過ちがシンクレアのガソリンスタンドだ。バフェットはこの失敗がなければ、その投資は 60 億ドルになったと考えている。

　ほかにはファニーメイやテレビ局、さらにはウォルマートなど「買えたのに買えなかった」失敗もいくつもある。バフェットは 100 戦 100 勝の投資家ではない。しかし、失敗から学びつつ、トータルでは「負けを知らない」投資家となった。

183

「好ましく、かつ尊敬できる人物としか仕事をしない。胃がむかむかするような人々と仕事をするのは、金目当てに結婚するようなものです」

　ある時、バフェットは知り合いのコンサルタントにこんなアドバイスをした。

「扱いにくい人間と取引すべきではない。そんなことをしなくてもやっていける立場にあるのだから。世の中には、取引相手になってくれる人はいくらでもいる。自分のコンサルティングサービスの価値を認めない人たちのために、貴重な時間をムダにする必要はない」

　言われたコンサルタントも前々からその必要性は感じていたものの、思い切って踏み切ることができずにいたが、バフェットのアドバイスを受け、決心することができた。

　バフェットは「バフェットからの手紙」でも、「好ましく、かつ尊敬できる人物としか仕事をしないというやり方を、私たちは曲げるつもりはありません」と、はっきり言い切っている。たいていの人は「仕事のためだから」と「胃がむかむかするような人」との付き合いも我慢しがちだが、バフェットによると、尊敬できない人間との仕事はどんな状況でも良い考えとは言えないのに対し、好ましく、かつ尊敬できる人との仕事は収益の可能性を最大限にできるばかりでなく、並外れて楽しい時間が保証されることになる。

　一緒に働くのなら尊敬できる人、信頼に足る人たちと働く。自分の価値を認めてくれない人や、扱いにくい人とは決して取引をしない。バフェットは投資先を選ぶように、付き合う人たちも慎重に選ぶことで人生を価値あるものとしてきた。

184

「自分は、一生に20回しかパンチを入れてもらえないカードだと考える」

　バフェットは日々の株価変動にほとんど関心を示さないように、持ち込まれる投資案件についてもそのすべてを検討するわけではない。不要と思えば相手の話を最後まで聞くことなしに「ノー」を告げるし、自分の能力の輪の中に入っていなければ目もくれない。そうしたやり方が可能なのは、バフェットが日々の株価の変動に一喜一憂したり、小さな案件に手を出してささやかな利益を手にすることに関心がないからだ。理由は、こうだ。

「チャーリーと私はずっと昔に、投資で一生のうち何百回もの賢い決断を行うのは無理だと悟りました。そこで私たちは、賢くなりすぎず、ほんの何度か賢い決断をするという戦略を選んだのです。現実に私たちは、今では年に一度いい考えが浮かべば良しとしています」

　それはバフェットにとって、投資の決定についての質を高めるためでもあった。学生たちにこんなアドバイスをよくしている。

「自分は、一生に20回しかパンチを入れてもらえないカードだと考える。財務的な決定1回につき1度のパンチだ。小さなものにちょこちょこ手を出すのは控えるようになる。決定の質が上がり、大きな決定をするようになる」

　さほど価値のないことや、やる必要のないことに手を出すのは、時間の浪費になる。決定の質を高めるためには小さなこと、つまらないことは切り捨てる勇気も必要なのだ。

185

「私は小切手の写しを飾ることにしよう」

　バークシャー・ハサウェイがサンフランシスコの銀行ウェルズ・ファーゴの株式を7%保有していた当時、幹部の1人がオフィスにクリスマス・ツリーを飾りたいと言い出した。その話を聞いたCEOのカール・ライチャートは、飾ること自体は拒否しなかったものの、「それほど欲しいのならポケットマネーで買うように」命じたという。

　この話を聞いたバフェットは即座に同行の株を買い増しするという決断をしたというから、いかにバフェットが倹約の精神を重んじているかがよく分かる。倹約の精神は子ども時代からのものだが、大金持ちとなってからも、その習慣が変わることはなかった。

　1993年、ABCの会長トーマス・マーフィーと一緒にドラマ『オール・マイ・チルドレン』に通行人役として出演した際、出演料として一人300ドルの小切手を受け取ったマーフィーは「この小切手は額に入れて飾っておこう」と喜んだが、バフェットはこう言った。

「私は小切手の写しを飾ることにしよう」

　バフェットの手にかかると300ドルというお金も複利で運用すれば、10年、20年先にはそれなりのお金になる。「使うお金は、入るお金より少なく」と「複利式の考え方」はバフェットにとって身体に沁みついたものであり、自分がお金持ちであるかどうかとは関係のないものだった。

186

「私はシスティナ礼拝堂の中で仰向けになって天井の絵を描いているようなものなんだ」

　仕事に行く時の気持ちは人さまざまだが、バフェットは「オフィスに出勤する時は、システィナ礼拝堂に絵を描きに行くような気分になる」と話している。

　バチカンにあるシスティナ礼拝堂はミケランジェロの天井画など、ルネサンス期に活躍した画家たちが描いた絵画や装飾があることで知られているが、企業の内在価値を知ることは「芸術である」と考えるバフェットにとって、仕事とはたしかに「システィナ礼拝堂の中で仰向けになって天井の絵を描いているようなもの」なのかもしれない。

　1999年、アメリカの株式市場はITバブルの真っただ中であり、相変わらずIT企業への関心を示そうとしないバフェットへの風当たりは強いものがあった。そんな批判に対して、バフェットは自らをシスティナ礼拝堂で絵を描く画家にたとえ、「『いやあ、とってもきれいな絵ですね』と人々が言ってくれればうれしい。しかし、それは私の絵だから、『青ではなくもっと赤を使った方がいいんじゃないか』と言う人がいたら、さようならと言ってやる。私の絵なんだ。人がどういう値段をつけようが関係ない」と、自らの姿勢をはっきりと明言している。

　バフェットにとって投資は、まっさらなカンバスに絵の具を使って、好きな絵を描くのと同じことだった。「他人がどう思うか」は、バフェットには何の関心もなかった。

「試合で勝利するのは、プレイに集中する人であり、スコアボードばかり見ている人ではありません」

　バフェットが投資に際して気に掛けるのは「株価」ではなく「価値」であり、そこからどれだけの収益が期待できるかである。「バフェットからの手紙」の中で、農場と不動産の例を挙げて説明している。

　1986年、バフェットはオマハから北に50マイルのところにある400エーカーの農場を28万ドルで購入している。バフェットは農場経営の知識はなかったが、息子のハワードが農場の収穫量や経費をはじき出してくれた。その後、不作の年もあったが、豊作の年もあり、30年後に農場の収益は3倍になり、価格は5倍になった。

　1993年、ニューヨーク大学に隣接した商業不動産を購入した。当初の利回りは10%だったが、賃貸契約の更新によって利益は3倍になった。今後の上昇も期待できる。

　この2件の投資にあたり、バフェットが注目していたのは「どれだけのインカムゲインが得られるか」だけであり、「日々の資産価格の変動」について考えることはなかった。バフェットによると、買おうとしている資産の将来の利益よりも、価格変動に注目するのは「投機」であり、投機で成功し続けると主張する人をバフェットは信用していない。「（投資という）試合で勝利するのは、プレイに集中する人であり、スコアボードばかり見ている人では」ない。見るべきは「生み出す収益」であり、「価格」ではない。

188

「私たちは今後も、 政治的あるいは経済的な予想などは 気に留めません」

　投資における情報の価値はとても高いように思えるが、1956年に ニューヨークを離れ、生まれ故郷のオマハに帰ったバフェットには、そ んな不安はなかった。バフェットは「情報の近くに」という考え方に否 定的で、「郵便が3週間遅れて届くような田舎に住んでいた方が、優れ た運用成績を残せるかもしれません」と言い切っていた。

　理由は、内部情報や経済予測などに気を留めないからだ。こうも言っ ている。

「FRBのアラン・グリーンスパン議長（就任期間は1987年〜2006年） が私の所にやってきて、向こう二年間どのような金融政策をとるつもり かを教えてくれたとしても、私の行動に何ら影響することはありません」

　なぜ、ここまで言い切れるのか。バフェットは将来を予想したり、内 部情報を入手して小賢しく利益を得るのではなく、どんな時にも素晴ら しいであろう企業を相応な価格で買い、長く持ち続けるというスタンス を守り続けているからだ。

「私たちは今後も、政治的あるいは経済的な予想などは気に留めません」

　内部情報に振り回されたら、あっという間に失敗してしまう。バフェッ トにとって重要なのは、企業が長く良い企業であり続けることができる かだけであり、その価値を正確につかむことができれば、経済や政治の 状況がどうあれ、投資判断を変える必要などなかった。

189

「君たちは 優秀かもしれないが、 じゃあ、なんで私が 金持ちになったんだい？」

　バフェットやマンガーは無類の読書家であり、勉強の虫と言われているが、だからといって金融の難しい理論や学説の信奉者というわけではない。それどころか、こうした学校で教えるような理論や学説の「半分はたわごとだ」というのがマンガーの見方だ。

　バークシャー・ハサウェイの株主総会で一人の株主が「β」について質問した。βというのは投資案件のリスクを見積もるために使われる変動率の尺度のことだが、バフェットは「学校で教える人たちには、都合がいいでしょう。しかし、私たちの役には立ちません」と言い切っている。バフェットによるとリスクは「経営の問題」であり、数式で計算できるものではなかった。経営者が事業についてよく理解し、投資家がその事業や企業の価値を正しく理解しているかどうかがリスクの大小を決めることになる。

　バフェットやマンガーはしばしば学者の教えを「たわごと」「くだらないおしゃべり」と片づけるため、学者たちから批判されることもよくあったが、そんな時にはこう反論した。

　「君たちは優秀かもしれないが、じゃあ、なんで私が金持ちになったんだい？」

　バフェットはコロンビア大学でベン・グレアムに学び、オマハ大学で投資について教えた経験もあるが、学者ではない。学者とバフェットのどちらが役に立つかは、バフェットの実績が如実に表している。

190

「ルール1、
決して損は出さない。
ルール2、
ルール1を忘れない」

　バフェットの投資手法は、それほど複雑なものではない。「単純で、昔から使われている、ごく少数の原則を用いている」と評する人もいるほどだが、バフェットが圧倒的に優れているのは、それらの原則を徹底して守り抜けるところにある。

　1987年10月19日、「ブラックマンデー」と呼ばれるニューヨーク株式市場の大暴落が起こっている。当時、アメリカは財政赤字と貿易赤字という「双子の赤字」を抱えており、ドル安に伴うインフレ懸念が浮上したことが原因とされているが、盛んになりつつあった「プログラム売買」も株価の下落を加速させ、ニューヨーク市場の暴落は全世界に波及、各国で同時株安になっている。

　1日の取引で508ドル（22.6%）という記録的な値下がりをすると、投資家たちは株の投げ売りに走ったが、バフェット自身はバークシャー・ハサウェイにとって貢献度の低い株は売却したものの、貢献度の高い株は決して手放さず、むしろ価格の下がった株を買っていた。バフェットはマーケットの予測もしなければ、「市場をあてにする」こともなく、「ルール1、決して損は出さない。ルール2、ルール1を忘れない」という2つのルールに忠実であり続けた。

　バフェットは、暴落の中でも落ち着いていることのできる数少ない投資家だった。

「自分の能力の輪の中に めぼしいものがないからといって、 むやみに輪を広げることはしません。 じっと待ちます」

　バフェットがかつてパートナーシップを解散したのは、当時の市場環境から見て、素晴らしい実績を上げられるだけの投資対象が見つかりにくいと判断したからだ。投資資金がないわけではない。自分の能力の輪の中に「これは」というものがなかったからだ。

　バフェットのやり方はこうだ。紙と鉛筆を用意して、自分が理解できる企業の名前を紙に書き、それを取り囲むように輪を描く。次にその輪の中から価値に比べて価格が割高なもの、経営陣がダメなもの、事業環境が芳しくないものを選び、輪の外に出す。輪の中に残ったものが投資対象となる。では、もし輪の中に一社もないとすればどうするか。

　「自分の能力の輪の中にめぼしいものがないからといって、むやみに輪を広げることはしません。じっと待ちます」

　能力の輪へのこだわりから、ハイテク株を無視したバフェットは「過去の人」「昔日の象徴」などと揶揄されることもあったが、こうしたからかいへの反発から無理に能力の輪を押し広げることはなかった。大切なのは、自分が本当によく分かる業種、経営陣よりも豊富な知識を持つほどの業種をいくつ持っているかだ。バフェットは、IBM の創業者トーマス・ワトソンの「私は天才ではない。ある分野では高い能力を持っているが、その分野以外には手を出さないのだ」を実践している。

第4章●バフェットの
56歳から70歳（1986年〜2000年）

「ウォーレン・バフェット」

「最も重要なのは、自分の能力の輪をどれだけ大きくするかではなく、その輪の境界をどこまで厳密に決められるかです」

　投資で成功するためには何が必要なのか。高いIQか。幅広い専門知識か。バフェットの「能力の輪」からいけば、その輪が広ければ広いほど、チャンスは広がり、それだけ大きな収益を上げることができるのではないかと考えるが、バフェットはその意見には与しない。

　バフェットによると、「ウォール街では誰もが少なくとも140以上のIQを持っている」が、「投資というゲームでは、IQ160の人間が130の人間に必ず勝つとは言えない」からだ。では、何によって決まるのか。バフェットはこう言い切っている。

「最も重要なのは、自分の能力の輪をどれだけ大きくするかではなく、その輪の境界をどこまで厳密に決められるかです。自分の輪がカバーする範囲を正確に把握していれば、投資は成功します。輪の面積は人の5倍もあるが境界が曖昧だという人よりも、裕福になれると思います」

　投資の世界には基本原則を揺るがすような誘惑や、能力の輪からつい出たくなるほどの魅力的な誘いもたくさんある。誘惑に負け、誘いに乗るか、それとも決めた原則や能力の輪をしっかりと守ることができるか。どちらを選ぶかで投資の成果が決まるというのが、バフェットの考え方だ。大切なのはIQの高さや、能力の輪の面積の広さではない。基本的な原則や能力の輪にどれだけ忠実であるかが、投資の世界での成功を左右する。

193

「過去の業績がどんなに素晴らしいものであっても、変化に何ら対応しないでいれば、待ち受けるのは破綻なのです」

　バフェットは毎年、たくさんの決算書や年次報告書に目を通すが、それは過去の業績がどれほど素晴らしいかを知るためだけでなく、その企業が将来にわたってどれだけの収益を上げていくことができるか、計画をきちんと達成する力があるかを見るためだという。

　しかし、バフェットも時には失敗することもある。1989年、バフェットはピッツバーグに本社のあるUSエアーの優先株を3億5800万ドルで購入した。長年にわたって高収益を上げてきたことが根拠だったが、その収益は規制によってもたらされたものであることをバフェットは見逃していた。

　同社は高コスト体質だった。規制緩和や競争の激化によって著しい影響を受けるようになったが、コスト削減などの対策は後手に回り、やがて配当支払いは停止され、投資額評価を切り下げる結果になった。規制に守られて存続した企業は、規制がなくなれば、コスト削減などの手を打つか、さもなければ消えゆくほかはない。バフェットはこんな教訓を得た。

　「過去の業績がどんなに素晴らしいものであっても、変化に何ら対応しないでいれば、待ち受けるのは破綻なのです」

　大事なのは、将来も成長できるかだ。過去の業績ばかりに目を向け、将来をしっかり見ることをしないと大きなツケを払わされることになる。

194

「陸の上を歩くとは
どういうことか、
魚に説明できるだろうか」

　企業経営にとって経験は、どのような価値を持つのだろうか。

　グーグルを創業したラリー・ペイジは「経験がないことには、メリットとデメリットがある」として、先入観のなさが新しい挑戦には役立つと強調している。バフェットも、ウォール街の常識に捉われないという点では投資の世界の革命家だが、会社を経営するという点に関しては「経験」を高く評価している。

　バフェットが率いるバークシャー・ハサウェイには、定年制がない。理由は、ファニチャー・マートのミセス B のような熱意溢れる経営者を一定の年齢に達したという理由だけで辞めさせるのはあまりにも愚かしい、と考えてのことだ。

「陸の上を歩くとはどういうことか、魚に説明できるだろうか。たぶん何千年説明しても説明しきれないだろう。でも一日歩いてみれば、たちまちすべてが分かるはずだ。企業経営も同じこと。たとえ一日だけでも、経営者になるということはとても貴重な経験になる」

　経験をすることで、人はたくさんのことを学ぶことができる。ましてバークシャー傘下の経営者たちは、平均で 20 年を超える在職年数を誇っているうえに、その情熱は決して衰えてはいない。これほどの経験をみすみす捨てるのはあまりにもったいないし、これほどの経営者を育てるには長い年月が必要になる。

「ペンさえあれば
『利益』はいくらでもつくり出せます。
ただし、
ペテン師も集まってきます」

　企業経営者にとって「増収増益」といった言葉は何とも魅力的だが、そこに不正が入り込むようでは何の意味もない。

　かつてバークシャー・ハサウェイが格付け機関から「バークシャーはトリプルA格を維持するために、保険料収入を増やさなければならない」という指摘を受けた時のことだ。

　同様の指摘を受けた他の保険会社はすぐに行動を起こしたが、バフェットは「格付け機関の指摘は受け入れられない」として静観を決め込んだ。

　ひどい保険を積極的に引き受ければ、収入を増やすのはたやすいことだ。しかし、それでは企業価値を損なうことにもなりかねない。バフェットは「収入増を目標にすることは決してない」として、誤った価格でリスクを引き受け、会社の見せかけの収入を増やすような愚かなことは決してしなかった。「バフェットからの手紙」で株主に向けてこう記した。「ペンさえあれば『利益』はいくらでもつくり出せます。ただし、ペテン師も集まってきます」

　大切なのは、企業の価値を長期的に増大させていくことだ。価格が適正でない保険を引き受け、見せかけの売上を伸ばし、株価を引き上げるなど愚かなことであり、愚かさを誘導する格付け機関の意見などバフェットにとってまるで聞く必要のないものだった。

196

「知性、エネルギー、そして誠実さ。最後が欠けていると、前の２つはまったく意味のないものになる」

　バフェットの特徴は、共に働く人間を慎重に選ぶところにある。但し、それは「お金儲けに長けている」といった視点ばかりではない。「知性、エネルギー、そして誠実さ。最後が欠けていると、前の２つはまったく意味のないものになる」がバフェットの考え方だ。

　バフェットがソロモン・ブラザーズの筆頭株主になった理由は、CEOのジョン・グッドフレンドに「誠実で、高潔な人物だ」と惚れ込んだからだ。しかし、平時では誠実で高潔な人物も国債の不正入札といった問題に直面すると、ただ「親指しゃぶり」をするぐらいしかできなかった。稼ぎ頭と見られていたジョン・メリウェザーが率いるアップボーイズ（裁定取引組）は強欲で、自分の報酬にしか関心がなく、元アップボーイズのポール・モウザーは優秀で、稼ぐ力もあったが、邪悪だった。

　こうした問題を解決するために、バフェットは会長に就任した際にデリック・モーンを社長に選んだが、その際の条件は「こっちが撃ち返せないのを承知の上で私の頭に銃を突きつけるようなことをしない、職業倫理を備えた人間が欲しかった」というのだった。

　成果を上げるためには知性もエネルギーも欠かせないが、それ以上に不安を感じることなしにすべてを任せられるほどの誠実さ、正直さが何より必要だった。同社はバフェットとモーンの働きによって、復活への道を歩むことになった。

197

「優れた経営者はまれにしかいませんから、1歳年を取ったというだけで手放すなどということは、もったいなくてできません」

　バフェットは優れた経営者が好きで、会社を買収してからも優れた経営者にできるだけ長く会社を経営してもらいたいと考えている。その考えを確固たるものにした人物こそ、ネブラスカ・ファニチャー・マートの伝説的な経営者ローズ・ブリュムキンである。

　ブリュムキンはそれこそ何も持たない所から会社を立ち上げて、1980年代には北米最大の家具店へと会社を大発展させている。3エーカーの1店舗で年間1億ドル以上の家具を販売し、売上げは増え続けた。そのあまりの強さに、かつてオマハで繁盛していた家具店やインテリア販売店は消滅し、対抗心を燃やしてよそから参入してきた全国チェーンの会社も、しばらくすると行き詰まり出ていくほかなかった。

　バフェットがこの会社を買収したのは、ミセスBがいればこそだった。買収がまとまった日、ミセスBは53歳の誕生日を迎えたバフェットに「誕生日に油田を買ったわけだね」と言ったほどだから、その自信のほどがうかがえる。

　まさに最強の経営者である。バフェットは、そんなブリュムキンを「ミセスBは103歳まで働いてくれました。そしてその翌年に亡くなりました。優れた経営者はまれにしかいませんから、1歳年を取ったというだけで手放すなどということは、もったいなくてできません」と讃えている。バークシャーに、「年齢」による定年はない。

「もし初めに成功したら、ほかを試す必要はない」

　バフェットが優れた企業を長期、できれば永久に保有し続けたいと考えるのは、長期にわたって強い競争力を発揮できる企業は滅多にないし、ましてや「そこそこの価格」で買える機会などめったにないことを知っているからだ。

　その代表格としてバフェットがしばしば例に挙げるのが、コカ・コーラだ。

　バフェットによると、1938年にコカ・コーラのソフトドリンクの出荷量は2億700万ケースだったのに対し、1993年には107億ケースへと、50年余りで実に50倍の伸びを見せている。1938年に『フォーチュン』は同社のことを「これほどの規模で、コカ・コーラのような変わらない製品の売り上げを10年間更新し続ける企業をほかに見つけるのは難しい」と評していたが、それは55年後でも、そして現在でも変わらないというのがバフェットの感想である。

　これだけでも、バフェットがコカ・コーラを保有し続ける理由は明白だ。バフェットは言う。

「素晴らしい企業や傑出した経営者を見つけ出すのは非常に難しいことなのに、なぜすでに実績があるものを捨てなければいけないのでしょうか。私たちのモットーは『もし初めに成功したら、ほかを試す必要はない』ということです」

「花から花へ舞っていては、長期的成功はできない」がバフェットからのアドバイスだ。

199

「私たちは、通常のビジネスの世界で通用する常識は株式市場でも通用すると考えます」

「ウォール街で株式を売買する有能な実業家の多くが、自分の事業で成功するに至った原理原則を全く無視して投資行為に挑もうとするのには、ただ驚くばかりである」はベンジャミン・グレアムの言葉である。株式投資は単に株式を売買するわけではなく、その会社の一部を所有するつもりでなければならないというのがグレアムの考え方であり、その考え方に則れば有能な実業家には成功のノウハウがあるはずなのに、株式投資ではなぜかそれを忘れておかしな行動をすることがある。

同様の考え方をするバフェットが、こんな例を挙げている。
「卓越した経済状態を長期に誇る子会社を有する親会社は、株価がどれほど上がろうとその子会社を手放すことはないでしょう。親会社のCEOはこう言うでしょう。『なぜ、わざわざ金の卵を産む鶏を手放さなくちゃならないんだ』」

ところが、そんなCEOも株式投資となると、せっかく手元に「金の卵」を抱えているにもかかわらず、ブローカーのいい加減な話に乗って、迷いもせずに次から次へと乗り換えてしまう。株式投資は特殊なノウハウが求められる世界ではない。「通常のビジネスの世界で通用する常識は株式市場でも通用する」だけに、優れた企業に出合ったら、優れた子会社と同じく、粘り強く保有し続ければいいだけのことだ。

「合併・買収の世界では、病んでいる馬もセクレタリアト（1973年の三冠馬）として売られるでしょう」

バークシャー・ハサウェイは多くの企業に投資し、多くの企業を買収しているが、その対象は優れた経営者のいる、優れた企業に限られている。しかし、実際にはバークシャーのように、いつも優れた企業を買収できるとは限らない。

企業買収の売り手やその代理人は金融上、浮き浮きするような話を持ち込むが、そこから生じる問題について口にすることは少ない。「楽観的な筋書きをつくり出すことにかけては、ウォール街はワシントンに負けないかもしれません」がバフェットの説だ。

バフェットはこうした浮き浮きした話に耳を傾けることはないが、それができるのはこんな話を心に留めているからだ。

病んでいる馬を持つ男が獣医の所を訪ね、「私の馬はちゃんと歩く時もありますが、時々片足を引きずるんですが」と相談したところ、獣医は「何の問題もない。馬がちゃんと歩いている時に売ればよい」と答えたという。バフェットはこんな教訓を口にした。

「合併・買収の世界では、病んでいる馬もセクレタリアト（1973年の三冠馬）として売られるでしょう」

バフェットによると、ほとんどの企業買収は、買収を行う企業の株主に損害を与えることになる。買収の世界に「見た通りのものは滅多にない」のである。

「繁栄している時に 規律を持ち込むのは 容易じゃない」

企業の業績が低迷し、ましてや赤字を出すようになると、どんな経営者でも変革のための手を打とうと考える。一方、難しいのは売り上げが伸び、利益もたくさん出るなど業績が絶好調の時だ。本当はこの時代にこそ次への備えをやるべきなのだが、現実には繁栄の陰で進む油断や気の緩みから問題が生じ、やがて大きな問題につながっていくことが少なくない。

CEOロベルト・ゴイズエタの下、コカ・コーラは繁栄の時代を迎えたが、その後を受けたダグ・アイベスター、ダグ・ダフトの時代には問題が噴出した。株価も低迷した。売り上げが落ちているにもかかわらず社員は増え、人件費が増加、また多額の経費をかけた意味のないプロジェクトも野放しにされたままだった。大株主であり取締役でもあるバフェットは、こうため息をついた。

「成功している会社は金持ち一家のようなものだから、コカ・コーラでは、それがことに難しい。繁栄している時に規律を持ち込むのは容易じゃない」

規律の緩んだ繁栄企業には、やがて問題が生じるものだ。コカ・コーラも利益操作や子どもの健康被害など様々な問題が噴出、消費者の支持も一時的に失うことになった。やがてネビル・イズデルの下で同社は再び復活することになるが、繁栄している時代に規律を持ち込むことができたなら6年間にわたる混乱もなく、さらに成長できた。

「株を買った後は、
たとえ1年や2年、
マーケットが閉鎖されようと
焦りはしません」

　株式を購入した後、たいていの人がやりがちなのが毎日、時には何度もその株価を見て、「良かった、上がっている」「なんてことだ、下がっている」と一喜一憂することだ。たしかに自分のお金を使っているわけだから、上がれば嬉しいし、下がれば悲しくなる。ましてや上がると言われていた株式市場が下がり始めたとしたら平静ではいられない。

　バフェットは、こうした一喜一憂とは遠いところにいる。こう話している。

「株を買った後は、たとえ1年や2年、マーケットが閉鎖されようと焦りはしません。私たちは、シーズ社やH・H・ブラウン社のすべての持ち高の値動きをチェックして、自分たちの投資がうまくいっていることを確認することはありません」

　バフェットが大好きなコカ・コーラの株価についても同様だ。

　しかし、それでは不安はないのだろうか？

　バフェットは「買った後」に一喜一憂する代わりに、「買う前」に企業の事業内容をより一層理解するために、役立つすべての情報を集めて、納得がいくまで分析を行っている。「この企業は将来にわたって成長する」という自信があるからこそ投資をするし、その自信さえあれば株価が上下に動いたとしても気にする必要はない。ピーター・リンチが指摘するように、株式投資も家電製品や車を買う時のようにとことん調べることが安心につながっていく。

203

「変化の速い業界に投資すれば莫大な利益を得られるかもしれませんが、そこには私たちが求める確実性は存在しないのです」

　バフェットは今でこそアップルに多額の投資を行っているが、それでもアップル以外のIT企業への投資は限られている。それどころか相変わらずバークシャー・ハサウェイのポートフォリオには、コカ・コーラやアメリカン・エキスプレスといった、お馴染みの顔ぶれが並んでいる。日本の5大商社に投資をした時も、「なぜ今さら日本の商社に」と疑問を持った人は少なくなかった。

　バフェットによると、企業買収でも、あまり大きな変化が起きそうにない企業や業界にあえて投資を行っている。理由はシーズ・キャンディーやコカ・コーラといった業界であれば、変化は起きたとしても、IT業界で起きるような急激な変化は起きづらいし、10年、20年先にも横道にそれさえしなければ、競争の優位性を保つことが想像できる。バフェットは言う。

「変化の速い業界に投資すれば莫大な利益を得られるかもしれませんが、そこには私たちが求める確実性は存在しないのです」

　バフェット自身、IT業界などに起きている変化を毛嫌いしているわけではない。しかし、その変化は投資家にとっては宇宙探検のようなもので、各社の努力は讃えながらも自ら宇宙船に乗りたいとは思わない、というのがバフェットの考え方だ。

「企業を思い上がりや倦怠感が取り巻くことで経営者たちの関心が横道にそれてしまった例は、枚挙にいとまがありません」

　バフェットが投資に際して探し求めているのは「イネビタブルズ（所有していなければならない）」な企業である。正確な予想は難しいにしても、10年、20年と世界の市場をリードし続けるような企業がバフェットの理想である。ところが、こうした企業の経営者も時に横道にそれることがあるという。

　企業の経営者はしばしば、「多角化」という名の下に本業とは関係のない事業に夢中になることがある。バフェットによると、優れた企業の代表格であるコカ・コーラはかつてエビの養殖に手を出したことがあり、ジレットも石油開発を行っていたことがあるという。

　せっかくの素晴らしい本業を持ちながら、企業には時として「企業的責務」から合理的とは思えない行動に走ることが少なくない。馬鹿げた事業計画や買収計画を実行に移し、手持ちの資金を使い、時に本業まで危うくすることがある。投資家にとって最も怖いのは、こうした企業家たちの愚かな行為となる。バフェットは言う。

　「全体的に見て優れていると思える企業への投資をチャーリーと私が考える場合に最も恐れるのが、こうした『焦点が外れること』なのです。企業を思い上がりや倦怠感が取り巻くことで経営者たちの関心が横道にそれてしまった例は、枚挙にいとまはありません」

　見るべきは経営者が集中力を持って事業に取り組む、信頼に足る人物かどうかである。

205

「ネットジェッツを使っていなかったら成立しなかったという契約があるかどうかは分かりませんが、少なくとも契約から契約へと数千キロを飛び回ろうという意欲は生まれていなかったでしょう」

バフェットは自らを「飛行機中毒だ」と言うほどに、飛行機関連の会社が大好きだ。1989年にはUSエアーを買収して手痛い失敗を経験し、「私はウォーレン・バフェットだ。私は飛行機中毒だ」と更生会のフリーダイヤルに電話をかけなかったことを後悔しているほどだ。にもかかわらず、1995年にはやはり更生会に電話をかけることなくプライベートジェットのネットジェッツを7億2500万円で買収している。

同社の競争力や成長性を評価しての買収だが、同時にバフェットにとっては愛用の自家用ジェット機の「インディフェンシブル号」を売却した後、代わりに利用していたネットジェッツの自家用ジェット機共同利用サービスをバークシャー・ハサウェイ傘下で活用できるというメリットもあった。バフェットは「好業績は社用機のお陰だ」として、メリットをこう説明した。

「ネットジェッツを使っていなかったら成立しなかったという契約があるかどうかは分かりませんが、少なくとも契約から契約へと数千キロを飛び回ろうという意欲は生まれていなかったでしょう。社用機は、重宝なビジネスの道具です」

バークシャー・ハサウェイの経費を含めて質素倹約を重んじるバフェットにとって、金額の多寡にかかわらず、贅沢に思える行為すべてに納得のいく理屈が必要だった。

206

「安い給料で働きますが、
移動には金をかけます」

　バフェットが経営するバークシャー・ハサウェイは同業他社に比べて
何百分の一という少ない経費で運営され、またバフェットとチャーリー・
マンガーの報酬も、ウォール街や同業他社とは比べようがないほどの安
い金額になっている。

　そんなバフェットだけに、1986年に自家用ジェット機を買うことは
大変な勇気が必要だった。アメリカの企業にとって自家用ジェット機な
ど別に珍しいことではない。しかし、過去に「社用機をおとしめる発言
を繰り返していた」バフェットにとって、それは大地を揺るがすような
大事件だったという。

　自分のイメージやこれまでの発言と矛盾することを気にしたバフェッ
トは、複数のジェット機を所有する友人のウォルター・スコット・ジュ
ニアに電話をかけ、「どう理由をつければいいか」を尋ねてさえいる。
答えは、こうだ。

「理由なんかいらない。理屈をこねればいいんだ」

　バフェットは結局、購入したジェット機を「インディフェンシブル（弁
解の余地なし）号」と名付けたうえ、株主に対しては「安い給料で働き
ますが、移動にはお金をかけます」と言い訳をした。バフェットがもた
らす利益に比べれば、自家用ジェット機など安いものだが、バフェット
はこんなジョークを飛ばすことで自らを納得させていた。

207

「私は『集中力』と言った。
ビルも同じ答えを口にした」

バフェットとビル・ゲイツが初めて会った日、食事をしている時にビル・ゲイツ・シニアがこんな質問をしたことがある。

「今の地位を得るために、何が一番重要な要素だったと考えていますか？」

バフェットは「集中力」と答え、ビル・ゲイツも同じ答えを口にした。

バフェットやビル・ゲイツに限らず、成功した企業家の多くは本当に自分が得意なこと、ただ一つの事業に集中することで大きな成功を手にしている。ビル・ゲイツは創業の頃、共同創業者のポール・アレンからコンピュータのハードの製造を持ちかけられたこともあるが、「僕たちが得意なのはソフトだよ」とソフト開発だけに絞って活動することを決めている。そして優れたソフトをつくるためなら、夜中まで働くのも厭わなかった。

バフェットも同様だ。バフェットは高校の卒業文集に将来の夢として「株式ブローカー」と書いたように、早くから自分の進むべき道は「株式投資」であると見定めていた。自分の得意なことは「資本の配分」であると知り、ただひたすらに「読み、考える」ことで今日の地位を築いている。

トーマス・エジソンもウォルト・ディズニーもそうであったように、圧倒的な成功には圧倒的な「集中力」が不可欠なのだ。

208

「知性ある多くの新聞社の重役は、
世界中で起こっている重要な出来事を
絶えず記録し分析する一方で、
自分の鼻先で起きていることには
目をつぶるか無関心を装っているのです」

　新聞業界が「オワコン化」しつつあることは多くの人が認めていると
ころだが、バフェットは今から30年以上前の1991年の「バフェッ
トからの手紙」で、こう指摘していた。
「（新聞という）このメディア事業は、私や業界の人々、あるいは債権
者がわずか数年前に考えていたほど素晴らしいものではないことが分か
るでしょう」
　新聞業界の人たちは、この発言を不快に感じたというが、今なら納得
せざるをえないはずだ。バフェットは、元々は新聞を高く評価し、バッ
ファローイブニングニュースやワシントン・ポストなどを買収したり、
多額の投資を行っていた。1つの都市に1つの新聞しかないのであれば、
「規制されない有料の橋を所有するのと同じ」であり、独占的なビジネ
スができるというのがバフェットの見方だったが、インターネットの登
場などによって徐々に独占的地位は崩れ、スピードやタイムリーさとい
う面で劣る新聞は、確実に競争力を失うことになった。しかし、こうし
た変化に気づく経営者は少なかった。
「知性ある多くの新聞社の重役は、世界中で起こっている重要な出来事
を絶えず記録し分析する一方で、自分の鼻先で起きていることには目を
つぶるか無関心を装っているのです」
　変化は外から訪れ、中だけを見ている人たちが変化に気づいた時には、
たいていは手遅れになっている。

209

「バークシャーは 私の初恋の相手であり、 その気持ちが変わることは これからもありません」

　バフェットがソロモン・ブラザーズの暫定会長に就任したのは、 1991年のことだ。なぜ厄介な仕事を引き受けたのかについては、7億 ドルを投資していたという理由もあるが、バフェット自身は「私になった のは道理だ」とも話している。もし会長時代にソロモンが破綻すれば、 ソロモンの引き起こした悪事と結び付けられ、築き上げた名声は地に落 ちるが、株主をまとめ、監督機関とも交渉できるのは自分を置いてほか にいないことも理解していた。

　とはいえ、ソロモンが破綻して金融危機が起きれば、会長であるバ フェットは、その後片付けに長い時間を割かれることになる。マンガー は止めたが、バフェットは「ここを救うためだったら、しばらく働いて もかまわないよ」と応じている。大変な覚悟だが、すべてを正直に話し、 社員には「超一流のビジネスを超一流のやり方でやる」というバフェッ トの方針を強調し、ソロモンは破綻を免れ、再建への道を歩き出すこと ができた。

　再建の目途が立ったことでバフェットはデリック・モーンを正式な CEOに、自分に代わる会長には弁護士のボブ・デナムを任命してオマ ハに帰ることができた。秘書のグラディス・カイザーは「一夜にして ウォーレンを私たちの所へ取り戻せた」と安堵し、バフェットは株主た ちに宛てて「バークシャーは私の初恋の相手であり、その気持ちが変わ ることはこれからもありません」という手紙を書いた。

210

「ビジネスは人なり」

「僕の葬式の時は
『子どもだと思ってたら
年寄りじゃないか』と
参列者に言ってもらいたいね」

　バフェットは2022年8月で92歳である。しかもいまだに頭脳明晰で、バークシャー・ハサウェイの会長として辣腕を振るっている。よほど健康管理などに注意しているのかと思えば、そうではない。バフェットの食生活はアメリカ人の子どものようだ。こう話している。

「食べ物や食生活に関する私の好みは、5歳という非常に早い時期に形成されました」

　バフェットが好きなのは、ホットドッグやハンバーガー、ポップコーンやアイスクリーム、そしてコカ・コーラなどのソフトドリンクだ。ほかにもアイスクリームサンデーやサンドイッチがあれば満足できる。

　バフェットが64歳の頃の話だ。当時、アメリカのエグゼクティブの間で健康ブームが起きたが、バフェットは何の関心も示さず、朝からピーナッツをチェリーコークで食べ、友人とのスーパーボウル観戦で注文したのはアイスクリームにチョコレートソースをかけたものだった。呆れた友人がからかうと、バフェットは「僕の葬式の時は『子どもだと思ってたら年寄りじゃないか』と参列者に言ってもらいたいね」と反論した。

　バフェットの衰えを感じさせない若さは、「子どものような食生活」によってもたらされたものなのかもしれない。

「稼いだ額の大きさで 自分の人生を測るつもりは ありません。 そうする人もいるでしょうが、 私自身は絶対にしません」

　ユーチューブなどで「どれだけのお金を稼いだか」「どれだけのお金を使ったか」を誇らしげに話す人たちがいるが、お金は本当に人生の尺度たり得るのだろうか。

　バフェットが『フォーブス400』のベスト10に初めて入ったのは1986年、50代半ばのことである。ちょうどその頃、あるカクテルパーティーに出席したバフェットの所へ、ほろ酔い加減の女性が近づいてきて、こうささやいた。

「あら、すごーい。お金がたくさんなる木が歩いているわ」

　これが褒め言葉かどうかは判断に苦しむところだが、少なくともバフェットは世界有数の資産家としてたくさんの人々から羨望の眼差しで見られているということは確かと言える。その女性が去った後、バフェットは記者にこう言った。

「稼いだ額の大きさで自分の人生を測るつもりはありません。そうする人もいるでしょうが、私自身は絶対にしません」

　バフェットによると、お金があることで面白い体験ができる機会が増えるのは事実だが、ではたくさんのお金があれば、「愛が買えるのか」「健康が買えるのか」というと、そうではない。バフェットの考える成功はお金でも名誉でもなく、周りの人から愛されているかどうかだった。

212

「事業の多角化は、
無知を隠す
一つの手段です」

　かつて企業の多角化がもてはやされた時代があるが、今やどの分野でもとりたてて強いものを持たない総合よりは、ある分野で圧倒的な力を持つ専門の方が成長し、高い利益率を誇っていることが少なくない。バフェットは「選択と集中」がキーワードとなる前から、事業の多角化を焦るよりも、ある1つの事業を極めることの優位性を説いていた。

　「事業の多角化は、無知を隠す一つの手段です。自分が手がけるビジネスをちゃんと理解していれば、多角化など無意味に思えるはずです」

　バフェットによると一つの事業に携わることで大成功を収め、巨額の財を成したケースはとても多い。ハースト家は出版で財を成し、ウォルトン家は小売、リグリー家はチューインガム、マーズ家はキャンディ、そしてゲイツ家はソフトウェアで巨万の富を築き上げている。バフェットも同じだった。

　バークシャー・ハサウェイ傘下には実に多様な企業があるが、バフェット自身は傘下の企業の経営はそれぞれの経営者に任せ、自身は最も得意とする「投資」に集中することで成功へと導いている。本当に得意なこと、本当に優れた事業であれば、そこに集中するのが最もいいやり方だ。得意分野、ナンバーワンなしに、ただひたすらに多角化によって規模の拡大を目指す企業は、やがて単にでかいだけの存在と化し、競争力を失うことになる。

「自分の会社や自社の社員のことを
ほとんど気にかけないような
オーナーが経営していると、
社内全体の思考態度や慣習も
しばしば汚れてしまうものなのです」

　バフェットの投資の対象は、優れた経営者がいる優れた企業である。但し、「優れた企業」というのは単に「数字が優れている」ということだけではない。バフェットは「優れた企業」というのは、経営者が会社や社員、製品に対する「愛」を持っていなければならないとも考えている。こう話している。

「売上げがもたらしてくれる金だけでなく、自分の会社を心から愛している人たちと一緒に仕事をしていきたいと思っています」

　経営者にとって会社の売上や利益が重要なことはもちろんだが、それだけではダメで、たとえばアップルのスティーブ・ジョブズがそうであったように、「すごいものをつくろうという情熱にあふれたすごい会社をつくりたい」という思いがあってこそ、企業は本当の意味で「すぐれた企業」になることができる。バフェットは言う。

「自分の会社や自社の社員のことをほとんど気にかけないようなオーナーが経営していると、社内全体の思考態度や慣習もしばしば汚れてしまうものなのです。企業では、一生涯——あるいは、いくつもの生涯——をかけて、注ぎ込まれた無条件の愛と並外れた才能によって『傑作』がつくられているものです」

　企業というのは、経営者の思いや姿勢が色濃く反映されることになる。

「買った理由は ただ一つ、 あなたがいたからです」

　1990年、バフェットは靴メーカーのH・H・ブラウンを買収している。H・H・ブラウンは1883年に創業された会社だが、長年経営を担っていたレイ・ヘファナンが亡くなったことで、家族が事業の売却を決意している。当時、ヘファナンに代わって指揮を執っていたのは、ヘファナンの義理の息子のフランク・ルーニーだ。

　ルーニーは20代で靴業界に入り、やがてメルビルのCEOとなり、引退するまでの間に売上高を約40倍に成長させた凄腕経営者だった。ルーニーは会社の売却を面識のあるバフェットに持ち掛けた。バフェットは2年分の決算資料などを見ただけで、工場も見ずに買収を決断している。ルーニーが「なぜ靴会社を買う気になったのか」と尋ねたところ、バフェットは「買った理由はただ一つ、あなたがいたからです」と答えたという。

　その後、バフェットは「バフェットからの手紙」で、買収の理由として「ルーニーがCEOとして続投することを引き受けたから」と述べている。こう話している。

「弊社のほとんどの経営者と同様、彼（ルーニー）もまた働かなければならないような金銭的な理由はありません。それでも仕事をするのは、仕事にほれ込んでいるから。そしてゲームに勝つのが好きだからです」

　ルーニーにとっても、バークシャーは理想の買収者だった。

「結婚する時の理由は何だろう。
目が美しいから？　性格が良いから？
いろいろな理由があるから
1つだけ挙げるのは難しいだろう？」

　バフェットがコカ・コーラ株を大量に保有していることが分かったのは、1989年3月である。その前年、バフェットは割安になったコカ・コーラの株を買い集めていたが、バフェットの一挙一動は株式市場に大きな影響を与えるため、SECがバフェットに取引を一年間開示しなくていいという特例を認めていたので、「株式の6%保有」という事実が分かるには時間がかかった。

　バフェットの影響は大きかった。ニューヨーク証券取引所はコカ・コーラ株の急騰を避けるために売買の一時停止に踏み切り、コカ・コーラのCEOのロベルト・ゴイズエタはそれ以前に急落していた株価にバフェットがお墨付きを与えたことを喜び、取締役会に加わるように要請した。

　それにしても、なぜバフェットは株価が急落していたコカ・コーラに投資をしたのかに関心が集まった。コカ・コーラの株価は「滅茶苦茶安い」とまでは言えなかったが、バフェットは同社の生み出す豊富なキャッシュフローや、海外での成長可能性、世界的なブランド力などを評価した。理由を「結婚する時の理由は何だろう。目が美しいから？　性格が良いから？　いろいろな理由があるから1つだけ挙げるのは難しいだろう？」と説明した。

　コカ・コーラは、今もバークシャー・ハサウェイにとって大切な投資先であり続けている。

216

「投資とは、消費を延期することです。本当に大事な問題は2つだけです。1つは、どれだけ戻ってくるか、もう1つはいつ戻ってくるか」

　バフェットが子ども時代に学び、以来、習慣のようになったのが「このお金を複利で運用すればいくらになるのか」という考え方だ。

　それは散髪のようなわずかのお金でもそうだし、結婚した妻のスージーが1万5000ドルをかけて家具を買いそろえた時も、友人にこう愚痴っている。

「もし投資に回していれば、このお金が20年後にいくらになっているか想像できるかい？」

　バフェットはある会合で講演した際、こんな話をしている。

「投資とは、消費を延期することです。今お金を出して、あとでもっと大きなお金になって戻ってくるわけです。本当に大事な問題は2つだけです。1つは、どれだけ戻ってくるか、もう1つはいつ戻ってくるか」

　バフェットは「お金を増やす」ことには貪欲でも、「お金を使う」ことに関しては慎重だ。莫大な富を手にしても、それを自分の贅沢のために使おうとは考えない。

　若い頃とあまり変わらない質素な生活を続けながら、お金は社会からの預かりものとして大切にする。投資で成功したいのなら、「投資とは、消費を延期すること」と考えた方がいい。投資と贅沢は、あまり相性のいいものではないらしい。

「新しい産業を売り込むのは
素晴らしいことです。
売り込みやすいものですからね。
ありきたりの製品に投資するように
売り込むのは大変です」

1990年代後半、アメリカがITバブルに沸いていた頃、バフェットは人気のIT企業に投資するのではなく、古臭い、伝統的な産業への投資を続けていた。IT関連の株で大儲けを狙っている人たちから見ると、まさしく、「時代遅れの投資家」だったが、バフェットは一切気にすることなく講演で聴衆にこう語りかけた。

「新しい産業を売り込むのは素晴らしいことです。売り込みやすいものですからね。ありきたりの製品に投資するように売り込むのは大変です。部外者には難解な製品を売り込むのはたやすい。損失をともなうものであってもそうです。量的指針がないからです」

バフェットの投資の基本は「自分がしっかりと理解できるものに投資する」だ。ポラロイドやゼロックスがもてはやされていた頃にも、「半導体や集積回路について私は、名前も発音できないような昆虫の交尾と同じくらい、何も知らない」と言って決して投資しようとはしなかったが、たいていの人はなぜか「名前も発音できないような、何も知らない」新しい企業になぜか魅力を感じて投資してしまう。「よく分からない」ことが「新しさ」を感じさせ、「投資したい」という意欲をかき立てる。

反対に昔からよく知る企業、身近な企業は「ありきたり」過ぎて投資対象から外してしまう。どちらが正しかったかは、ITバブルが弾けたあと、はっきりとした。

「資金運用者たちにとって、株はゲームに参加するためのコマでしかなく、モノポリーの指ぬきやアイロン程度のものでしかない」

　バフェットがグレアムに学んだ大切なことの1つは、「株を買うことは企業の一部を所有すること」という考え方だ。

　企業を所有する以上、その事業についてよく知らなければならないし、経営者が何を考え、間違ったことをしていないかも知ることが欠かせない。そして願うのは株価以上に、その企業が成長し続けることだ。

　一方、1987年のブラックマンデーによって株の大暴落が起きるまで、資金運用者たちが気にしていたのは、上がり続ける株価であり、異常に高い株価水準によっていかに儲けるかだけだった。見ているのは「株価」だけであり、「企業の価値」を真剣に評価しようとする者はほとんどいなかった。バフェットは、こう批判した。

「資金運用者たちにとって、株はゲームに参加するためのコマでしかなく、モノポリーの指ぬきやアイロン程度のものでしかない」

　株式投資においてもコンピュータが幅を利かせるようになり、株価が下がれば自動的に売りが行われ、株価が上れば自動的に買いに向かっていた。当然ながら、ここでも基準となるのは「価格」だけで、「価値」を評価することは決してなかった。バフェットにとって投資とは、いつの時代も「企業の価値」を評価することが何より大切だった。

219

「もしあなたが凡庸なCEOで、取締役会にあなたの友人が多数含まれているとしたら、あなたはフットボールチームがやるような選抜テストを行わなかったことになります」

　企業で大きな不祥事が起こるたびにしばしば問題になるのが、取締役会や監査役は何をやっていたのか、という議論だ。一方で取締役や監査役に、そもそもそうした役割を期待する方が無理ではないかという達観したような声も聞こえてくる。

　バフェットはこれまでいくつもの企業で取締役を務めているが、時には取締役としての意見が無視される経験もしているし、取締役であること自体が非難の対象になったこともある。コカ・コーラではバークシャー・ハサウェイ傘下の企業がコカ・コーラ製品を1億ドル以上購入しているということで、バフェットの取締役就任に反対する意見をISSが提出するという苦い経験もしている。

　CEOが悪事を口にすると、まっとうな経営陣も逆らえなくなる。バフェットは、そんな企業をいくつも目にしてきた。

「もしあなたが凡庸なCEOで、取締役会にあなたの友人が多数含まれているとしたら、あなたはフットボールチームがやるような選抜テストを行わなかったことになります」

　凡庸なCEOに、実力のない選手。スポーツの世界なら間違いなく首になるが、企業という世界では誰も首にならないことが少なくない。問題企業はコンプライアンスを口にする以前に、正しい選抜テストを行ったかどうかを問われるべきなのだろう。

220

「人間は株について そんなふうに思っているもんです。 噂にも一分の真実があると 信じやすいものなんです」

　ITバブルの絶頂期に、バフェットが講演で「地獄で石油を探す」話をしたことがある。

　死んで天国に行った石油探しの山師が聖ペテロに言われたのが、「天国への必要条件はすべて満たしているが、石油関係の山師の檻が満杯で、あんたの入る余地がない」だった。そこで山師が手をメガホンにして、「地獄で石油が見つかったぞ」と叫んだところ、檻に入っていた山師たちは一斉に地獄に向かって駆け出した。

　聖ペテロが「うまい手を使ったな。がらがらになったから、ゆっくりしてくれ」と声をかけると、件（くだん）の山師は少し考えて、「いや、みんなと一緒に行きますよ。噂にも一分の真実アリっていいますから」と言うや否や、みんなのあとを追いかけた。

　この話を披露したバフェットは聴衆に、こう言った。

　「人間は株についてそんなふうに思っているもんです。噂にも一分の真実があると信じやすいものなんです」

　「地獄で石油が出たぞ」は件の山師のつくり話である。にもかかわらず、人は「もしかしたら本当かもしれない」と疑うこともなしに噂にくっついて地獄に行って、石油を探そうとしている。そればかりか噂の発信元の山師さえも「万が一」を考えてあとを追う。滑稽ではあるが、人は噂に踊らされてゴールドラッシュの夢を追いかける。

221

「自分の保有する株が値上がりしても、自分の手柄だと思ってはいけない。結局のところ、『株券は、あなたに所有されていることを知らないのです』」

　パナソニックの創業者・松下幸之助がよく言っていたのが、「成功は運のお陰、失敗は自分のせい」だ。成功を「自分のお陰」と思い込むと実力を過信することになり、失敗につながりやすい。そうならないためにも、失敗は「自分のせい」と反省し、成功は「運のお陰」と考えるくらいがちょうどいい、というのが松下の考え方だった。

　バフェットもこれほどの圧倒的な成功を収めながら、しばしば「自分は運が良かった」という言い方をしている。アメリカという経済大国に生まれ、ベンジャミン・グレアムやフィリップ・フィッシャーという良き師匠に出会い、株式投資という自分が大好きなことをできたことを「運が良かった」と言い、幸運に感謝している。たしかに「運」もあるだろうが、ここまでの成功には当然「実力」や「才覚」も欠かせない。にもかかわらず、あえて「運」というところにバフェットの凄さがある。

　株式投資において注意すべきは「成功は自分の手柄、失敗は運やツキのなさ」とすることだろう。こう考えてしまうと、失敗は「運が悪かった、ツキがなかった」と「他人事」になってしまうが、実際のところ失敗の多くはやはり「自分のせい」なのだろう。株式投資で成功したいのなら、バフェットの言うように「自分の保有する株が値上がりしても、自分の手柄だと思ってはいけない」という考え方が必要になる。

222

「今こうしている間にも、地球に住む25億人の男性の髭が少しずつ伸びている。そう考えながらベッドに入れば、ぐっすり眠れるはずです」

　バフェットが1989年に「バークシャーのために絶対儲かる」と信じて転換優先株を購入したのが、製紙会社のチャンピオン、航空会社のUSエアー、カミソリのジレットの3社である。3社には何の共通点もなかったが、平均9%の利回りがあり、業績が良くなった時に普通株に換えればさらに利益が大きくなる、というのがバフェットの見方だった。

　しかし実際には、大きな利益をもたらしたのはジレットだけだった。まさにバフェットが好む「強いブランド力」を持ち、「10年、20年と必要とされる製品をつくる」企業だった。バフェットは同社を「人が髭を剃る限り、カミソリの需要はなくなりません。新しい替え刃の開発を常に怠らず、販売力の増強にも努め、強いブランド力を保持している企業があるのなら、これに投資しない手はないでしょう」と評した。さらに、こうも言った。

　「今こうしている間にも、地球に住む25億人の男性の髭が少しずつ伸びている。そう考えながらベッドに入れば、ぐっすり眠れるはずです。たぶん、ジレットの社員に不眠症の人はいないと思いますよ」

　ジレットは2004年にP&Gに買収され（バークシャーはこの時にP&Gの発行済み株式の3%を取得）、現在ではジレットの世界シェアも下降気味ではあるが、生活になくてはならない製品をつくる企業へ投資するバフェットが不眠症になることはなさそうだ。

223

「自分が生まれ育った文化でさえ、その特色や複雑さを十分理解することはできないでしょう。異文化であればなおさらです」

　バフェットが海外への投資に目を向けるようになったのは、2000年代に入ってからである。「世界三大投資家」の１人であるジム・ロジャーズは「冒険投資家」らしくかつての東欧や中国で非常に早い時期から投資を行っていたが、バフェットは2000年代半ばまではアメリカを主戦場としている。理由を、こう述べている。

「自分が生まれ育った文化でさえ、その特色や複雑さを十分理解することはできないでしょう。異文化であればなおさらです。いずれにしても、バークシャーの株主の大半はドルを支払いながら生活しています」

「何万マイルも遠く離れた土地でこれまでのノウハウを発揮すれば、もっと儲けることができると言われたことがあります。しかし、アメリカ市場で利益を上げられなければ、それより小さな市場で儲けることなどできません。希望的観測に過ぎませんよ」

　バフェットが投資している企業の中にはコカ・コーラやアメリカン・エキスプレスのように、グローバルに活動する企業がたくさんある。それでも「もしコカ・コーラの本社がロンドンにあったら」と聞かれたバフェットは、「もちろん投資するが、アメリカと同じには理解できないでしょう」とも答えている。バフェットの「能力の輪」は、1990年代まではあくまでも「アメリカの中」に限られていた。

224

「私たちは全部、
5センチずつ増やしたいと
思っています」

　バフェットの投資における基本は長期保有にある。「バフェットから
の手紙」でもたびたび「私たちは、保有する主要な企業持ち株のほとん
どは、企業の内在価値に照らしてどのような株価がつこうとも、手放す
つもりはありません」と書いているように、「優れた経営者のいる優れ
た企業をそこそこの価格」で買う、あるいは部分所有をしたなら、余程
のことがないかぎり手放すことはない。

　たとえば、2022年現在、コカ・コーラへの投資期間は34年、アメ
リカン・エキスプレスは31年、ウェルズ・ファーゴは32年、ガイコ
が47年、シーズキャンディーズは50年と長期にわたっている。それ
に合わせてバークシャー・ハサウェイも成長し続けている。バフェット
は、こう表現した。

「女優ジプシー・ローズはかつて、こう言いました。『5年前に持って
いたものは、今も全部持っているわ。ただ全部、5センチずつ減ってし
まった』。私たちは全部、5センチずつ増やしたいと思っています」

　バフェットによると、バークシャーもバフェットが経営権を握った当
時は小さな利益の出にくい会社だったが、その後、投資に特化していく
ことで傘下の企業数は増え、時価総額も増えている。バフェットの頭に
は成長はあっても、停滞や縮小はない。

225

「バークシャー株は、
私たちの家族のほとんどや、
パートナーシップを経営していた頃
出資者に加わった
非常に多くの友人たちにとって、
投資ポートフォリオの主要銘柄です」

アップルの創業者スティーブ・ジョブズによると、最高の製品をつくる秘訣の1つは、自分や自分の家族や友人が心の底から使いたいと思うものをつくることだという。自分や自分の友人たちのためにつくるからこそ頑張ることができるし、最高のものをつくるモチベーションにもなる。

バフェットもチャーリー・マンガーも、自分たちの資産の大半はバークシャー・ハサウェイの株として保有している。その家族や姉妹も、パートナーシップを運営していた頃からの付き合いがある昔からの友人たちも、バークシャーの株が資産のほとんどを占めているとしたら、これら愛する人たちのために最善を尽くそうとするし、裏切るような真似は決してできないはずだ。

反対に多くの人に投資を持ちかけながらも、自分や家族の資金はまったく違うもので運用しているとしたらどうだろう。これ自体、自分が勧めている投資を信用していないことになるし、たとえ失敗したとしても痛手を負わないのだから、最善を尽くすとは思えない。バフェットの誠意、それは自らの膨大な資産をバークシャーの株として所有しているところにある。家族や友人の顔を思い浮かべるなら、「これ以上、私たちが最善を尽くすべき理由は見つからない」というのがバフェットの考え方だ。

226

「合理的な
投資家たちにとって、
楽観主義者たちは敵なのです」

　バフェットの投資は「優れた企業」を買うことにあり、売ることは基本的に考えていない。ましてや日々の株価の動きを見ながら「利ざや」を稼ぐという考えは微塵も持っていない。そのためバフェットによると、バークシャー・ハサウェイは来る年も来る年も企業、あるいは企業の一部を買い続けるため、企業の価格が下がることはバークシャーにとってはプラスであり、上がることはマイナスとなる。

　もちろん時価会計においては、企業の時価総額があまりに下がり過ぎると、決算数字を押し下げる要因とはなるが、それによって価値が棄損されなければ、株価が下がることがひどくマイナスに作用することはない。だからこそバフェットは市場全体として株価が下がり、時には特定の業界を悲観論が覆いつくすような環境下でビジネスをしたいと願っている。市場や業界を悲観論が支配すれば、価格は下がり、それだけ企業の価値と価格の差は広がることになる。そんな時にこそ、バフェットは魅力的な価格で企業を買うことができる。

　反対に市場全体を楽観論が覆い、株価が上がる時には企業の価格も上がるため、バフェットにとっては魅力的なビジネスとはなりにくい。バフェットは言う。

「合理的な投資家たちにとって、楽観主義者たちは敵なのです」

　楽観論が崩れ、市場を悲観論が支配する時こそがバフェットの出番となる。

「組織由来の旧習が
働き始めると、
おおむね合理性の出番は
もうないのです」

　企業というのは基本的には「経済合理性」で動いているはずだが、時に奇妙な判断やおかしな動きをすることがある。バフェットが、「組織由来の旧習」と呼ぶ「目に見えない力」の怖さを指摘している。

　1、企業というのは本来は「変化対応業」のはずだが、バフェットによるとニュートンの「慣性の法則」に支配されているかのように、現状の方向をかたくなに守ろうとする。

　2、「重要な仕事から逃れるために、つまらない仕事に時間を潰そうとする」はドラッカーの言葉だが、バフェットによると、企業は暇な時間を潰すために仕事を増やそうと、買収計画などを実行して、手持ちの資金を使い尽くす。

　3、トップが入れ込んでいる事業はどれほど馬鹿げたものであっても、部下たちの分析によって迅速に支持される。日本でもトップが関わったプロジェクトは失敗が明らかでも中止されにくいし、創業者が始めた事業や工場なども中止するのはとても難しい。

　4、事業の拡張や買収、役員報酬の設定など何であれ、同業他社が行えば、企業は無意識に追随する。「みんながやっている」はいつだって無条件に肯定されるのに対し、「誰もやっていない」はいつだって「やらない理由」にされてしまう。

　バフェットは会社の経営でも、買収でもこうした点に注意を払っている。

228

「目を見張るような
数字がずらりと並んでいても、
最後にゼロをかければ
ゼロになってしまう」

　バフェットはレバレッジを嫌い、過大な債務を抱えている企業には決して投資しようとはしない。「市場環境が悪化した場合、レバレッジは裏目に出る。その結果、それまでの立派な運用リターンが雲散霧消し、株主資本を破壊する」からだ。

　1994年、ソロモン・ブラザーズ出身のジョン・メリウェザーが立ち上げたヘッジファンドLTCM（ロングターム・キャピタル・マネジメント）は計画では資本の25倍のレバレッジを使って取引を重ね、利益を生むことになっていた。最大の損失でも資産の20％というのがメリウェザーの計画だった。ソロモンで素晴らしい実績を上げていたメリウェザーを信頼して12億5000万ドルもの資産が集まり、史上最大のヘッジファンドが誕生した。3年で投資家の金は4倍に増え、資本は70億ドルとなった。1290億ドルの資産を運用し、すべては順調に見えたが、98年にロシアが対外債務の支払い停止を宣言したことで世界中の金融市場がガタガタになり、LTCMもほんの数日で資本の半分を失った。

　多額の借金をして投資している企業に、「待つ」余裕などない。ましてや、損失を補てんする現金も持ってはいなかった。バフェットは「本当に頭のいい人たちが、これまでに何人も痛い目に遭いながら学んできたことがあります。それは目を見張るような数字がずらりと並んでいても、最後にゼロをかければゼロになってしまうということです」と指摘した。

229

「（買収を提案するにあたり）銀行家は私が子どもの頃に読んでいた漫画のスーパーマンを思い起こさせるような『台本』を用意しています」

　企業買収に限らず、企業や公共団体というのは何が何でも実行したいプロジェクトがある時には、自分たちに都合の良い資料をつくりがちだ。特に収支に関しては「こうすればすべてがうまくいく」という楽観的な数字をつくりがちで、冷静な第三者から見れば、たいていの場合、「それは無理だろう」ということも珍しくはない。

　バフェットによると、バークシャー・ハサウェイの場合、買収の多くは過去に取引のある経営者からの紹介がほとんどだというが、ほかの会社の場合は、銀行家が関わっているという。その際、銀行家が用意するのは、バフェットが子どもの頃に読んでいた漫画のスーパーマンのようだという。

　そこではほどほどの会社が、銀行家の電話ボックスから飛び出すと、スーパーマンのような無敵の力を持つことになる。この台本を手にした企業の経営者は、たちまちにして夢中になるという。ところが、バフェットによると、銀行家に「あなたの会社の今後の利益予想は？」と尋ねると、たいていは市場の不透明さを理由に予防線を張り始めるという。自分の会社の利益予想さえできないのに、なぜ紹介する会社は買収された途端にスーパーマンになれるのだろうか？　銀行家の目論見書を信用していないチャーリー・マンガーは、銀行が大金を投じてつくった目論見書を読まないためにお金を払う方がましだと言っている。

「企業買収の売り手やその代理人たちは、金融上、ワクワクさせるような面ばかり強調しますが、その企業を買収すれば痛感することになる『教育的価値』は、表からほとんど見えません」

バフェットによると、良い企業買収はとても難しく、それはミネソタ州のリーチ湖でカワマスを探すようなものだという。

バフェットの友人がリーチ湖でアメリカ先住民のガイドに「この湖ではカワマスが釣れますか」と尋ねたところ、「この湖はカワマスで有名なんです」という答えが返ってきた。では、あなたはここでどのくらい釣りをして、これまでに何匹釣りあげたのかと再び尋ねたところ、答えはこうだった。

「19年です。1匹も釣っていません」

買収ゲームとは、リーチ湖でカワマスを探すようなもの、というのがバフェットの考え方だ。見た通りのものは滅多にないし、たいていの場合は買収後に数々の問題に悩まされることになる。バフェットは言う。

「企業買収の売り手やその代理人たちは、金融上、ワクワクさせるような面ばかり強調しますが、その企業を買収すれば痛感することになる『教育的価値』は、表からほとんど見えません」

一方、バフェットは「買収ゲームとは、リーチ湖でカワマスを探すようなもの」という懐疑心を失うことはないため、企業買収によって問題を抱え込むことは滅多にない。

231

「バークシャーの取締役は 昨年、合計で100ポンドの 減量に成功しました。 少ない役員報酬で生活していこうと 努力した成果に違いありません」

これは1990年代半ばの発言だが、当時も今もバークシャー・ハサウェイの報酬はとても低い。

2人のトップマネジャーのグレッグ・アベルと、アジット・ジェインはそれなりに貰っているが、14人の取締役は、電話での取締役会は300ドル、直接会っての取締役会は、900ドルとなる。

S＆P500社の役員の平均年間報酬の25万ドルと比べれば驚くほど低い金額になる。それでも多くの取締役にとって、バフェットと一緒に仕事をするのはとても名誉なことで、バークシャーの取締役であるというのは何物にも代えがたい満足感もあるのではないだろうか。

そして、もちろんバフェット自身も年間10万ドルの報酬しか得ていない。こうした報酬もあってか、バフェットはある時、こう言った。
「バークシャーの取締役は昨年、合計で100ポンドの減量に成功しました。少ない役員報酬で生活していこうと努力した成果に違いありません」

現実にはこの報酬だけで取締役が暮らしているはずもないが、上に立つ人間がわずかな報酬しか手にせず、しかし、会社のために誠心誠意尽くすとすれば、ウォール街的な「強欲」とはかけ離れた企業文化を築くうえで大いに役に立つことになる。

232

「先週誰かがやって
うまくいったとしても、
今週自分がやって
成功するとは限りません」

　バフェットの投資に対する考え方は終始一貫している。

　大切なのは「自分の頭で考える」ことであり、「自分がよく知る、理解できる企業に投資をする」ことだ。そして間違っても「熱狂の渦」に巻き込まれて、訳が分からないままに投資をしてはいけない。

　かつてはごく普通の人が読む週刊誌などが株の特集を始めたら、それはそろそろピークが近づいてくることだ、と指摘する人がいた。最近では「ユーチューブ」などで「私はこうやって株で大金を手にした」ということを誇らしげに語る人もいる。つい「うらやましいなあ、自分もやってみるか」という気持ちになりがちだが、バフェットはこうした衝動にもストップをかけている。こうアドバイスしている。

「先週誰かがやってうまくいったとしても、今週自分がやって成功するとは限りません。株式を買う理由のうち最もばかげているのは、『値上がりしているから買う』というやつです」

　成功者に学び、成功者を真似ることが悪いわけではない。しかし、株式投資や仮想通貨などの場合、「みんながやってる」「私はこうして大金を手にした」というキャッチフレーズは、成功より失敗を引き寄せることも少なくない。

「分厚過ぎる札入れを持つことは、投資で優れた結果を得るうえでのマイナスです」

　企業も企業規模が小さな頃は、時に驚異的な成長をすることがあるが、かなりの規模になるにつれ、売上高や利益の伸び率はどうしても低くなりがちだ。ましてやバークシャー・ハサウェイほどの規模になると、バフェットとチャーリー・マンガーがバークシャーを始めた頃ほどの伸びを達成するのは困難になる。

　バフェットによると、世の中にはかつてないほどたくさんの優れた会社がある。なかにはかつてなら投資したであろう会社もあるものの、バークシャーの資本に対して目立った貢献をしないような会社を買ったところで、大きな成果につながることはない。バフェットは自らをバスケットボールのコーチにたとえて、こう言った。

「街に出て行って、2メートル以上の大男を探すのが仕事です。『僕は190センチしかないけど、一度このボールさばきを見てください』と言い寄ってくる少年がいても、断ります。2メートル以上なければダメなのです」

　小さな企業でも将来が期待できる会社は多いが、バークシャーほどの規模になると、投資には不向きになる。「分厚過ぎる札入れを持つことは、投資で優れた結果を得るうえでのマイナス」になることもある。人によっては成果を焦るあまり、基準を下げたくなるだろうが、バフェットにとって自らが決めた基準は絶対だった。

234

「50銘柄も75銘柄もあったら、注意が行き届きませんよ。ノアの箱舟のような動物園になってしまいます」

　バフェットがベンジャミン・グレアムのやり方と大きく異なるやり方をしたのは、ガイコに自らの資産の75%を投じた時だ。それは「分散投資」とはまるで逆のやり方だったが、以来、バフェットは分散投資について否定的な考え方をしている、

　それはチャーリー・マンガーも同様で、バークシャーの株主総会でこう発言した。

「アメリカの学生たちは経営や法律のエリート大学院に行って、『成功の秘訣は分散投資だ』などという話を聞かされています。そんなのは、でたらめです。分散投資は、何も知らない投資家がやることです」

　まさに身も蓋もない言い方だが、バフェットもこう言っている。

「50銘柄も75銘柄もあったら、注意が行き届きませんよ。ノアの箱舟のような動物園になってしまいます。厳選した数少ない銘柄にそれなりの額を投じるのが、私のやり方です」

　バフェットによると、リスクというのは「無知」から生じることになる。仮に50とか75の銘柄すべてにたっぷりの知識を持ち、株価など気にする必要がないというほどの自信があれば、これだけの株に投資しても構わないが、現実にはあり得ないことだ。大切なのは、自分がその会社についてどれだけ知っているかであり、知らないものをいくら分散投資したところで、それはリスクの軽減にはつながらない。

235

「お金を稼ぐのは簡単です。むしろ使う方が難しいと思います」

　ビル・ゲイツもウォーレン・バフェットも大変な富豪だが、二人とも私生活においては贅沢や浪費を嫌っている。

　マイクロソフトの若き経営者として成功したビル・ゲイツの秘書は、ゲイツお気に入りの食事をいつでも注文できるように電話に短縮番号を入れていたが、相手は「バーガーマスター」というファーストフード店であり、頼むのは決まってハンバーガー、フライドポテト、そしてチョコレートシェイクだった。社員たちとおしゃれなレストランに食事に行き、みんなのためには高級ワインを頼むが、ゲイツが頼むのは決まってハンバーガーだった。自分のための消費に関心が低かったのは、バフェットも同様だ。

　バフェットによると、お金さえ出せば、1万人の人を雇って私の自画像を毎日描かせることもできるが、それによって得られる生産物の価値はゼロである。バフェットは言う。

「お金を稼ぐのは簡単です。むしろ使う方が難しいと思います」

　お金を使うことは、とても簡単だ。しかし、バフェットやゲイツは、単なる「消費」のためだけにたくさんのお金を使うことの愚かさを知っていた。バフェットもゲイツもお金を稼ぐ天才だが、一方で「お金の正しい使い方」を考えていた。2人にとってお金を使うことは、稼ぐこと以上に真剣に考えるべきテーマだった。

236

「私が高価なスーツを着ると、どうしても安っぽく見えてしまう」

　バフェットは大変なお金持ちだが、着るものや持ち物に関しては無頓着なところがあったようだ。長らく木綿のシャツにスラックス、そしてブレザーという格好で過ごしていたが、ワシントン・ポストへの投資をきっかけに、同社の取締役になってからは月に一度はワシントンに出かけ、キャサリン・グラハムの家に泊まるようになった。

　キャサリンはバフェットの服装を感心しないと思っていた。キャサリンに心酔していたバフェットは、「（キャサリンの息子の）ドン並みにちゃんとした格好をする」ことを約束したという。「ドンと共同戦線を張ったわけだよ」がバフェットの弁である。

　それが影響したかどうかは分からないが、バフェットはおしゃれを始めるようになった。気に入っているのは、イタリアのブランド「ゼニア」のスーツだというが、はた目にはそうは見えなかったようで、あるジャーナリストに「安っぽいスーツばかり着ている」と言われたバフェットは、こう嘆いた。

「高価なスーツを買っているんだけどね。私が高価なスーツを着ると、どうしても安っぽく見えてしまう」

　バフェットのスーツはたしかにイタリアのゼニア製だが、人前に出た時にしわが寄っていることが多いという。しかし、それもバフェットらしさなのだろう。

237

**「壁には何十億ドルもする絵が掛かっていて、
その絵を見て
おおとか、ああとか言わなかったのは
私だけだった。
私には、古い『プレイボーイ』の
表紙がいっぱい飾ってある方がいいね」**

　バークシャー・ハサウェイが急拡大し、バフェット自身もバッファロー
イブニングニュースの社主として、「フォーブス400」に登場する資産
家となったことで、バフェットの身辺は急に華やかになっていった。

　1987年、出版界の大物で、駐英大使も務めたウォルター・アネンバー
グと妻のレオノアから、友人のレーガン大統領を招いて過ごす週末に別
居中の妻のスージーと一緒に招待された。夫妻の住宅は90ヘクタール
の広さがあり、2322平方メートルのガラスに囲まれた、「大金持ちの
悪名高いライフスタイルを垣間見ることができる」住宅として有名だっ
た。邸内には、アネンバーグが収集した印象派の世界有数のコレクショ
ンが展示されてもいた。さらに広大な庭園も、印象派の作品を思わせる
つくりになっているといわれている。

　そこで週末を過ごしたバフェットは、こんな印象を口にした。

　「サニーランズはウォルターの宮廷のように設計されている。住んでい
るのは2人だけだが、50数人の使用人がいる。壁には何十億ドルもす
る絵が掛かっていて、その絵を見ておおとか、ああとか言わなかったの
は私だけだった。私には、古い『プレイボーイ』の表紙がいっぱい飾っ
てある方がいいね」

　そこには、バフェットの理想とする生き方とはまるで違う世界があっ
た。

238

「独力で考えなかったら、投資では成功しない」

　投資の世界には、たくさんのアドバイザーがいる。ウォール街の住人もいれば、格付け会社もある。ほとんどの人はこうしたアドバイザーを頼ろうとするが、バフェットはこうした人たちをまったく相手にしようとはしない。こう言い切っている。

「私はブローカーやアナリストに相談したりはしません。物事は自分で考えるべきです。ロールス・ロイスに乗る人間が地下鉄を使う人間からアドバイスを受けるところは、ウォール街以外にありません」

　バフェットは格付け会社にも頼らなければ、ブローカーやアナリストに相談することもない。大切なのは誰かの意見を聞いたり、権威ある人のアドバイスを受けることではなく、自分で考えることだ。こう言い切った。

「独力で考えなかったら、投資では成功しない。それに、正しいとか間違っているとかいうことは、他人が賛成するかどうかとは関係ない。事実と根拠が正しければ正しい。結局はそれが肝心なんだ」

　バフェットは、投資の根拠を外部に求めることはしない。誰かに相談したり、誰かに決めてもらうのではなく、「なぜその株に投資するのか」という根拠は自分で考える。そうすれば自信を持って臨むことができるし、問題が起きたとしても、原因も明確にすることができる。

「争うのは好きじゃない。
戦うことが必要であれば逃げないが、
楽しみはしない。
私は戦いのための戦いはしたくない」

　バフェットと並ぶ「三大投資家」の1人と言われるジョージ・ソロスとバフェットの違いは、「冷酷さ」「闘争心」にあるかもしれない。ソロスは「イングランド銀行を潰した男」とも呼ばれているが、こうした評判についてかつてこう言っている。

　「良心がとがめるために、ある行動を控えなければならないのなら、私は腕のいい投機家ではなくなってしまう」

　バフェットには、こうした激しい闘争心や冷酷さはない。バフェットも、かつてはサンボーン・マップの取締役会を相手に激しい論戦を挑んだこともあれば、デンプスター風車製造では冷酷な清算人と呼ばれたこともあったが、後者では地元民の激しい反発を経験して、「2度と同じことをしてはいけない」と自分に言い聞かせる面もあった。1980年代にソロモン・ブラザーズの取締役となったバフェットだが、社員の報酬を引き上げることに反対の立場でありながら、強硬に反対することはなかった。理由を、こう述べた。

　「争うのは好きじゃない。戦うことが必要であれば逃げないが、楽しみはしない。私は戦いのための戦いはしたくない」

　やかましく反対意見を立てて戦うこともできたが、流れが変わらないこともはっきりしていた。論争のための論争、戦いのための戦いはバフェットの望むところではなかった。

240

「月給1ドルで やります」

　1991 年に窮地に立つソロモン・ブラザーズを救済するために暫定会長に就任したバフェットが最初の記者会見に臨んだ際、報道陣は荒れ狂っていたという。ソロモンという巨大企業が不正を行ったという大事件をもっと大きなニュースにしようと、まるで野獣のように質問を浴びせたが、バフェット自身は案外、冷静だった。

　バフェットは分かっていることを正直に話し、記者会見を途中で打ち切るようなことはしなかった。1 時間以上が経ち、1 人の取締役が「ウォーレンは、いつ終わらせるつもりなんだ？」とチャーリー・マンガーに尋ねたところ、マンガーの答えは「終わらせたくないかもしれないね。これがウォーレンの策略なんだ」だった。

　さらに記者たちを驚かせたのが、「報酬はどれぐらいか」という質問への答えだった。バフェットは「月給 1 ドルでやります」と、取締役も聞いていない数字を口にした。それはウォール街の常識とかけ離れた金額だった。

　これほど正直に話されれば、追及のしようがなくなってくる。当初の熱気は失せ、質問も出なくなった頃を見計らってバフェットは記者会見を終了した。オマハに帰るためにビルの外に出たバフェットは、ソロモンでお馴染みの黒塗りの車ではなく、タクシーに乗った。バフェットは月給 1 ドルとタクシーによって、不正を招いた企業文化との絶縁を宣言した。

241

「手っ取り早く金が儲かると思って バークシャー・ハサウェイ株を 買ってほしくない。 まず、そんなことにはならない」

　バフェットは、バークシャー・ハサウェイの株主には自分たちと同じ考え方をする人になってもらいたいと考えている。バフェットの投資の基本は長期保有であり、株券ではなく、会社の一部を所有するつもりで投資をしている。

　同じことをバークシャーの株主にも求めている。つまり、バークシャーの株価の上下に一喜一憂し、チャンスがあれば売ってやろう、というような人には株主になってほしくないし、ましてやウォール街の住人がそうであるように、目先の株価を上げるためにリストラをするとか、無理な商売をするように要求する人も、株主にはなってほしくない。

　代わりにバフェットはバークシャーを長期にわたって成長し続ける、どんなことがあっても決して揺らぐことのない堂々たる企業へと成長させようとしている。そうすることでバークシャーの価格は「価値」に見合った株価になり、株主も長期にわたってゆっくりとではあっても、確実に豊かになることができる。バフェットは言う。

「手っ取り早く金が儲かると思ってバークシャー・ハサウェイ株を買ってほしくない。まず、そんなことにはならない」

「倍になるなどと思うような人間には買ってほしくない」

　バフェットは、バークシャーに相応しい人だけが株主になることを望んでいた。

「特定の用途に合わせて 設計された道具が 増えれば増えるほど、 使い手はますます 賢くならねばなりません」

　投資のようなたくさんの数字が飛び交う世界では、コンピュータは不可欠なはずだが、バフェットは「投資のため」のコンピュータには否定的だった。ある人が「財務データを分類するために、コンピュータプログラムを使うのはどうでしょうか」と提案したところ、バフェットの答えは「そんなことはやらないね」と素っ気なかった。コンピュータを使えば、低い株価収益率の企業や高い総資産利益率の企業が簡単に探し出せる。コンピュータがはじき出した企業の中から投資に値する企業を見つけるのは簡単だというのがその人の提案だったが、バフェットはこう考えていた。

「特定の用途に合わせて設計された道具が増えれば増えるほど、使い手はますます賢くならねばなりません」

　コンピュータのはじき出す数字は「一時的な現象」であり、その企業の長期にわたる将来性を反映したものではない。バフェットの投資で大切なのは今現在の価格と価値の差だけではなく、長期にわたる成長性であり、信頼できる経営者が経営をしているかどうかだった。これらは、コンピュータでは分からない。コンピュータがはじき出すままの投資ではなく、コンピュータを使わずとも、自分の目で投資チャンスを見極める。道具が発達すればするほど人は賢くあらねばならない。さもないと、道具の奴隷や番人になってしまう。

「チャンスがめぐって きた時にだけ、 行動するといいでしょう」

「休みなく相場を相手に勝負し、勝ち続けるのは不可能であり、またそうすべきではない」は「ウォール街伝説の投機王」と呼ばれるジェシー・リバモアの言葉である。リバモアは大恐慌の引き金を引いたと言われるほどの投資家だが、常に市場と関わり続けていたわけではなく、生涯で何度も持ち株を現金化して、取引を離れている。休みなく相場に張り付くのは無謀だというのがリバモアの考え方だった。

バフェットも、こう考えていた。

「チャンスがめぐってきた時にだけ、行動するといいでしょう」

バフェット自身、投資のアイデアが次々と湧いてくる時期もあれば、何も思いつかない時期もあったという。もし何か思いついたなら、実行すればいいし、何も思いつかなかったなら、無理に動こうとするのではなく、何もせずに次のチャンスを待てばいい、というのがバフェットの流儀である。

投資というと、とかく日々の株価を気にしながら、せわしなく売買を繰り返すイメージがあるが、現実にはそれほどたくさんのチャンスが転がっているわけではない。では、何もしないと困るのかというと、バフェットが言うように、投資では何が何でもバットを振る必要はない。焦らずに待つことが投資の成功には欠かせない。

244

「無知と借金が結びつく時、その結果は非常に興味深いものになることがある」

　成功のために必要なこと、それは自分のやっていることを十分に理解し、合理的に行動することだ。そして、自分の「能力の輪」を超えることには決して手を出さないことだ。

　バフェットは失敗した場合でさえ、そのいきさつをきちんと自分で説明できるようにしたいと考えていた。大切なのは自分が完全に理解していることをやることであり、それを徹底して素早くやれば成功を手にできる。一方、世の中にはブームに煽られて、あるいは専門家に勧められてなのか、「いまいち理解できない」けれども、大胆に打って出る人もいる。

　投資の世界におけるデリバティブについて、バフェットは早くから「いつの日か、それは大きな混乱を招くでしょう」と警告を発していた。そこには二重の危険性があった。

　一つは高度な金融理論を駆使しており、投資家のほとんどはその仕組みを理解できないままに「儲かりそうだ」という理由だけで手を出してしまうことだ。さらに、そこには自前の金以外にレバレッジがかかっている。バフェットは言う。

「無知と借金が結びつく時、その結果は非常に興味深いものになることがある」

　バフェットは過去、手持ちの25％以上の借金をしたことがないほど、借金を毛嫌いしている。自分が理解できないものに投資する怖さと、実際にやり取りする金額の何倍もの利益や損失が出る怖さ。無知と借金が結びつくと、愚かな集団が生まれることになる。

245

「そうしようと思えば、ドリスの債権者に200万ドルほどくれてやることもできた。しかし、そんなことはごめんだ」

　1987年10月19日、アメリカの株式市場は急落、「ブラック・マンデー」と呼ばれるようになるが、バフェットにとってそれは絶好の投資のチャンスでもあった。ところが、そんなバフェットの元に姉のドリスがデリバティブに関わって、所有するバークシャー・ハサウェイの株を全部売り払っても支払えないほどの損失を出したという連絡が入った。

　バフェットはドリスのような女性には、長期国債や地方債のような、リターンは低いが、絶対に安全な投資を勧めていたが、ドリスはあろうことか、バフェットが何年も前からその危険性を指摘、規制を強化するように言い続けていたデリバティブの売買に手を出していた。ドリスが母親のスージーに助けを求めると、バフェットから連絡が入った。しかし、それは投機家を救済する必要はないという厳しいものだった。ドリスにとっては残酷な仕打ちに映ったが、バフェットの理屈はこうだ。
「そうしようと思えば、ドリスの債権者に200万ドルほどくれてやることもできた。しかし、そんなことはごめんだ。だって、ドリスにこんなものを売りつけたブローカーの女は、このデリバティブに関わった全員を破産させたんだぞ」

　バフェットは200万ドルでドリスを助けることもできたが、それはドリスを破滅させた人間を利することにもなる。バフェットは他の方法で姉を助ける道を選んだ。

246

「高い利回りで
複利運用している人は、
20年後に行われる
慈善事業にお金を出す方がいいと
私は考えていたんです」

　バフェットがビル＆メリンダ・ゲイツ財団に多額の寄付をすると発表したのは、2006年のことである。バフェットとビル・ゲイツという、当時のアメリカにおける世界第一位と第二位の大富豪が慈善事業でタッグを組むことで、同財団の資産は莫大なものとなるだけに、非常に大きなニュースとなった。

　その後、バフェットに影響されたかのように、世界の大富豪たちも慈善事業に多額の寄付をするようになったところを見ると、バフェットの決断は見事であり、クリスチャン・サイエンス・モニター紙が報じたように、「慈善事業の黄金時代」の幕開けともなった。

　この決断によりバフェットへの評価はさらに高まることになったが、それ以前のバフェットは慈善事業にさほど熱心ではないと見られていた。バフェットと妻のスーザンは財団をつくり、そこから慈善事業に寄付をしていたが、持てる資産に比べて十分とは言えないと批判されることもあった。バフェットはその理由を、こう述べた。

「高い利回りで複利運用している人は、20年後に行われる慈善事業にお金を出す方がいいと私は考えていたんです」

　たしかにバフェットの複利式の考え方によれば、早い時期に慈善事業に寄付するよりも、たっぷりと増やしてから寄付する方がいい。バフェットには、その時間が必要だった。

「株式投資で楽に儲けられる この時期に、 わざわざ不動産を買う 必要はないよ」

「投資」というと、株式投資を思い浮かべる人が多いが、実際には不動産投資もあれば、金などへの投資もあり、どれを選ぶかは人それぞれだ。元アメリカ大統領のドナルド・トランプはニューヨークマンハッタンの開発で名を上げ、「不動産王」と呼ばれるようになった。「三大投資家」と呼ばれるジョージ・ソロスは通貨ポンドの空売りで名を馳せ、ジム・ロジャーズはいち早く東ヨーロッパや中国に投資したことで知られている。

いずれも有名な投資家だが、得意とする分野はさまざまだ。そして共通しているのは得意な分野に集中し、それ以外にはあまり目を向けないことだろう。その点でバフェットはさらに徹底している。ある時、友人に不動産の売買を手がけてみないか、と勧められたが、バフェットの答えはこうだった。

「株式投資で楽に儲けられるこの時期に、わざわざ不動産を買う必要はないよ」

バフェットは、株式投資だけで10兆円を超える個人資産を築き上げた人だ。他の10兆円超えプレーヤーが起業家であるのに対し、バフェットは自分が最も好きな、そして最も得意とする株式投資に集中することで大きな成果を上げている。

「成功に必要なのは集中」であるというのがバフェットの考え方だが、投資、それもアメリカを中心とする株式投資への集中こそがバフェット成功の秘訣だった。

248

「もし投資に数学が必要だとしたら、私はかつて携わっていた新聞配達の仕事に戻らなければならないでしょう」

　バフェットによると、ウォール街にはIQの高い人がごろごろいる。金融機関や証券会社なども大学の数学科を卒業した人たちを採用したがる傾向がある。金融商品の設計や投資銘柄の選択などには高度な数学の知識が求められるからだろうが、バフェット自身は「そんな必要はない」と言い切っている。こう話している。

「もし投資に数学が必要だとしたら、私はかつて携わっていた新聞配達の仕事に戻らなければならないでしょう」

　バフェットによると、投資で大切なのは「企業の真の価値」を知ることであり、一株当たりの純利益などを計算するには、割り算は必要だが、高度な数学の知識は必要ない。さらにこうも言っている。

「ベンジャミン・グレアムとフィリップ・フィッシャーの著書、そして目をつけた企業の年次報告書は必ず読んでください。でも、αとかβといったギリシャ文字が入った数式は無視してかまいません」

　農場を買収する時、必要なのは買収した農場がこれからどれだけの利益を稼ぎ出してくれるかだ。それを算出するためにわざわざ高度な計算ができる人間を雇ったりする必要はない、というのがバフェットの考え方だ。

249

「今の仕事を ほかの仕事と交換するつもりは まったくない。 政治家になれるとしても同じだ」

バフェットほどの知名度と資金力があれば、選挙に出れば多分、勝利することができる。実際、「選挙に出たらどうか」と勧められることも少なくないというが、本人は「今の仕事をほかの仕事と交換するつもりはまったくない。政治家になれるとしても同じだ」と言って否定している。

バフェットは常々、自分の仕事について「職業について言えば、私は世界一運のいい男です」と話している。今のやり方をする限り、自分の信義に反することはやらなくてもすむし、馬鹿げているとしか思えないこともやる必要はない。そんな幸せな仕事を捨てて、政治家になったなら、たしかに今はやらなくてすむことをたくさんやらなければならなるだろう。バフェットが政治家にならないのはよく分かる。代わりに、こう言っている。

「自分には政治的な野心はないが、議員の政策立案を手助けすることはできる」

たとえば、1990年代に連邦政府の財政赤字が急拡大した際、バフェットは「3%ソリューション」というアイデアを提唱している。予算の単年度の赤字幅がGDPの3%を超えたなら、その年に議員だった人は次の選挙に出られない、という提案だ。たしかにこれを実行すれば、議員たちは赤字を減らそうと真剣になるかもしれない。しかし、実行にはバフェットの言う「自らの利益を進んで犠牲にする聖人」が必要になる。

250

「儲けたいのなら、鼻をつまんで、ウォール街に行くことだ」

　バフェットは株式投資によって10兆円を超える資産を築き上げているが、人生の大半はオマハで過ごし、ウォール街とは距離を置いてきた。ウォール街的なやり方を「強欲」と批判もしていた。

　そのせいだろうか、もしビジネススクールでMBAをとったばかりの学生から「手っ取り早く金持ちになるにはどうしたらいいか」と質問されたら、こう答えると言っている。

　「私なら、ベンジャミン・グレアムやホレイショ・アルジャー（小説家。勤勉によって成功する物語が多く、アメリカン・ドリームを支えたと言われている）の言葉を引用したりはしません。ただ黙って鼻をつまみ、空いている手でウォール街の方を指さすだけです」

　バフェットがグレアムから学んだ投資のやり方は、ゆっくりとではあっても確実にお金持ちになり、ずっとお金持ちでいられるやり方だ。一方、ウォール街が目指すのは一夜にして大金持ちになるやり方だ。バフェットにとってウォール街よりも、自らが実践してみせたやり方の方がはるかに好ましいものだった。もっとも、そんなバフェットは1980年代にウォール街の代表的企業の1つソロモン・ブラザーズに投資し、取締役になっている。にもかかわらず「なぜウォール街を批判するのか」と聞かれたバフェットは、「罪滅ぼしのようなものだと思います」と答えている。

「今度はアメリカーの
長寿になろうかと思います」

　バフェットが10億ドルを超える資産を持つようになったのは60歳の時であり、そこからさらに爆発的に資産を増やしている。つまり、バフェットの資産の大半は、たいていの人間が定年を迎え、「資産を増やす」から、「資産を使う」へと生活スタイルを切り替える年齢を迎えてから築かれている。

　それだけにバフェットは年齢が何かをやる妨げになるとは微塵も考えていない。傘下のファニチャー・マートの「ミセスB」こと、ローズ・ブラムキンが94歳になった時、バフェットは彼女のためにも100歳定年制を撤回せざるをえないと話した。

　ミセスBがそうであったように、バフェット自身も「引退」などさらさら考えていない。バークシャー・ハサウェイの株主総会で、ある株主から「あなたはアメリカーの億万長者になりました。次は何を目指しますか」と聞かれたバフェットはこう答えた。

「そうですね、今度はアメリカーの長寿になろうかと思います」

　本気でその座を狙っているのか、2008年の株主総会でバフェットは20年後の会社の将来を口にしたが、その時、こう付け加えた。

「それから、世界最高齢の経営者がそこにいてくれたらと願ってやみません」

　長く生きること、現役であり続けることも、バフェットの偉大な才能の一つと言える。

252

「歴史書が成功へのカギだというのなら、フォーブス400社はすべて図書館司書で占められていることになっています」

　過去に学ぶというのは、とても大切なことだ。歴史に学び、過去の失敗から教訓を得ることで人は成長し、将来への備えもすることができる。しかし、それだけで将来の問題をすべて解決できるほどビジネスの世界は甘くない。

　バフェットは、こう話している。

「歴史書が成功へのカギだというのなら、フォーブス400社はすべて図書館司書で占められていることになっています」

「フォーブス」が毎年発表する優良企業400社のトップは、もちろん図書館司書ではない。では、どんな人物が理想なのだろうか。

　バフェットは自分が亡くなった後、バークシャー・ハサウェイの将来を託せる人物を、まだ起こっていないことも想像できる人だと言っている。

　長い間には、市場ではとんでもないことが起きるものだ。理不尽なこと、誰も想像すらつかなかったことも起きるだろうし、自分が引き起こした間違いによって、それまで積み上げてきたものを台無しにすることだって考えられる。そんな時、過去の教訓もたしかに役に立つだろうが、大切なのは前例のないリスクを見抜き、リスクに備え、それを避けることができるだけの知恵と力なのである。

253

「並外れたことをしなくても並外れた業績を達成することはできる」

アップルの創業者スティーブ・ジョブズやテスラの創業者イーロン・マスクと比べると、バフェットは地味に見える。しかし、その業績は並外れている。バフェットは言う。

「企業経営でも投資でも、私は同じようなことを感じます。並外れたことをしなくても並外れた業績を達成することはできる」

バフェットの知人の一人に、ウォルター・シュロスがいる。ニューヨーク金融協会でベンジャミン・グレアムの夜間コースを受講、その後、グレアム・ニューマン社で働いた後、個人で投資を行っている。業績は驚嘆するほどだが、シュロスは何か特別な情報源を持っているわけではなく、あくまでもグレアムのやり方を忠実に守り続けているだけだという。

バフェットによると、シュロスは冊子から必要な数字を探し出し、年次報告書を取り寄せ、「1ドルの価値がある事業を40セントで買えるなら、何か私にとって良いことが起きるかもしれない」と信じて、100以上の銘柄に分散投資を行っている。シュロスはそれを何度も何度も繰り返すことで素晴らしい運用実績を上げている。バフェットはシュロスのことを「我々は皆、ウォルターの運営スタイルを学ぶべきです」と讃えている。

並外れた業績を残すためには並外れたことをしなければと考えがちだが、せっかちにならず、原則に忠実にやるべきことやるだけでも人は並外れた業績を上げることができる。

254

「株式市場というのは、
誰かが、
ばかげた値段を
つけていないかどうかを
確認する場所に過ぎません」

一般的な投資家とバフェットの一番の違いは、株価の変動への関心の強さにある。ほとんどの投資家にとって日々の株価の変動は気になるものだ。上がれば嬉しいし、下がれば悲しくなり、「このまま持っていて大丈夫か」という不安にさいなまれる。

一方、バフェットが関心があるのは「企業の価値」であり、「株価」ではない。仮に企業に投資した後、しばらくの間、株式市場が閉鎖されても平気だというのがバフェットの考え方だ。理由はこうだ。

「株式市場というのは、誰かが、ばかげた値段をつけていないかどうかを確認する場所に過ぎません。私たちは株式投資を通じて、企業に投資しているのです」

つまり、多くの投資家が株価の変動を気にしながら買ったり売ったりするのに対し、バフェットの場合は、自分たちの能力の輪の中にある企業に的を絞って、経営陣は優秀か、好きになれるか、強いブランド力はあるのかを調べ、その企業に株式市場がどんな価格をつけているのかが投資の判断基準となる。

株式市場は、時にばかげた値段をつけることがある。企業の価値に比べてやたらと高い価格をつけることもあれば、価値よりもかなり低い価格をつけることもある。その瞬間がバフェットの出番となる。

「投資とは、知能指数160の人間が130の人間を倒すゲームではないからです。合理的かどうかが問題です」

　投資の世界には驚くほど知能指数の高い人間が山といる、というのがバフェットの見方だ。その一人といっていい元ソロモン・ブラザーズのジョン・メリウェザーは1994年、自分のヘッジファンド、ロングターム・キャピタル・マネジメント（LTCM）を立ち上げた。開業に先立ちメリウェザーはバフェットを訪ねて、出資を依頼した。

　メリウェザーによると、資本の25倍の借り入れを使って、無数の取引を重ねることで、利益を獲得する戦略だった。バフェットと一緒に話を聞いたチャーリー・マンガーはメリウェザーのことをこう評した。

「非常に頭のいい連中だと思った。しかし、複雑すぎるのとレバレッジに、ちょっと疑いを抱いた。とはいえ、LTCMの連中の知恵は大したものだと思った」

　バフェットは出資を断ったが、メリウェザーという天才とともに投資する手法に惹かれて12億5000万ドルが集まり、史上最大のヘッジファンドが誕生することになった。しかし、その結末はバフェットが危惧した通り、悲惨なものだった。バフェットは言う。

「ロケット工学で博士号をとる必要はありません。投資とは、知能指数160の人間が130の人間を倒すゲームではないからです。合理的かどうかが問題です」

　投資は単なる知能ゲームではない。性格や合理性も大きな役割を果たすことになる。

256

「事業の成功例よりも、失敗例のほうが得るところが大きいのではないかと感じることがよくあります」

　ハーバードなどのビジネススクールでは世界中の企業の成功事例について講義が行われる。成功するためには何が必要か。岐路に立った時、どのような選択をすることで成功を手にしたのか。こうした事例研究を通して、ビジネスの世界で成功するためのノウハウを身に付ける。

　人は失敗に学び、成功に学ぶことで成長し、成功へと近づいて行くわけだが、バフェットは成功と失敗のうち、失敗の方がむしろ価値があると考えている。

「事業の成功例よりも、失敗例のほうが得るところが大きいのではないかと感じることがよくあります。ビジネススクールでは成功例を教えることになっているそうですが、私のパートナーのチャーリー・マンガーは自分が知りたいのはいつどこで死ぬかだけだと申しております。そうすれば、あとはそこを避けて通るのだそうです」

　日本のトヨタ自動車に「失敗のレポートを書いておけ」という言い方がある。モノづくりにおいては成功例というのは、モノがあるだけに分かりやすい。一方、失敗というのは往々にして隠されがちで、忘れ去られることが多い。これでは失敗から何も学ぶことができなくなるので、失敗した社員には「失敗のレポート」を書くことを求める。そうすることで失敗はみんなの共有財産となり、2度と同じ失敗をしないための学びとなる。

　成功者は失敗の価値を知り、失敗から学ぶことでより大きな成功を手にする。

「私どもは買収にあたり、
スタッフを使いません。
また交渉にあたっては、
コンサルタントや投資銀行、
商業銀行の手も借りません」

　企業というのは成長するにつれ、間接部門の人間や本社スタッフの数が肥大化する傾向があるが、バークシャー・ハサウェイの場合は例外だった。ある企業を買収しようとした時、スタッフがつくった内部資料の提出を当局に求められたが、チャーリー・マンガーは「そんなの無理だよ」と断っている。理由はこうだ。

「そもそも内部資料なんてないし、仕事を手伝うスタッフもいないんだから」

　1986年、バークシャーは「会社買います」という広告を新聞に掲載したが、そこには「私どもは買収にあたり、スタッフを使いません。また交渉にあたっては、コンサルタントや投資銀行、商業銀行の手も借りません。交渉の席につくのは、バークシャーの副会長であるチャーリー・マンガーと、私ウォーレン・バフェットだけです」と書かれていた。

　同年、バフェットはジョン・グッドフレンドの依頼でソロモン・ブラザーズの優先株を7億ドル購入しているが、その際、バフェットはスーツケースも持たずにたった1人でニューヨークに飛んでいき、ソロモン・ブラザーズの弁護士のオフィスでグッドフレンドと会い、握手を交わして、契約に合意している。バフェットにはスタッフや専門家による事前交渉も、大勢の取り巻きも必要なかった。決めるのはバフェット1人、交渉もバフェット1人で十分だった。バークシャーは、肥大した間接部門とは無縁だった。

258

「それで私は悪夢を見るようになった。朝になると、1兆円じゃなくて1000兆円と入力していたことが分かる」

　2005年12月、東証マザーズ市場に新規上場した総合人材サービス会社のジェイコムの株式に置いて、みずほ証券の担当者が「61万円1株売り」とすべき注文を「1円61万株売り」と誤ってコンピュータに入力、株式市場を混乱に陥れたことがあった。

　1986年、バフェットはソロモン・ブラザーズの優先株を7億ドルで購入、その後、チャーリー・マンガーとともに同社の取締役に就任しているが、同社の業務を見ながら、コンピュータがリスクを増大させる恐れがあることを認識した。

　ある時、ガイコの再建に尽力したジャック・バーンの息子で、ソロモンで外為業務を担当していたマーク・バーンに「コンピュータに入力できる数字に、取引の規模に関する制限はあるのかな？　君が間違いを犯したら、コンピュータは逆らうのか？」と質問したところ、答えは「いくらでも望む数字を入力できますよ」だった。バフェットは、こう考えるようになった。

「それで私は悪夢を見るようになった。朝になると、1兆円じゃなくて1000兆円と入力していたことが分かる」

　人間がやる以上、そこにヒューマンエラーはつきものだ。過ちを犯す恐れのある人間と、判断力を持たないコンピュータが組み合わさると、時に物事が暴走して制御不能となるのではないか。バフェットはソロモンの経営陣にそう伝えたが、何も変わらなかった。

259

「息子には、バフェットという名字を すべて小文字で書くように言ってあります。 そうすれば有権者はみな、 大文字のないバフェットだから資金もない、と 気付いてくれると思ったのです」

　バフェットの父親ハワードは下院議員を務めたが、バフェット自身は政治家になるつもりはまったくなかった。政治家の血を引いたとすればバフェットの長男のハワード・グレアム・バフェットだ。

　祖父と同じく共和党員を自称するハワードがオマハの郡行政委員会委員に立候補した際、有権者たちは「バフェット」という名字を見て、さぞかし豊富な選挙資金があるのだろうと考えた。ところが、バフェットはかねてより息子に過度の財政支援は行わないことを公言していた。こんなことを口にした。

　「息子には、バフェットという名字をすべて小文字で書くように言ってあります。そうすれば有権者はみな、大文字のないバフェットだから資金もない、と気づいてくれると思ったのです」

　英語で大文字は「Capital letter」と書く。「Capital」には「資本」という意味もあるが、小文字で書くことで「資本はない」と有権者が思うだろう、というバフェットなりの言い分だ。資金援助はなかったものの、母親のスージーが選挙運動を手伝ったことで、家族で息子を支えているという印象を与えることができ、ハワードは無事当然することになった。バフェットも、ハワードの当選を我が事のように喜んだという。

260

「優先株だということで投資しましたが、 それがそもそもの失敗でした。 素晴らしい事業だと判断して 投資したわけではなかった、 ということです」

　2000年に行なったジョージア大学の講演で、「どんな過ちを犯したか？」と聞かれたバフェットは、①バークシャー・ハサウェイ、② USエアー、③シンクレアのガソリンスタンド——を挙げた。

　失敗に共通しているのは、買った時点でそれなりの考えはあったにせよ、決して素晴らしい会社ではなかったということだ。なかでも問題はUSエアーだった。1989年、バフェットはバークシャーのために絶対に儲かるからとUSエアーを含む3社の転換優先株を購入したが、USエアーは約束されていた利回り9％超の配当金もしばらくして支払われなくなり、株価も急落した。バフェットは失敗を認め、こう述懐した。

　「優先株だということで投資しましたが、それがそもそもの失敗でした。素晴らしい事業だと判断して投資したわけではなかった、ということです。素晴らしい事業なんて、この世の中にそう多くはありません」

　USエアーは、完全に過去の遺物だった。バフェットは素晴らしいビジネスをそこそこの価格で買うことを好むが、USエアーの場合はビジネスに問題があったにもかかわらず、その点を見逃していた。投資で成功するためには他の条件以上に、その事業が本当に素晴らしいかどうかを見極めることが必要になる。

「大事なのは、商品そのものが長期間持ちこたえられるかどうかを考えることです。その銘柄を買うべきか売るべきかを延々と考えるよりも、はるかに実りが大きいとは思いませんか」

株式投資を行う時、たいていの人は株価の動きを見ながら「今は買い時か」を判断しようとするが、バフェットはそれよりももっと見るべき点があると指摘している。

「大事なのは、商品そのものが長期間持ちこたえられるかどうかを考えることです。その銘柄を買うべきか売るべきかを延々と考えるよりも、そちらの方がはるかに実りが大きいとは思いませんか」

バフェットが好んでやまないコカ・コーラには、「物語」がとても多い。コカ・コーラを今日のような世界的な飲み物、アメリカの国民的な飲み物に育て上げたのはロバート・ウッドラフだ。第二次世界大戦中、ウッドラフはコストを度外視してどの戦地でも兵士が5セントでコカ・コーラを買えるようにあちこちの戦地に工場をつくったが、そこでは兵士たちとコカ・コーラのたくさんの物語が生まれている。

バフェットによるとコカ・コーラが株式を公開した1919年に初値40ドルで株を勝った人が途中の価格変動を無視して持ち続け、配当もすべて再投資していれば、82年には180万ドルの価値を持つことになったという。見るべきは日々の株価の変動ではない。企業の持つ商品がどれほどの価値を持ち、それは10年、20年と価値を持ち続けるものかどうかである。

262

「私たちは、毎日、 8時間から10時間、 読んだり、考えたりしました」

　バフェットが投資にあたって重視しているのは、たくさん読むことであり、じっくり考えることだ。こうしたことをするうえでオマハは、うってつけの場所らしい。こう話している。

「ここでは、じっくりモノが考えられます。市場についての考えが、都会にいる時よりもまとまるのです。余計な雑音が入ってこないので、目の前にある銘柄に神経を集中させることができるんですね」

　そんな強みが発揮されたのが1998年、バフェットも縁の深いジョン・メリウェザーが設立したLTCMがアジア通貨危機と、ロシア財政危機の影響で崩壊寸前に陥った時だ。LTCMは欧米の金融機関から投資された資金を元手に、25倍のレバレッジをかけて多額の資金を運用していたうえ、1兆ドルを超える取引契約を世界の金融機関と締結していた。そのためLTCMが崩壊すると、世界の金融市場に大きな影響を与え、恐慌に突入する恐れさえあった。この時、バフェットは何をしていたのか？　こう話している。

「ロングターム・キャピタル危機の時には、チャンスが山ほどあることが分かっていましたので、私たちは、毎日、8時間から10時間、読んだり、考えたりしました」

　世界の金融機関が恐怖におののく中、バフェットはウォール街から離れた場所で「読み、考え」ていた。この姿勢こそが、危機にあっても冷静にチャンスをつかむ秘訣である。

263

「ほとんどの経営者は 口は達者でもやることが追いつかず、 アメばかりでムチが少ない 報酬システムを選ぶのです」

　バフェットはCEOたちの報酬に厳しい目を向けている。但し、バフェットと同じように年間10万ドルで働けというわけではない。バフェットはバークシャー・ハサウェイの経営者が得る賞与に上限を設けているわけではないし、むしろ優秀な経営者は年齢に関係なく相応しい報酬を手にするべきという考え方だ。

　問題は1990年代に加速するようになった「貪欲」すぎる報酬体系で、それが株主に損害を与えているというのがバフェットの見方である。1991年、バフェットは北米の代表的な製靴企業H・H・ブラウンを買収したが、同社の報酬システムは、主な経営陣は7800ドルの年俸と、資本勘定への繰り入れ後の収益について一定割合の配分を受け取るという仕組みになっている。

　つまり、経営陣は株主と同じ立場にいるということで、バフェットはこれを「心温まる報酬システム」と呼んでいる。現状、多くの企業はこれとは正反対で、「ほとんどの経営者は口は達者でもやることが追いつかず、アメばかりでムチが少ない報酬システムを選ぶ」ようになっている。

　能力や成果に相応しい報酬を得るのは、当然のことだ。しかし、さしたる業績も上げることなく、株主に負担をかけるだけの報酬を得るのはバフェットには許しがたい行為だった。

264

「ちょくちょく流行する強力な伝染病である『恐怖』と『強欲』は、投資の世界においては永遠に収まることがありません」

　バフェットによると、株式市場では時に「強欲」、時に「恐怖」という伝染病が流行ることになる。1929年の大恐慌のような事態に陥れば、多くの投資家が富を失い、恐怖にかられることになるが、バブル景気の時のように株価が上昇している時には、「陶酔した人々」が目立つことになる。理由は、こうだ。

「強気市場に参加するほど人を陽気にさせるものはありませんが、それは、強気市場の下では投資先がぱっとしない業績であっても、投資家たちは利益を享受することができるためです」

　そこでは多くの人が「強欲」という病にとりつかれるが、バフェットがいつも言うように、株価がいつまでも企業価値を大きく超えて過大評価されることはない。永久に伸び続けない以上、いつかは終わりが来ることになる。

　但し、バフェットは「恐怖」や「強欲」がいつ流行するのか、いつ収まるのかを予測することはない。バブルが弾けること、大きな問題が起きることは分かっていても、それがいつになるかは分からない。バフェットにとって大切なのは、みんなが強欲に取りつかれている時はできるだけ慎重に行動し、みんなが恐怖におののいている時は積極的に行動するだけのことだ。

265

「バフェットからの手紙第4版」

「業界や企業の分野によっては、『肥える者だけが生き延びる』という自然の法則が成立しますが、ほとんどの場合、それは永遠ではありません」

　アマゾンやグーグルといった企業が、利益を度外視してでも成長にこだわったのは、IT業界においては圧倒的なシェアを握った企業が強者であり続けることができるからだ。猛スピードで成長すれば、ライバルは決して追いつくことはできないし、株価も急上昇し、利益は後からいくらでもついてくることになる。

　IT業界に限らず、かつてのアメリカには自動車におけるゼネラル・モーターズや、コンピュータにおけるIBMのように何十年にもわたって「世界の巨人」であり続けた企業がある。バフェットは飲料業界の巨人コカ・コーラのことを「インエビタブルズ（必要不可欠な企業）」と呼んでいるが、では、世界的に高いシェアを持つ巨大企業がすべて「インエビタブルズ」かと言えば、そうではない。こう言っている。

　「業界や企業の分野によっては、業界のリーダーが実質上最強の優位を得てトップに君臨するものであり、その結果『肥える者だけが生き延びる』という自然の法則が成立しますが、ほとんどの場合、それは永遠ではありません」

　「インエビタブルズ」に見えても、今は波に乗っているだけで、実は競争に弱い「詐称者（さしょう）」もいれば、時代の変化に遅れをとって「過去に繁栄した企業」になるところもある。企業が強くあり続けるというのは本当に難しい。

266

「私たちにとっての賢明な振る舞いとは、『積極的には動かない』ことです。買ってしまえば、あとはその企業が良い状態を保っていることを監視してさえいればよいのです」

　バフェットにとって、ベンジャミン・グレアムの『賢明なる投資家』はまさにバイブルと呼べる本である。そこから本格的に投資家としてスタートしたバフェットがバークシャー・ハサウェイの株主に向けた手紙の中で「賢明な投資」について、こう書いている。

「私たちにとっての賢明な振る舞いとは、『積極的には動かない』ことです。投資家が望むものは、有能な経営者が素晴らしい財務状態で運営する企業の株式を、それに見合った価格で買うことです。買ってしまえば、あとはその企業が良い状態を保っていることを監視してさえいればよいのです」

　つまり、多くの投資家がやっているように、日々の株価の動きを追いかけて、頻繁に売買を繰り返したり、人気の企業を求めて、次々とポートフォリオを入れ替える必要はないということだ。では、その結果はどうなるのか。こう言っている。

「こうした投資手法をきちんと実行できれば、初めは少量の株式が、ほとんどの場合いずれもその投資家のポートフォリオの非常に大きな部分を占める銘柄に成長するものです」

　アメリカン・エキスプレスやコカ・コーラのような株を買い、それを長く持ち続ける。そうすればそれぞれの企業は着実に成長し、利益を生み、株価も徐々に上昇することになる。これが、バフェットの言う「積極的には動かない」結果である。

第5章

バフェットの
71歳から

ウォーレン・バフェット
賢者の名言

267~365

2000 年以降のバフェットは、ジェフ・ベゾスが「やはりウォーレンの言うことには耳を傾けるべき」と評したように、多くの人にとって「耳を傾ける存在」になっている。

さらに2004年に株式公開をしたグーグルの創業者ラリー・ペイジとサーゲイ・ブリンが証券委員会に提出した、自分たちの経営姿勢を示す手紙の中で、「経営チームがさまざまな短期的な目的に気を散らすのは、ダイエット中の人が30分ごとに体重計に乗るのと同じくらい的外れなことです。ウォーレン・バフェットは言っています、四半期や1年の業績を『私たちが平らにすることはない』」と書いたように、企業のあるべき姿を教えてくれるのがバフェットでもある。

この時期、バフェットの影響力はさらに増していくことになった。

2006年には資産の大半をマイクロソフトの創業者ビル・ゲイツとメリンダが運営する財団に寄付することを発表、当時、世界的な課題となっていた「99対1」という広がり続ける富の格差問題にも積極的に発言している。専門の投資の世界でもサブプライムローンやデリバティブの脅威について早くから警鐘を鳴らすなど、「強欲」がもたらす多くの問題について発言し続けている。

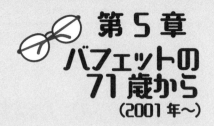

第5章
バフェットの
71歳から
(2001年〜)

投資における 2000 年代に入ってからの特徴は
①アメリカ以外の国々への投資
②アップルやアマゾンへの投資
③自社株買い
などを挙げることができる。

バフェットはジョージ・ソロスやジム・ロジャーズと違ってアメリカ国内中心の投資を続けてきたが、2000 年代に入ってから韓国やイスラエル、イギリスや中国といった国の企業への投資も行うようになり、2020 年には日本の 5 大商社への投資も行っている。また、それまで避けてきた IT 業界への投資も行うようになり、なかでも自社の取締役の iPhone への愛着がきっかけとなったアップルへの投資は巨額で、今やバークシャー・ハサウェイのポートフォリオの大きな部分を占めるほどになっている。

また、世界的なコロナ禍でエレファント級の投資先が見つからなかったこともあるのだろうが、自社株買いを行ってもいる。そして 2022 年には長年の関心事だった後継者問題にも決着をつけているが、現在のところバフェットに衰えは見えず、まだこの先何年もバークシャーを率いることが期待されてもいる。「世界一の投資家」は、かつて言っていたように「世界一の長寿」になるのだろうか。

「スノーボール」

「慈善事業の人材を探すのは、投資の人材を探すよりもさらに重大です」

　バフェットは、バークシャー・ハサウェイ傘下の経営はそれぞれの経営者にほぼ任せきりだが、それができるのは彼らの誠実さ、能力に全幅の信頼を置いているからだ。邪悪な人と組んで事業がうまくいくことはない。だからこそ、バフェットは誰と組むか、誰に任せるかにはとても慎重だし、人選には細心の注意を払っている。

　バフェットはこれと同じ原則を、慈善事業にも持ち込んだ。バフェットは、元々は妻のスージーと共同で「バフェット財団」を設立、運営していたが、2006 年 6 月、自身が持つバークシャー・ハサウェイ株の85％の 6 分の 5 をビル＆メリンダ・ゲイツ財団に寄付するという決断をした。残る 6 分の 1 は、バフェットの子どもたちの財団などに贈られる。バフェットはこの決断をとても論理的なことだと説明した。

　50 年前、バフェットがオマハに帰って設立した小さなパートナーシップに 7 人の人が 1 万 5000 ドルを出してくれたが、それはバフェットの方が上手に運用してくれるという判断によるものだった。慈善事業の人材を探すのは、投資の人材を探すよりもさらに重大だ。バフェットは、自分よりも上手に富を分配してくれる人に財産を委ねることにした。

　何かを委ねるのなら、心の底から信頼している人に任せる。それは投資でも、事業でも、慈善事業でも変わることのない原則だった。

268

「危機に際して
現金に勇気が加わると、
その先は計り知れない」

　先が見通せない不確実な状況の中で投資で成功するためには「資金と勇気が必要だ」というのは、バフェットの師であるベンジャミン・グレアムの言葉だ。

　バフェットも同じ考え方をしている。

「危機に際して現金に勇気が加わると、その先は計り知れない」

　1990年代後半から2000年前半までのITバブルが弾け飛んだ時、ほとんどの投資家は大ケガを負い、かつ先が見通せない状況で次の一手を打てないでいた。しかし、バフェットは自分の論理性、資金、勇気に自信を持っていた。

　今やシケモクと化したジャンク債を購入したほか、「大衆のお尻を引き受けます」とダジャレを言って下着メーカーのフルーツ・オブ・ザ・ルームを買い、ほかにも額縁メーカーのラーソン・ジュールや子供服を製造しているガラン、台所用品のパンパード・シェフなどを次々と買収した。

　大切なのは、自分の判断に絶対の自信を持てるかどうかだ。自信と勇気があれば、マスコミがどんなに危機をあおろうが、ウォール街で悲観論が支配しようが関係なかった。的確な判断と自信と勇気、そして資金があれば、危機だってビジネスチャンスに変えることができる。バフェットには、他の会社に欠けていた先見性や資金、勇気のすべてが揃っていた。

269

「あなたに会いに来た人の体重が、150キロから180キロの間だったら、ひと目見ただけで、その人が太っていることは分かります」

　バークシャー・ハサウェイの株主総会に出席した1人の投資家が、バフェットが中国の国営石油企業ペトロチャイナの株の1.3%を4億8800万ドルで取得するにあたり、年次報告書を読んだだけで他の調査なしに決断したという件について、「なぜ年次報告書だけをもとに、投資できるのですか？」と質問したことがある。

　バフェットの答えは明解だった。

　「分析を深める理由はありません。株を買うべき時に、分析を深めるのは、時間の無駄です。小数点第3位まで計算するというのは、いい考えではありません。あなたに会いに来た人の体重が、150キロから180キロの間だったら、ひと目見ただけで、その人が太っていることは分かります」

　バフェットは同社の2002年と2003年の年次報告書を読み、自分がよく知るエクソンなどの石油会社と比較、同社の価値を1000億ドルと査定した。それに対して株式市場での価値は350億ドルと、会社の価値が株価をはるかに上回っていると分かれば、あとは同社の株を買うだけで良かった。時には分析が必要なこともあるだろう。しかし、なかにはその必要がないにもかかわらず、やたらと分析に時間をかけてせっかくのチャンスを失う人もいる。成功に必要なもの、それは素早い判断と迅速に行動を起こす実行力なのだ。

270

「判断というのは、5分でたやすくできるものです」

　答えの出ない悩みや問題を前に、あれこれと思いを巡らし、ただ時間だけが過ぎていくという経験をした人は、多いのではないだろうか。人間にとって有限の資源である時間をどう使うかによって、人の生き方や成果は大きく違ってくることになる。

　バフェットの息子ハワードによると、バフェットは芝刈機が操作できず、芝を刈ったり、生け垣を手入れしたり、車を洗うことがなかったという。代わりにバフェットは持てる時間のほとんどを投資のために使っている。そして投資においても、あれこれと思い悩んで時間を浪費することはしない。

「まだ判断のしようのない事柄について、あれこれと考えて時間を無駄にすることは避けるようにしています。判断というのは、5分でたやすくできるものです。そんなに複雑なものではありません」

　買収の提案に対しても、ごく短時間で返事をしている。「話を持ち帰って」などと面倒なことはせず、イエスなら「イエス」とその場で伝え、「ノー」の場合は相手が話している途中でもさえぎって、そう告げる。一見、失礼な行為に思えるが、自分の時間を大切にするように、相手の時間も大切にしたいというのがバフェットの考え方だ。成果を上げる人は、いつだって時間が有限であること、大切なものであることを知っている。

271

「愛して欲しいと思っている人間のうちどれほどの人間に実際に愛してもらっているかどうかが、人生の成功の度合いを本当に測る物差しになる」

　人生の成功は何によって測られるのか。学生たちから「最大の成功と最大の失敗は何ですか」と質問されたバフェットは、資産の大きさではなく「愛」こそが物差しになると話した。

　「私ぐらいの年齢になると、愛して欲しいと思っている人間のうちどれほどの人間に実際に愛してもらっているかどうかが、人生の成功の度合いを本当に測る物差しになる」

　お金で手にできるものはたくさんある。成功をねぎらう晩餐会を開いてもらうこともできれば、寄付金を出すことで自分の名前を冠した病院や大学の教室をつくることもできる。セックスも晩餐会も自分を讃える自伝だって、金を出せば買うことができる。

　ところが、たった一つ買えないもの、それが愛だという。たとえば100万ドル分の愛を買いたいと言ったところで、本当の愛を手にすることは難しい。莫大な資産を手にしているのに、世界中の誰からも愛されていないほど悲しいことはないし、そんな人生は大失敗だというのがバフェットの考え方だ。

　バフェットは熱心なプロポーズによってスージー・トンプソンを射止めたが、仕事一筋の人生の中で妻が45歳で家を出て行くという苦い経験をしている。その後、奇妙な三角関係が続くことになるが、それも2004年のスージーの死によって終わることになった。バフェットにとって「愛」は、分かりづらく厄介な存在だった。

「1階から100階へ上がって、98階まで戻ると、1階から2階へ上がった時よりも不満に感じるものだ。だが、そういう気持ちは抑えなければならない」

　人間の欲には限りがない。成功してたくさんのお金を手にすると、そこで満足するのではなく、もっとたくさんのお金を望み、権力や名誉なども追い求めることになる。

　さらに厄介なのは、地位も名誉もお金も手にした人が、いつまでもその地位を去ろうとしなかったり、引退しても「権力者のまま」の振る舞いを続けることだ。

　コーポレート・ガバナンスなどが厳しく言われるようになると、企業のCEOでありながら、かつてのような好き勝手な振る舞いができなくなり、批判されたり、損をすることが増えたと不満を漏らす人が増えてきた。100階にいてすべての人を見降ろしていたのに、98階まで引きずり降ろされたようだ、という不満である。

　そんな不満の多いCEOたちにバフェットは、「まだ98階にいるのだから、そういう不満な気持ちは抑えなければならない」と忠告していた。たとえ少しくらい窮屈だとしても、家族がいて、健康で、世界のために役立つことができるのなら、恨みつらみを並べるのではなく、むしろ感謝すべきだ、というのがバフェットの考え方だった。

　頂点を極めた人の階段の下り方は難しい。バフェットは、大統領在任中はさしたる成果は上げられなかったものの、退任後に人権外交に尽くし、ノーベル平和賞も受賞したジミー・カーター元大統領の、過去を振り返らず、前方を見据える生き方を尊敬していた。

273

「インターネットを
制する者が
戦いを制する」

　バフェットにとって保険会社のガイコは、やはり特別な存在である。
1950 年、コロンビア大学の学生時代にガイコ本社を訪問、そのビジネ
スモデルの素晴らしさに圧倒されたバフェットは即座にガイコへの投資
を決断している。

　その後、一旦は縁が切れたものの、バフェットはガイコから決して目
を離すことはなく、1976 年にガイコが経営危機に陥った際にバフェッ
トは再びガイコ株を購入。ソロモン・ブラザーズの CEO ジョン・グッ
ドフレンドの力を借りて、同社を危機から救っている。1996 年、バー
クシャー・ハサウェイは同社の全株式を取得、傘下に収めているが、以
後もバフェットは同社に注意を払い続けている。

　ガイコの投資実績は満足のいくものだったが、唯一の不安は「イン
ターネットでの自動車保険販売」という点でライバルに負けていること
だった。バフェットは早くから「インターネットを制する者が戦いを制
する」と考えており、元マイクロソフトのシャーロット・ガイマン（バー
クシャー取締役）をガイコに派遣、ウェブサイトの改善などを推し進め
た。ガイコに全幅の信頼を置いてはいるものの、インターネットでの自
動車保険販売でライバルに負けるようでは将来が見通せなくなってしま
う、というのがバフェットの見方だった。バフェットは、インターネッ
トの将来性をしっかりと理解していた。

「『なぜ自分は現在の価格で この会社を買収するのか』という題で、 一本の小論文を書けないようなら、 100株を買うことも やめたほうがいいでしょう」

　投資には確固たる理由、それも自分の頭で考えた理由が必要だというのがバフェットの考え方だ。しかし、現実にはとても多くの人が「値上がりしているから」「専門家が推奨しているから」といった、ごく単純な理由で買い、また逆の理由で売ったりしている。

　バフェット自身、初めての株式投資は「父親が推奨しているから」という理由で購入しているし、学生時代を含めてしばらくは「グレアムが買っているから」とグレアムを意識することがしばしばだった。しかし、やがて自分流の投資手法を身に付けてからは、何より「自分の頭で考える」ことを重視するようになった。投資には「なぜ」が欠かせない。バフェットは学生や投資家に、こうアドバイスしている。

『なぜ自分は現在の価格でこの会社を買収するのか』という題で、一本の小論文を書けないようなら、100株を買うこともやめたほうがいいでしょう」

　投資には確固たる理由が欠かせない。それは「○○が買ったから」「○○が推奨しているから」などではない。自分で調べ、自分で考えた確固たる理由が必要だ。「どの銘柄を買い、なぜその銘柄を買うのか」と自分で自分に問いかけてみるといい。それに対する納得のいく答えがなければ株になど手を出す資格はないが、反対に確固たる理由さえあれば、周囲の声など気にする必要もないのである。

275

「みなさんが苦しむ時は
私たちも苦しみ、
私たちが利益を謳歌する時は
みなさんも同様に
謳歌しているのです」

バフェットは20代でパートナーシップの運営を始めて以来、顧客とは「共に喜び、共に苦しむ」をモットーとしている。それは、バークシャー・ハサウェイの株主との関係についても言えることだ。

株主への手紙で「農地やマンションを家族と共同で所有する場合のように、無期限で付き合っていこうと考える企業を部分的に所有しているのだという、明確なイメージを持っていただきたいのです」と書いているように、バフェットはバークシャーの株主には簡単に株を売却するのではなく、自分の資金をバフェットに委ね、長い目でその結果を見守ってくれることを望んでいた。

もちろん、そのためにはバフェットたち経営陣の姿勢も問われることになる。株主をパートナーと考えるバフェットは、自らの姿勢についてこう明言している。

「バークシャーの株主である限り、みなさんの利益面での運命はチャーリーや私と同じだということです。つまり、みなさんが苦しむ時は私たちも苦しみ、私たちが利益を謳歌する時はみなさんも同様に謳歌しているのです」

バフェットもマンガーも、資産のほとんどをバークシャーの株で保有している。株主に長期保有を望むのなら、経営陣もその信頼に応えるだけの経営姿勢が求められることになる。

276

「私たちはかねてから、アメリカ国外にもバークシャーをアピールしたいと願っていました」

　バフェットの投資先はあくまでも米国中心であり、アメリカ以外の国の企業に大型投資を行ったのは、この発言の前年の 2006 年、40 億ドルを投じて、イスラエルの切削工具メーカー、イスカルを中核とする IMC グループの 8 割の株式を取得したことである。

　投資を持ちかけたのは IMC 側である。イスカルの持つ技術は素晴らしいものだったが、IMC としては世界最大手のスウェーデンのサンドビックを追撃するためには、アジアなどでの M&A が欠かせなかった。しかし、そのためには資金はもちろんだが、企業の知名度も欠かせなかった。

　そのために IMC が頼ったのが、バークシャー・ハサウェイである。バークシャーの資金力と、バフェットの知名度、さらには買収してもその経営者に経営を任せるという考え方は、IMC にとっては最高のパートナーだった。そして、これはバフェットにとっても望むところだった。

　当時、バフェットは 70 代半ば過ぎであり、元気なうちに、可能な限りバークシャーを大きくし、「アメリカ国外にもバークシャーをアピールしたい」と願っていただけに、IMC からの申し出はまさに渡りに船だった。バフェットはアメリカの未来を誰よりも信じているが、世界には投資に値する企業がたくさんあることも理解していた。

277

「定まったロードマップを描くことはできません。しかし知恵を磨くことはできます」

バークシャー・ハサウェイの株主総会で、23歳の若者が「今後50年、または100年の間に最高の投資のチャンスとなるのは何でしょうか？」と質問したところ、バフェットはいくつかの話をした後で、こう締めくくった。

「チャーリーと私はいろいろな方法で、お金を儲けました。その中には、30年前や40年前には予想もできなかった方法があります。定まったロードマップを描くことはできません。しかし知恵を磨くことはできます」

1942年、わずか11歳で株式投資を始めたバフェットのキャリアは、むこの時既に70年近くに及んでいたが、その間には株式市場でのたくさんの主役交代、そして新しい理論、新しい金融商品が続々と登場している。戦争の時代があり、幾度かの「ゴーゴー時代」やITバブルがあり、バブルの破裂により株価が急落する時代もあった。投資の世界の主役はGMやUSスチールのような名門企業から、ゼロックスやインテル、そしてマイクロソフトやアップル、グーグルなどのIT関連企業やテスラへと順次移り変わってもいる。

未来を完璧に予想できない以上、完璧なロードマップを描くのは難しい。大切なのは、起こりつつある変化、新しい潮流などをにらみながら、目の前のチャンスを柔軟に掴み取っていく知恵なのである。

278

「分野から
チャンスは生まれません。
頭脳から
チャンスは生まれます」

　ビジネスの世界で今ある産業分野について、「現在の業況」や「その分野の将来性」などについての分析をする人たちがいる。この分野は将来とも高い成長性が期待できるが、この分野は衰退に向かっているといった分析だ。

　これは本当だろうか。「成熟しきった市場などというものは存在しないし、コモディティなるものは存在しない」は、マーケティングの巨匠フィリップ・コトラーの言葉である。コトラーによると、「この市場は成熟した」と言われていても、そこにイノベーターが現われて新たなニーズを掘り起こすのは、よくあることだ。

　株式投資についても同じことが言える。たとえば、IT の分野が高い成長性が期待できるからと、みんながこぞって IT 企業に投資したものの、IT バブルの崩壊によって企業も投資家も大きな痛手を被っている。反対に IT 企業ではなく、伝統的な企業に投資していたバフェットは大きな利益を手にしている。2000 年代後半のバークシャーの株主総会で、バフェットはこう言い切った。

「分野からチャンスは生まれません。頭脳からチャンスは生まれます」

　流行に流され、「儲かる分野」を追いかけているだけでは、成功は望めない。知恵を磨いた者だけが、投資の世界では勝利を手にできる。

279

「IBM の
アニュアルレポートを
この 50 年の間、
毎年読んできました」

　バフェットは毎年、何千という数の決算書や年次報告書を読むことを
習慣としている。「これは」という企業に出合えば、すぐに行動を起こ
すが、きっかけは年次報告書であり、よく分かる企業であれば年次報告
書だけで十分というのがバフェットのやり方だ。

　年次報告書は、投資をしている企業のものだけではない。関心のある
企業のものにはずっと目を通し、追いかけ続ける。バフェットはアメリ
カの鉄道会社 BNSF や IBM も追い続けた結果、最終的に投資に至って
いる。2011 年のインタビューで、こう話している。

　「(BNSF の) アニュアルレポートを 30 年、40 年読み続けていたので
すが、その間は何もしませんでした。ようやく鉄道会社を買収したのは、
数年前のことです」

　「IBM のアニュアルレポートをこの 50 年の間、毎年読んできました。
今年も読んでいる時に、IBM が競争力を将来も維持することを、かな
り容易に予測できることに思い当たったのです」

　バフェットはたくさんの年次報告書を読み、関心のある企業をずっと
追い続ける。そしてもしその企業が「お買い得な水準」で手に入るとな
れば、一気に動き出す。投資の世界に見送り三振はない。確信が持てる
まで、お買い得になるまで何年だって待てばいい。その企業が自分にとっ
ての「絶好球」になった時に、初めてバットを振るのがバフェット流だ。

280

「私たちは将来のことが分かると繰り返すCEOを疑います。約束した『数字を上げる』と常に豪語している経営者は、ある時点で『数字をでっち上げる』誘惑に駆られることになります」

　粉飾決算などの問題を起こした企業でしばしば耳にするのが、「上からの強いプレッシャー」だ。企業のトップが掲げる数字的目標を達成するために、販売部門などが懸命に頑張るならともかく、目標を達成しようと「数字をつくる」ところからさまざまな問題が生じることになる。

　バフェットによると、「CEOが自らの会社の成長率を予想することはごまかしであり、危険なこと」となる。理由は「一株当たり利益は長期的に年率で15％増加する」といった高い予想値を提示することは、根拠のない楽観論を広めるだけでなく、発表した利益目標などを達成するため、CEOが「合理的でない経営操作」に関与する例が多いからだという。

　さらに経営操作の手を尽くした後、それでも足りないからと「数字をつくる」ために、さまざまな会計上の策略に手を染めた結果、会計上のごまかしが雪だるま式に膨らんでいくことになる。

　まさに詐欺行為としか言いようがないが、そのきっかけをつくったのは、CEOが掲げた根拠のない予想であり、周囲はその予想を「何とか実現しなければ」と、ありとあらゆる手を尽くすことになる。CEOはアナリストたちからあおり立てられても抵抗すべきだ、というのがバフェットの考え方である。

281

「わが社は潤沢な資金を持っているので、多少の損失を出す余裕はあります。しかし、評判を落とす余裕はありません」

　ソロモン・ブラザーズの再建のために暫定会長に就任した際、バフェットが最も厳しく求めたのは「高い倫理感」だった。

　企業というのは時に「法律には反していないから」と言い訳をしながら違反スレスレの行為に及ぶことがあるが、バフェットは「それではダメだ」と考えていた。バークシャー・ハサウェイの経営者には「自分がこれからしようとすることを、法的な基準からだけでなく、あらゆる基準に照らして判断するように」求め続けている。

　かなり厳しい基準となるが、理由は、評判というものの脆さを知っていたからだ。息子のハワードに、こんなことを言っている。

　「周囲の人からそれなりの評判を得るには20年かかる。でも、その評判はたった5分で崩れることがある。そのことを頭に入れておけば、今後の生き方が変わるはずだ」

　それは企業にとっても同様である。バークシャーは世界の時価総額ランキングでベスト10に入るほどの巨大企業であり、潤沢な資金も持っているだけに、多少の損失には耐えることができるが、評判を落とすようなことをしてしまえば、バフェットの評判も下がり、株主も去り、今後の買収にも暗雲が垂れ込めることになる。大企業であればあるほど、高い倫理観が求められるのである。

「人間が失敗するのは当たり前だと
思っているので、
いつまでもクヨクヨ悩むことはしません。
明日という日があるんです。
前向きに生きて、
次のことを始めた方がいいんです」

　バフェットは年単位で考えれば、一度も赤字になったことがない、連戦連勝の投資家だが、個々の投資判断に関していえば、圧倒的に成功した投資もあれば、さほどでもない投資もある。また、「バフェットからの手紙」などでもしばしば書いているように、「ひどい投資」も何度かしている。しかし、株主はともかく、「私は別に困ったりはしません」として、こう話している。

　「人間が失敗するのは当たり前だと思っているので、いつまでもクヨクヨ悩むことはしません。そんなことをしても、何の意味もありませんからね。明日という日があるんです。前向きに生きて、次のことを始めた方がいいんです」

　バフェットによると、投資した結果としての失敗もあれば、投資すべきと分かっているにもかかわらず投資しなかった失敗もある。あるいは、投資はしたものの、小規模の投資で抑えてしまったという失敗もある。2005年当時、「わが社は100億ドルくらいの利益を逃しました」と振り返っている。しかし、それも人間だというのがバフェットの考え方だ。

　人間がやる以上、投資でも普通の仕事でも、したくなくてもミスを冒すことがある。大切なのは失敗を最小限にとどめることと、失敗から教訓を得たら、いつまでも気にすることなく次へと進む勇気である。

283

「ビジネスの世界で最も危険な言葉は、 5つの単語で表現できます。 『ほかの誰もがやっている (Everybody else is doing it)』です」

　企業というのは前例があったり、同業他社がやっていると安心するところがあるが、これは問題行動にも通用するようだ。2006年、アメリカ企業100社以上がストックオプションの権利付与日を不当に操作したとして大きな問題になった。日付操作とは、経営陣が故意にストックオプションの付与日を操作して、自分たちが受け取る利益をかさ上げする行為を指している。バフェットの会社バークシャー・ハサウェイは、日付操作とは無縁だったが、バフェットは傘下の企業に向けてこんな呼びかけを行った。

　「他社が問題含みの行動をしているから、わが社が問題含みの行動をしても大丈夫と思わないように。ビジネスの世界で最も危険な言葉は、5つの単語で表現できます。『ほかの誰もがやっている (Everybody else is doing it)』です」

　「ほかの誰もがやっている」「みんなそうしている」は、自分たちがやろうとしていることを正当化するための理由として使われることが多いが、バフェットによると、事業に関する行動を正当化するために使われる時には、ほとんど良いことはないという。誰かが理由としてこの言葉を使う時、実際にはうまい理由がないからであり、この言葉はバフェットには安心の証ではなく、かえってリスクを高める言葉だった。

284

「変動する株価情報を見せられ、 『黙って見てないで、行動しなければダメだ』 などというコメントを聞かされ続けたら、 本来、メリットでしかないはずの流動性が 呪いに変わってしまうのです」

　バフェットは農場や商業不動産なども所有しているが、こうした投資と株式投資には大きな違いがあると考えている。前者の正確な評価を知るには不動産鑑定などの調査が必要だが、株式に関しては自分の資産の評価価格を分刻みで知ることができる。そして、その評価に則って比較的簡単に換金できる流動性も魅力の一つである。

　ところがバフェットによると、流動性というメリットが、時に「呪い」に変わることがある。株式市場というのは、いつも合理的とは限らない。その会社の本来の価値とはかけ離れた価格がつけられることがよくあるし、市場全体が悲観論に包まれて、多くの人が売りに走ることがある。バフェットは言う。

「株を保有している人は、別の保有者の気まぐれで、たいていは非合理的な行動につられて、非合理的な行動をとってしまうことがよくあります。くだらないおしゃべりが氾濫する中で、投資家の中には学者の言うことを聞くべきだと思ってしまう人もいれば、彼らの言ったことに基づいて行動すべきだと思い込む人もいる」

　変動する株価や、ウォール街や専門家のおしゃべりで、気が動転してしまうことはよくある。気を付けないと買うべきでない時に買ったり、売るべきではないものを慌てて売ったりして、せっかくの流動性が呪い、そして悪夢に変わってしまう。

285

「一般に、この世界では
髪が白くなっても
マイナスではありません」

バフェットは 1930 年 8 月生まれだから、2023 年で 93 歳になる。チャーリー・マンガーは 1924 年 1 月生まれだから、バフェットの 6 歳年長となる。世の中に長寿の人はたくさんいるが、90 歳を過ぎて時価総額が 3600 億ドルを超える巨大企業のトップとして君臨し続ける人は、2 人を置いて他にいない。

バフェットの後継者に関してはバフェットが既に指名しており、心配はないものの、2 人がいつまでトップとして会社を率いることができるのかは大いに気になるところだろう。しかし、バフェット自身は案外と楽観的だ。こう言っている。

「一般に、この世界では髪が白くなってもマイナスではありません。スポーツと違って投資では、目と手のスムーズな連携も、たくましい筋肉も必要ありません。チャーリーも私も、頭が機能し続ける限り、これまでとまったく同じように働き続けることができます」

こう口にしたのは今から 10 年以上前のことだが、それから 10 数年が経った今も、たしかにバフェットは投資の重要な判断を行っているし、株主総会では変わらず気の利いた言葉を発し続けている。世の中には、いつまでも会社に居座ることで「老害」となる経営者もいるが、バフェットはまるで違っている。恐るべき 90 代だが、急速に高齢化が進む社会にあって、バフェットの頭脳明晰ぶりは他の高齢者に勇気を与えるのではないだろうか。

「日経ヴェリタス No.194」

286

「もし日本の大企業から
明日電話をもらって、
バークシャーに買収してほしい
という申し入れがあれば、
飛行機に乗ってすぐ駆けつけますよ」

　バフェットが初めて日本を訪れたのは、東日本大震災から 8 カ月後の 2011 年 11 月 20 日だった。当時、日本企業を取り巻く環境はあまりに厳しかった。輸出産業にとって急速に進む円高ドル安に加え、ユーロ安も加わったことで、かつて頼みとした欧米市場は利益の出にくい市場と化していた。新興国市場に関しても韓国企業、中国企業の方が得意としており、ここでも売り上げを伸ばし、利益を出すことに悪戦苦闘していた。

　そこにさらなるダメージを与えたのが東日本大震災だっただけに、日本企業の将来に悲観的にならざるを得ないところだが、バフェットは「日本人や日本の産業に対する私の見方は変わっていません」として、こう言い切った。

「私たちは、日本で大きな会社を買収したいと本当に思っています。もし日本の大企業から明日電話をもらって、バークシャーに買収してほしいという申し入れがあれば、飛行機に乗ってすぐ駆けつけますよ」

　バフェットは「私だけではないと思いますが、世界中の人たちが今回の震災および原子力発電所事故後の日本を見て、やはり日本は前に進むことをやめない国だなという気持ちを新たにしたと思っています」と日本を讃えたが、この言葉は日本企業と日本人に勇気を与えてくれる言葉となった。

287

「私のオフィスには
『範囲内』『範囲外』
『難しすぎる』という３つの
メールボックスがあります」

2007 年、バフェットは学生相手の講演で、投資で成功するコツをこう述べている。

「私は、自分の大好きな球が来た時にバットを振るだけです。人生でそれを 10 回行えば、金持ちになります」

投資の世界には見送り三振がないことや、自分が 20 回だけパンチを入れてもらえるカードと考えればいいなど、バフェットは何でもかんでも手を出すことの愚かしさや、日々忙しく判断することの馬鹿らしさに気を付けるように説いているが、なかでも大切にしたいのが「能力の輪」だと考えている。こう冗談交じりに説明している。

「私のオフィスには『範囲内』『範囲外』『難しすぎる』という３つのメールボックスがあります。MIT の学生に冗談で『難しすぎるの箱がいるね』と言ったらつくってくれたので、この箱も利用しています」

「範囲内」「範囲外」というのは、自分がよく知る、価値を比較的たやすく判断できる会社かどうかということで、まさに「能力の輪」の中か外かという意味だ。しかし、中には能力の輪の中にも難しく厄介なものがあり、バフェットはそれらも「難しすぎる」と無視することにしている。本当に価値ある企業がそこそこの価格で買える機会がそうそうあるわけではないが、決して焦ることなく、そうした時にだけ行動すれば、人は確実に成功できる。

288

「株を買うなら、どんな愚か者にも経営を任せられる優れた会社の株を買いたいと思うでしょう。なぜならいつかは愚かな経営者が現れるからです」

　バークシャー・ハサウェイが長年保有し続けているコカ・コーラは国際市場で成長を続け、リーダーの地位を維持する力もある。今後も消費量の増加が期待できる。この地位を揺るがすのは、簡単ではない。これだけ強ければ経営は簡単だと考えたのか、ビル・ゲイツはかつて「コカ・コーラはハム・サンドイッチにも経営できる」と皮肉ったが、それはバフェットにとってむしろ好ましい企業でもあった。バフェットは言う。「株を買うなら、どんな愚か者にも経営を任せられる優れた会社の株を買いたいと思うでしょう。なぜなら、いつかは愚かな経営者が現れるからです」

　実際、愚かな経営者が現れた。急死したロベルト・ゴイズエタの後を受けてCEOとなったダグラス・アイベスター時代、ヨーロッパで子どもの健康被害が報じられたが、アイベスターは適切な対応ができなかった。続くダグ・ダフトも問題が多かった。代わって就任したネビル・イズデルの下でようやく同社は復活を遂げ、バフェットは「前にはよく、ハム・サンドイッチでもコカ・コーラは経営できると、ビル・ゲイツは言ったものだ。それはとても良いことだった」と振り返った。

　投資するなら、愚かな経営者にも経営できるほどの素晴らしい企業に限る。もしそうでなければ、コカ・コーラが危機を乗り越えられたかどうかは分からないのだから。

289

「投資する時には、一定のリスクを負わなければならない。未来はいつだって不確実だ」

　投資にあたり、バフェットは「安全域」を重視している。しかし、その一方で未来を予測することは難しく、リスクがゼロにできるとも考えていない。

　2004年、韓国企業への投資を行った際、こう話している。

「投資する時には、一定のリスクを負わなければならない。未来はいつだって不確実だ」

　韓国には北朝鮮というリスク要因がある。もし北朝鮮が韓国に侵攻すれば、朝鮮半島ばかりか中国や日本、さらにはアジア全体も戦争に巻き込まれる恐れだってある。「どうなるかは想像もつかない」ものの、そうしたリスクを踏まえたうえでバフェットが投資したのは、鋼鉄やセメント、小麦粉、電機など、いずれも10年後も買われるはずの製品をつくっている企業ばかりだ。

　当時はウォン安で、株価は下がっていたが、それぞれの企業の儲けは増えていた。しかも株価が安いだけではなく、韓国国内で高いシェアを持ち、中国や日本にも輸出している、恐らくこれから先何年も、競争力を保つであろう企業にバフェットは投資をした。

　未来は不確実であり、予測は不可能だ。しかし、どんな状況になっても確実にユーザーが必要とし、買われるであろう基本的な製品をつくっている企業への投資ならリスクは大幅に軽減できる、というのがバフェットの考え方だ。

290

「世界はどこも危険に あふれています。 アメリカも平時のイスラエルと 同じぐらいに危険です」

　バフェットが2011年、日本を初めて訪れた理由は、自らが投資するイスラエルのIMCグループ（中核企業は切削工具メーカーのイスカル）傘下のタンガロイが福島県いわき市に新設した新工場の竣工式（しゅんこう）に出席するためだった。

　バフェットは2006年、IMCに40億ドルを投じて8割の株式を取得している。これはバフェットにとってアメリカ以外での初めての大型投資だったが、決断の背景には同社のエイタン・ベルトマイヤー会長が掲げる「社員一人ひとりを大切にした100年先を見据えた経営」と、イスカルに代表される圧倒的な技術力があった。

　優れた経営者と長期にわたって競争力を持つであろう優れた製品をつくっているという点で、まさにバフェット好みの会社だったが、同社の主力工場はイスラエルのガリラヤにある。普通はそれだけで敬遠したくなるはずだが、バフェットは意に介さなかった。

「世界はどこも危険にあふれています。アメリカも平時のイスラエルと同じぐらいに危険です」と公の場で語っている。

　たしかにリスクはある。しかし、同社は世界が必要とする製品を製造し、世界60カ国で業務を展開している。しかも経営陣は熱心で、とても有能でもある。どんな状況でも、良いビジネスは良いビジネスであり続ける。バフェットは良いビジネスへの投資であれば、リスクを取ることも辞さなかった。

291

291

「たしかにバークシャーはレバレッジをもっと多用することもできました。しかしそれでは、夜、ぐっすり眠れなくなったでしょう」

レバレッジというのは、「てこの原理」という意味だが、金融の世界では借り入れを利用することで、自己資金のリターンを高める効果が期待できることを指している。たとえば、30％の委託保証金を入れれば取引ができる場合、約3.3倍のレバレッジを効かせることができるようになる。

バフェットに関してしばしば言われるのが、レバレッジなどを多用すればもっと早くもっと大金持ちになれたという見方だが、バフェットもチャーリー・マンガーもレバレッジを嫌い、リスクに関しては二重の慎重さを発揮している。理由をこう述べている。

「たしかにバークシャーは、レバレッジをもっと多用することもできました。しかしそれでは、夜、ぐっすり眠れなくなったでしょう。（株主総会の）会場には、全資産をバークシャーに預けている方が大勢いらっしゃいます。ですから、そんなことをしたら、私たちは身の破滅や、名誉の失墜などではすまない、大変な報いを受けることになります」

世の中には「急いで利益を得ようとする」人たちがたくさんいる。他人のお金を預かる企業経営者やファンドマネジャーたちが急いで金持ちになろうすると、「他人の金」であることを忘れ、投資ではなく投機に走ってしまうことがある。これらの投機家たちに必要なのは、バフェットのような「それでは夜、ぐっすり眠れなくなってしまう」という恐れである。

「100人の学生を一人ひとり見て、その将来性について順位をつけることは私にはできません。私たちが買う会社には、既に経営者がいます」

292

バフェットの経営スタイルは、優れた企業をそこそこの価格で買い、経営はその企業の経営者に任せるというものだ。ありがちな細かな口出しや、四半期ごとの決算へのプレッシャーもない。にもかかわらず、バークシャー・ハサウェイの経営は順調だ。

バークシャーの株主総会で、シアトルから来た男性が「私は経営者を雇うのが下手で下手で、仕方がありません」と嘆き、「どうすれば優秀な経営者を見つけられるのか」とバフェットに質問したことがある。バフェットの答えは簡単なものだった。

「（クラス単位で講演を聞きに来る）100人の学生を一人ひとり見て、その将来性について1位から100位まで順位をつけることは私にはできません。私たちが買う会社には、既に経営者がいます」

バフェットは最初から優れた経営者のいる、優れた会社を選び、投資するようにしている。かつては問題のある企業を「安いから」という理由で買い、再建のために奮闘したこともあるが、いくら能力のある経営者でも問題のある企業を立て直すのは難しい。それよりも優れた経営者のいる、優れた会社を買い、優れた経営者にはできるだけ長く経営に携わってもらうように努力する方がいい。才能を見抜くのは難しい。バフェットは「実績のある経営者」を大切にすることで、バークシャーを成長させることができた。

293

「今日や明日、
来月に株価が上がろうが下がろうが、
私にはどうでもいいのです。
バンク・オブ・アメリカが
5 年後、10 年後にどうなるかが
大切なのです」

バフェットが投資した会社だからといって、そのすべてが一本調子に成長し続けるとは限らない。株価に関しては上がることも下がることもあるわけだが、バフェット自身はそれを気にすることはない。

2011 年夏、バフェットはアメリカの大手銀行バンク・オブ・アメリカの優先株に 50 億ドルを投資したものの、株価はその後も下がり続けた。「後悔していませんか」と尋ねる『日経ヴェリタス』の記者に、こう答えた。

「長期の視点で投資しているのです。今日や明日、来月に株価が上がろうが下がろうが、私にはどうでもいいのです。バンク・オブ・アメリカが 5 年後、10 年後にどうなるかが大切なのです」

「同社には解決すべき問題がいくつもあるが、それは数カ月で解決できるようなものではなく、解決に 5 〜 10 年はかかるという。そのために CEO は素晴らしい仕事をしているし、問題があったとしても同社のアメリカ最大規模の預金量や事業基盤は魅力的でとても良好なのだから、目先のことに一喜一憂する必要はない」というのがバフェットの言い分だ。2022 年現在、バンク・オブ・アメリカはバークシャーのポートフォリオで第 2 位の座を占め、「バフェット最高の投資先の 1 つ」と言われている。

294

「（CEO の）最も重要な仕事は あらゆる巨大組織が直面する『ABC』リスク、 つまり『傲慢（Arrogance）』 『官僚主義（Bureaucracy）』 『自己満足（Complacency）』と戦う力だ」

　組織が巨大化すると、創業期に持っていたイノベーティブな力が失われ、平凡な会社に成り下がってしまうことを指摘したのは、若き日のスティーブ・ジョブズである。

　企業というのは成功を積み重ねて巨大企業へと成長していくわけだが、それは同時にいくつものリスクを生むことになる、というのがバフェットの考え方だ。バフェットが巨額の寄付を行っているビル＆メリンダ・ゲイツ財団の新しい CEO に就任したマーク・スズマンが 2020 年にオマハを訪れ、バフェットと食事をした際、バフェットはスズマンに次のようなアドバイスを送っている。

　「最も重要な仕事はあらゆる巨大組織が直面する『ABC』リスク、つまり『傲慢（Arrogance）』『官僚主義（Bureaucracy）』『自己満足（Complacency）』と戦う力だ」

　バフェットによると、かつて業界で揺るぎない地位を築いていた GM や IBM、US スチールなども、社内に「ABC」が蔓延することで、「これらの企業を、CEO や幹部が想像もしなかった深みにまで落とすことになった」という。

　かつてイノベーションを起こすことで成長した企業も、「自己満足」に浸り、「傲慢」や「官僚主義」がはびこると、平凡な大企業になってしまう。その病に気づかなければ、その先にあるのは長い低迷と、破滅や破綻である。

295

「堅苦しい官僚的システムによって意思決定が遅すぎることで、多くの目に見えないコストを負うくらいであれば、誤った意思決定による目に見えるコストで苦しむ方がましだ」

　バフェットが会長を務めるバークシャー・ハサウェイは本社に人事、広報、IR、法務などの部署を持たず、少ない人数で運営されていることで知られている。意思決定はバフェットとマンガーが行い、傘下の会社の経営はそれぞれの経営者に任せているからこそできることだが、その狙いは官僚主義を嫌うバフェットが組織を可能な限り簡素化したからでもある。

　企業は成長し規模が大きくなるにつれて組織も肥大化し、意思決定までに長い時間がかかるようになる。「会社の組織が多いほど、肝心の決定が手遅れになる。もっと現実のゲームに近づくべきだ。組織の階層に良い階層というものはない」とは、GE、伝説のCEOジャック・ウェルチの言葉だが、ウェルチは何よりスピードを重視して、「とにかく実行しろ。たぶん、それは正しい決断だ」とも言い続けていた。

　失敗をしないように意思決定に長い時間をかけすぎると、バフェットが言うように、「多くの目に見えないコスト」が発生し、せっかくのチャンスを逃すことになる。そんな愚を犯すくらいなら、素早い意思決定と実行を何より大切にする。たとえ意思決定を誤ったとしても「目に見えるコストで苦しむ方がいい」と言うほどバフェットは堅苦しい官僚機構を嫌い、弊害を指摘していた。

296

「投機は簡単そうに 見える時ほど危ない」

　投資や投機の世界には、一攫千金につながりそうな話もしばしば転がっている。個人相手に少しのお金で金持ちになれると誘いをかけたり、企業相手においしい話を持ち込む輩がたくさんいるのが投資や投機の世界だ。

　1990年代のITバブルの最中、大した業績もなく、黒字を出したことさえない企業が壮大な事業計画を仕立てあげて、たくさんの資金を集めることがあった。バフェットはその様子を、こう評した。

「インターネットの誕生は、利己的な金融業者が騙されやすい人々の『希望を貨幣化』して金儲けするチャンスになった」

　高い将来性や急成長企業のイメージが確実な利益を約束してくれるかのように見え、たくさんの投資資金が集まるものの、バブルが弾けてしまえば、あとには何も残らなかった。バフェットは「ここ数年間、そういった企業の創設者や発起人は、厚かましくも鳥のいない藪を売り込んで、大衆のポケットの何十億ドルもの金を自分たちの財布に移した。投機は簡単そうに見える時ほど危ない」とあらためて警告した。

　邪悪な人たちがにこやかな顔で浮き浮きとした話を持ちかけ、企業や大衆の金を巻き上げていく。簡単に儲かりそうな話には、いつだってそんな危険性が潜んでいる。

297

「幸運な 1 パーセントとして生まれた人間には、残りの 99 パーセントの人間のことを考える義務があります」

2011 年、アメリカのウォール街を中心に行われたデモにおいてキーワードの一つとなったのが、「1 パーセント対 99 パーセント」だ。この世の中には 1 パーセントの裕福で恵まれた人たちと、不幸な 99 パーセントがいるという閉塞感や怒りからの抗議の言葉と言える。

バフェットは両親から莫大な遺産を受け継いだわけではないが、素晴らしい教育を受けさせてくれたこと、投資の才能に恵まれたことなど自らの幸運に早くから感謝している。教育熱心な両親に恵まれ、尊敬すべき人たちと出会い、自分が大好きな仕事をする。その結果が世界有数の資産を築かせることになった。そう自覚しているからこそ自分たちのような人間は、そうではない人たちのことを考えることが必要だと自覚している。

「幸運な 1 パーセントとして生まれた人間には、残りの 99 パーセントの人間のことを考える義務があります」

バフェットは、アメリカの税制は普通の人にとって不公平なものであり、金持ちを優遇した税制はすぐに正すべきだと主張している。築き上げた富も幸運な 1 パーセントのためではなく、世界中の貧しい人々のために使うべく巨額の寄付も行っている。バフェットは幸運な 1 パーセントとして、自らの責務を果たそうとしている。

298

「私はずっと、お金は社会に返さなければならない預かり証だと思っていました」

　アメリカには、お金持ちは手にしたお金を自分のために使うだけでなく、貧しい人や社会のために使う義務があるという「善き伝統」がある。この伝統をアメリカに根付かせたのが「鉄鋼王」アンドリュー・カーネギーだ。

　カーネギーは1848年に一家で渡米、12歳から働き始め、やがて鉄鋼業に進出して莫大な富を築いている。そして「余剰の富は活用を任された信託財産だ」という哲学のもと、たくさんの慈善事業に力を入れたことで知られている。

　こうした善き伝統を受け継ぎ、それを実践したのがビル・ゲイツであり、バフェットである。バフェットは幼い頃から「お金を増やす」ことには強い関心があり、素晴らしい成果も上げているが、「お金を使う」ことにはほとんど関心がなかった。代わりにゲイツの財団に莫大なお金を寄付している。理由はこうだ。

「私はずっと、お金は社会に返さなければならない預かり証だと思っていました。世代を超えた富の継承には、乗り気ではありません」

　バフェットは手にした富を子どもや一族に遺すよりも、カーネギーと同様の「お金は社会からの預かり証」という考え方に則って、社会のために使うという道を選んでいる。バフェットに触発されて、その後、さらに多くの資産家が慈善活動に富を使うようになった。

299

「文化は自己増殖します。官僚的な取り決めはさらなる官僚主義を呼び、華美な本社は専制的な行動を誘発します」

　企業文化や価値観が変わると企業は大きく変質する、と指摘したのはスティーブ・ジョブズである。ジョブズが創業したアップルの使命は、世界を変えるほどのモノをつくることだったが、ジョブズを追放（のち復帰）したジョン・スカリーが売上や利益、規模を優先することで「すごいモノをつくる」文化は消え、やがて倒産か身売りしかないという惨状に陥ったことがある。その後のアップルの再生は、復帰したジョブズが「すごいモノをつくる」文化を復活させたことで可能になった。

　バフェットは、バークシャーの企業文化は①自分の仕事が大好きな経営者がいる、②株主のお金を注意深く使う——であり、こうした他社に真似のできない企業文化こそが会社を発展させた、と考えている。企業文化の大切さについて、こう話している。

　「文化は自己増殖します。官僚的な取り決めはさらなる官僚主義を呼び、華美な本社は専制的な行動を誘発します」

　2010 年当時、バークシャー「世界本部」の賃料は約 27 万ドル。家具などを含めても約 30 万ドルと、世界的企業としては随分と質素に運営されていた。これもバフェットがつくり上げた企業文化のなせる業だが、この企業文化が長く受け継がれる限り、バークシャーは成長できるとバフェットは考えている。

300

「債務者はその時、
与信が酸素のようなもので
あることを学ぶのです」

　金融の世界では時に、一夜にして状況が激変することがある。日本が
バブル景気に沸いていた 1989 年 12 月、日銀総裁に就任した三重野
康は就任直後から急激な金融引き締めに踏み切り、バブル退治に邁進し
たことで一時は「平成の鬼平」とも賞賛されたが、大幅利上げで株価も
地価も下落に転じ、多くの企業が融資を止められ、資金繰りが悪化、銀
行も不良債権の急増に苦しむことになった。

　バフェットによると、「多くの債務を抱える会社は、満期が来れば借
り換えられるものと考えがち」であり、通常、それは誤りではないもの
の、時に会社特有の問題や、世界的な信用収縮によって、期日に実際の
支払いを迫られることもあるという。バフェットは言う。

「債務者はその時、与信が酸素のようなものであることを学ぶのです。
どちらも豊富にある時は存在に気付くことはありませんが、なくなった
時にはっきりと気が付くのです」

　資金的に余裕のない企業は、2008 年のリーマンショックのような事
態が起きると、たとえごくわずかの間でも与信が受けられなくなり、会
社が立ち行かなくなってしまう。そうした事態を避けるために、バーク
シャー・ハサウェイでは手元に少なくとも 200 億ドルの現金を保持し
ておくようにしているという。これほどの備えがあるからこそ、金融危
機にあってもバフェットは余裕を持つことができる。

301

第5章●バフェットの
71歳から（2001年〜）

「バフェットからの手紙第4版」

「借り入れの驚くべき効果で
ひとたび利益を上げてしまえば、
保守的なやり方に
後戻りしようと考える人は
ほとんどいません」

投資で勝つためには何よりも資金が必要だと、借金や信用取引に頼る
人がいるが、成功した投資家の中には信用取引や借金を嫌い、「余剰資
金で現物を買え」と、あくまでも慎重であることを力説する人も少なく
ない。バフェットが若い頃から多額の借金を嫌い、現金での投資や買収
を行っているのは借金の持つ危うさを知っているからだ。こう話してい
る。「一部の人たちが借入金を使って投資を行い、大変豊かになったと
いうことは疑いもありません。しかしそれは、大変貧しくなる道でもあ
りました」

バフェットによると、借り入れをうまく使って利益を増やせば、奥さ
んは旦那が賢いと思い、近所の人もあなたを羨むことになるものの、借
り入れは病みつきになり、現金で投資を行うという保守的なやり方には
戻れなくなってしまう。借り入れが可能で、利益が出ている時はいいも
のの、リーマンショックやITバブルの崩壊といった事態が起きれば、
あっという間に貧しくなり、多額の借金だけが残ることになる。バフェッ
トは言う。

「借り入れに慎重であったために、私たちは若干の潜在利益を失うこと
になりました。しかし流動性をたっぷりと確保したことで、ぐっすり眠
ることができています」

リーマンショックから2カ月後、多くの企業が資金繰りに苦しむなか、
バークシャー・ハサウェイは156億ドルの投資を行っている。

302

「あの人たち（石油会社の経営陣）の 報酬を増やすことは馬鹿げています。 ですが、石油を手に入れるコストを、 ほかの企業より下げたというのなら、 大金を払ってもいいでしょう」

　バフェットは実績を上げた経営陣に対し、高額な報酬を支払うことには何の不満も持っていない。バークシャー・ハサウェイ傘下の企業の経営者に対しても、喜んで高額な報酬を支払うことに何の躊躇もない。

　その意味では能力給の支持者と言えるが、単に会社が儲かっているとか、景気がいいからという理由だけで高額の報酬を支払うことには疑問を呈している。バークシャーの株主総会で、原油価格の上昇によって石油会社が潤い、その経営陣が高額の報酬を手にしていることを例に挙げこう言った。

「あの人たちの報酬を増やすことは馬鹿げています。ですが、石油を手に入れるコストを、ほかの企業より下げたというのなら、大金を払ってもいいでしょう」

　当時、石油会社が儲かったのは、原油価格が上昇したからであり、経営陣はたまたまその時にその地位にあっただけで、会社のために特段の貢献をしたわけではなかった。高額の報酬を支払うのはかまわない。しかし、それは「たまたま運よく、その地位にいた」からではなく、「会社のために、どんな貢献をしたのか」によってでなければならない、というのがバフェットの考え方だ。しかし現実には、前者の理由で当たり前のように大金を手にする経営陣が多すぎる。

303

「鏡を見て、今日は何をするかを決める」

　2005 年 9 月、バフェットとビル・ゲイツはネブラスカ大学リンカーン校経営学部で、学生からの質問に答える形の公開対話を行っている。席上、一人の学生が「お二人は意見やアドバイスを誰に求めるのですか」と質問したところ、バフェットは「鏡を見るよ」と答えた。傍目には相手を煙に巻くような、また真面目に質問している学生を茶化しているかのようにも思えるが、これはバフェットにとって紛れもない真実の答えだった。別の機会にバフェットは、こう話している。

「私は毎日ややこしい手順を踏む。鏡を見て、今日は何をするかを決める。その一瞬は、誰にでも決定権があるのではないだろうか」

　重要な決断をする時には誰かに相談したくなるものだが、バフェットは、それでは投資の世界では決して成功することはない、と言い切っている。

「決断を下す時に内閣を集めなければならないなら、私は投資をする資格はないと考えます。誰も責任を取らない大人数から生まれた判断は、優れたものにはならないからです」

　大切なのは独力で考えることであり、自分の責任で判断を下すことだ。周りがどう思うか、みんなが賛成するかどうかはどうでもいいことだ。独力で考えた結果が正しければそれでいいし、それが最も肝心だというのがバフェットの考え方だった。

304

「そう遠くない将来、こう形を変えて質問されるかもしれません。『もしあなたがトラックにひかれるようなことがなければ、この会社はどうなってしまうのですか』と」

　優れた創業者やリーダーの下、輝かしい成果を上げた企業であればあるほど周囲や株主が心配するのは、「このリーダーがいなくなったら、この会社はどうなってしまうのだろうか？」という不安である。

　バフェットが率いるバークシャー・ハサウェイでも長年、この声が聞かれてきた。バークシャーの株主総会でよく出ていたのが「もしあなたがトラックにひかれるようなことがあれば、この会社はどうなってしまうのですか」という質問だ。バフェットがバークシャーの会長に就任したのは1965年のことだが、以来、約60年近くにわたって会社を率いて時価総額2800億ドルを超える企業へと成長させている。さらにバフェットの世界的な知名度を考えれば、誰もがこう尋ねたくなるのも当然のことと言える。

　バフェット自身はこの種の質問に感謝しながらも、時にはこんなユーモアあふれることも話している。

「そう遠くない将来、こう形を変えて質問されるかもしれません。『もしあなたがトラックにひかれるようなことがなければ、この会社はどうなってしまうのですか』と」

　たしかに、世の中には高齢になってなお権力を握り、会社を誤った方向に導く経営者もいるが、バフェットに関しては後継者選びも終わり、その心配はなさそうだ。

305

「私たちは
『自分よりも小さい者を雇えば、
会社は小さくなる。
しかし、自分より大きい者を雇えば
会社は大きくなるのだ』という言葉を
信奉しているのです」

　かつてホンダの創業者・本田宗一郎が人事の責任者に「君が手に負え
ないと思う者だけ採用したらどうか」と提案したことがある。できのい
い、従順な子を採用すれば、たしかに管理職は楽だが、所詮は管理職を
超えることはない。それでは、企業はやがて縮小均衡になってしまう。
それよりも「こいつは手に負えないな」という子を採用すれば、会社は
大きく成長できるというのが本田の考え方だった。

　バフェットは元々が、尊敬できる人の下で働きたいし、好きな人たち
と働きたいという主義である。但し、それは「自分に従順」という意味
ではない。バフェットによると、バフェットとマンガーは、オグルヴィ・
アンド・メイザーの創業者デイヴィッド・オグルヴィの「自分よりも小
さい者を雇えば、会社は小さくなる。しかし、自分より大きい者を雇え
ば会社は大きくなるのだ」の信奉者である。

　バフェットの流儀は、優れた経営者を雇い、その経営者に経営を任せ
るというものだ。一国のリーダーや経営者が周囲に従順な者ばかりを置
くようになると、国も企業も衰退することになる。自分を超えるほどの
優秀な人間や、自分に諫言してくれる人間を大事にしてこそ、国も企業
も発展することができる。

306

「私は何も犠牲にしていません」

　バフェットは若い頃から質素倹約を心がけていた。「使うお金は、入るお金より少なく」を心がけ、お金を使うにあたっても、「このお金を複利で運用すれば」と考えるのが習いだった。35歳の頃には「映画を見に行くお金を節約して投資している」といったこともパートナーへの手紙に書いていたが、質素な生活も続ければ習慣となる。

　そのお陰なのだろう、世界一の投資家となってからもバフェットの生活ぶりはほとんど変わることはなかったし、自分が質素な生活をしていることを特別なこととも思わなくなったようだ。2006年、ビル・ゲイツが運営する財団に資産の大半を寄付すると発表したことに関して株主総会で質問されたバフェットは、自己犠牲的な行為ではないとして、次のように答えている。

「私は何も犠牲にしていません。犠牲とは、夜の外出を控えたり、多大な時間を割いたり、ディズニーランド旅行をやめたりして、教会に寄付することです。私の生活はちっとも変わっていません」

　良き習慣も長く続ければ、当たり前のものになっていく。バフェットにとって質素倹約はごく当たり前のものであり、どれほどの資産を築き上げたとしても、その生活ぶりが変わることはなかった。

307

「政府が公僕であることを忘れ、市民の弱さにつけ込んで儲けようとしているのには、怒りを覚えます」

　バフェットが行ってきた投資に関するチャーリー・マンガーの見方は、「ウォーレンはわざと金儲けを抑えてきた」というものだ。

　バフェットほどの才能と、バークシャー・ハサウェイほどの規模があり、投資リターンを冷徹に計算すれば、買収の帝王になることもできたし、会社ももっと自由に売ったり買ったりすることもできたが、道義心の強いバフェットは人と人の関係を大切にし、「儲かれば何でもいい」という投資のやり方は決してやろうとはしなかった。

　バークシャーの株主総会で「なぜ賭博業界に投資をしていないのか？」と質問されたバフェットは、こう答えた。

　「政府が公僕であることを忘れ、市民の弱さにつけ込んで儲けようとしているのには、怒りを覚えます」

　バフェットは、10代の頃に競馬場で自分がつくった勝ち馬の予想紙を売っていたこともあるし、競馬で持っていたお金をすべて失った経験をしたこともあるが、それ以降はギャンブルはやっていないし、ギャンブル関係の企業に投資もしていない。バフェットの投資対象は、優れた経営者のいる優れた企業であり、長期にわたってみんなが欲しいと思っている商品をつくっている企業であり、そこに賭博業界は含まれていなかった。

308

「朝、目を覚まして、見知らぬ金融マンに助けを求めなければならないような立場には、絶対なりたくないだろう。そのことを私は何度も考えてきた」

　2008 年 3 月、アメリカの投資銀行 5 位のベアー・スターンズで取り付け騒ぎが始まった。当時、ベアー・スターンズの借り入れは保有資産 1 ドルに対して 33 ドルにまで膨れ上がっており、銀行やヘッジファンドといった取引相手がお金を貸したり、お金を預けることを嫌がったことで、一気に窮地に陥ることになった。このままでは 1991 年のソロモン・ブラザーズのようになるかと思われたが、FRB がベアー・スターンズの債務 300 億ドルを保証したことで一旦は沈静化した。しかし、バフェットはこの動きをこう見ていた。

「健全だと見なされている金融機関にまで感染が及ぶのは望ましくない。ベアーが倒れたら、2 分後にはリーマンは大丈夫かということになる。その 2 分後には、メリルリンチはどうなんだ、とささやかれる。そうやって、どんどん感染が広まるんだ」

　ベアー・スターンズはその後、JP モルガンにタダ同然の 2 億 3600 万ドルで売却された。バフェットも話をもちかけられたが、リスクが大きすぎて断っている。バフェットは「朝、目を覚まして、見知らぬ金融マンに助けを求めなければならないような立場には、絶対なりたくないだろう。そのことを私は何度も考えてきた。いつでも金はしこたま用意しておかないといけない」という感想を口にした。前に起きなかったような事態が起きる時代、備えはいつも万全でなければならなかった。

309

「私は音楽は好きだが、U2は感動するほどじゃなかった。感心したのは、ボノがU2の収入をメンバー全員で均等に分けているようにしていることだった」

　バフェットが、ローマ法王に謁見_{えっけん}した仕立て屋の話を紹介していたことがある。仕立て屋の友人たちは当然のように法王についての感想を求めたが、仕立て屋が答えたのは「洋服のサイズ」だった。

　たしかにアパレル関係で働いている人の中には、パッと見ただけでその人の洋服のサイズを正しく言い当てられる人がいるが、この仕立て屋も実に職務に忠実な人であることがよく分かる。

　その意味では、バフェットもとても職務に忠実な人だ。

　バークシャー・ハサウェイ傘下のネットジェッツの催しに、ロックバンドU2のボーカル、ボノが参加した時のことだ。ボノから15分間だけ時間を割いてほしいと言われたバフェットは、ボノからの質問に答えるうちに「どういうわけか意気投合した」という。そして、こんな感想を口にした。

　「私は音楽は好きだが、U2は感動するほどじゃなかった。感心したのは、ボノがU2の収入をメンバー全員で均等に分けているようにしていることだった」

　資本の配分の才能に長_たけたバフェットにとって、ボノが手にする巨額のお金の配分が最大の関心事だったようだ。

310

「悪い企業を良い経営者が
率いているよりも、
良い企業を悪い経営者が
率いている方がいい」

2007年、アメリカで起こったサブプライムローン問題は多くの金融機関を巻き込む形で、のちのリーマン・ショックにつながる危機を招いている。その当事者の一つが、住宅ローン大手のカントリーワイド・フィナンシャルだ。

同社が抱えるローンは急速に劣化、同年8月には「カントリーワイドがホワイトナイトを探している」という噂が駆け巡った。当時、バフェットはジャネット・タバコリに「大手企業2社から接触を受け、10億ドル単位の資金支援を求められた。他に選択肢がなく、2社はやむにやまれぬ状況に置かれていた。このままでは2件の大型倒産が起きそうだ」という話をしていた。

バフェットは社名を挙げなかったが、そのうちの1社は恐らくカントリーワイドだろう。たしかにバフェットが動けば、ソロモン・ブラザーズの時のように金融不安を解決できたかもしれないが、バフェットにとってカントリーワイドはリスクが高いうえ、会長のアンジェロ・モジーロにも問題があった。バフェットの口癖は「悪い企業を良い経営者が率いているよりも、良い企業を悪い経営者が率いている方がいい」だが、理想は「良い企業を良い経営者が率いている」だ。カントリーワイドは「悪い企業を悪い経営者が率いて」いた。

カントリーワイドは2008年にバンク・オブ・アメリカが買収した。

「フレディマック株と
ファニーメイ株のほとんどを売却しました。
両社が年15%の売上げ増を
目標に掲げるようになった点が
気になりました」

2014年7月、米バンク・オブ・アメリカの住宅金融部門カントリーワイドは、2008年に起きた金融危機の前にファニーメイ（連邦住宅抵当金庫）とフレディマック（連邦住宅金融抵当公社）に数千件の欠陥住宅ローンを販売したとして、13億ドルの支払い命令を受けている。住宅ローンをめぐる詐欺として、米政府が提訴に持ち込んだ初のケースだった。

バフェットは、かつてはファニーメイとフレディマックの株主だったが、サブプライムローン問題が起きるはるか前の2002年度版の「バフェットからの手紙」で、両社の株のほとんどを売却したと明言している。理由はこうだ。

「フレディマック株とファニーメイ株のほとんどを売却しました。両社が年15%の売上げ増を目標に掲げるようになった点が気になりました。売上げを増やしたところで、営業利益ベースで2桁成長が持続可能になるわけではありません」

バフェットは、売上げの「伸び」にはそれほどこだわっていない。たとえば、バークシャー・ハサウェイでもリスクの高い保険をどんどん引き受ければ売上げは伸びるが、売上げの「質」はかえって低下することになる。大事なのは「量」ではなく「質」と考えるバフェットにとって、CEOが会社の成長率を予測することは「ごまかしであり、危険なこと」だった。バフェットの基本は長期保有だが、脇道にそれた企業は手放すこともある。

312

第5章●バフェットの
71歳から（2001年〜）

「華麗なる流儀」

「良い物はいくらあっても
邪魔にならない。
むしろ素晴らしい」

　バフェットは「優れた経営者のいる優れた企業」が大好きで、優れた企業である限り「買うことは好きだが、売ることは好きではない」と、できるなら永久に保有したいと考えている。バフェットがファンだった女優メイ・ウェストの次の言葉がお気に入りだという。
「良い物はいくらあっても邪魔にならない。むしろ素晴らしい」
　とはいえ、良い物もあまりに増えすぎると管理しきれない、という不安もあるのではないだろうか。本来、バフェットは分散投資を嫌い、それよりも厳選された企業に投資をすることを勧めているが、こと「優れた経営者のいる優れた企業」に関しては何の心配もないと言える。
　理由は、バフェットは自らが投資している企業のことはしっかりと理解しているし、それぞれが信頼できる経営者によって経営されているからだ。これほどの信頼があれば、しばしばバフェットが言っているように、株価の動きなど気にする必要もないし、それこそ1年や2年、株式市場が閉鎖されても何の心配もない。
　バフェットの言う「良い物」というのは、そういうことだ。
　これほどの「良い物」であれば、たしかにいくらあっても邪魔にならないし、「むしろ素晴らしい」と言うことができる。

337

313

第5章●バフェットの
71歳から（2001年〜）

「ウォーレン・バフェット」

「100人の学生の目の前で
理屈の通ったことを言えば、
何人かはそれに耳を傾けてくれるでしょう。
その結果、彼らの人生が変わる
可能性だってある」

　バフェットもチャーリー・マンガーも、人前で話をすることが大好き
だ。しかし、その一方で「靴ボタン・コンプレックス」に陥らないよう
にとも気を付けている。靴ボタン・コンプレックスというのは、靴ボタ
ンの市場を独占することに成功した人が、すべての権威になったと思い
込んだのか、あらゆることについて偉そうに解説し始めたという話を指
す。バフェットとマンガーはそういう態度をとらないように、自分たち
が本当によく知ること、得意とすることについてのみ語りたいと考えて
いる。

　バフェットが学生相手に積極的に話すようになったのは、2002年頃
からだ。バフェットは、手っ取り早く金持ちになるのは人生の最も尊重
すべき目標ではないと教えたが、学生たちがバフェットの話を聞きたが
るのはバフェットが世界一の投資家であり、世界一の金持ちの座に就い
たことがあるからという何とも皮肉な現象ではある。だが、それでもバ
フェットはこんな思いから学生たちに話し続けている。

　「100人の学生の目の前で理屈の通ったことを言えば、何人かはそれ
に耳を傾けてくれるでしょう。その結果、彼らの人生が変わる可能性だっ
てある。60過ぎのおじさんたちを相手にしていたら、そうはいきません」

　バフェットは、言葉には人を変える力があると信じている。

「日経ヴェリタス No.194」

314

「信頼できるもの、そして10年、20年、50年経っても欲しいとみんなが思うものをつくっているかどうか、これが私が投資判断するうえでの基準です」

「偉大な企業とは、今後 25 年から 30 年、偉大であり続ける企業のことです。私はそう定義します」はバフェットの言葉だ。いかにも短期ではなく、長期投資を好むバフェットらしい言い方だ。

　短期で見れば華々しい活躍を見せる企業、素晴らしい収益を上げる企業はいくつもあるが、そうした企業の多くが 3 年先、5 年先、10 年先に光り輝いている可能性は低いことも、紛れもない事実だろう。バフェットが、友人であるビル・ゲイツのマイクロソフト株ではなく、シーズキャンディーズを買収する理由も、そこにあった。

　バフェットの投資基準、それはみんなの生活にとってなくてはならないもの、お金を出してどうしても買いたいものをつくっている企業で、どの分野であれ強いブランド力を持つ企業のことだ。こうした企業はハリケーン・カトリーナが来ようが、日本で大震災が起きようが、決して揺るがない強さを持っている。

「信頼できるもの、そして 10 年、20 年、50 年経っても欲しいとみんなが思うものをつくっているかどうか、これが私が投資判断するうえでの基準です」

　こうした確固たる基準を持ち、その基準を頑なに守り続けたことこそが、バフェットが投資で大成功を収めた要因だった。

315

「バフェットの投資原則」

「ある日の午後に電話を貰って、買わないかと提案されたら、それが良さそうな話であれば、その日の夜に契約書にサインしていることもあり得ます」

　バフェットの特徴の1つは、「時間の浪費」を嫌うところにある。

　投資するかどうかを決めるにあたっても、よくある「会議を招集する」とか、「何段階もの話し合いを重ねる」ことはなく、バフェット1人の判断で結論を出すのを好む。買収の提案を受けた際も、「これは買うに値しない」と思えば、たとえ相手が話している最中であっても、話を止めて「ノー」と言うほどだから、徹底している。「ノー」と分かっているにもかかわらず、最後まで話を聞くのは相手に良い印象は与えるかもしれないが、相手の時間と自分の時間の両方を浪費することになる。反対に「イエス」となれば、バフェットが言うように、「その日の夜」に契約書にサインすることもある。

　こうしたことができるのは、バフェットにはしっかりとした「能力の輪」があり、その輪の中にある企業であれば、同業他社との比較などで素早く結論を出すことができることと、もう1つはバークシャー・ハサウェイがいつだって多額の現金を持ち合わせているからだ。バフェットは借金に頼ることを嫌い、バークシャーには100億ドルとも200億ドルとも言われる現金を用意している。たいていの企業は買収を決めてから金策に走ることになるが、バフェットに関してはその必要はない。

　迅速な判断と、たっぷりの現金がバフェットの強みである。

316

「正確に間違うよりも、大まかに正しい方向へ進むべきです」

　アメリカの企業で働く人間にとって、ストックオプションは報酬以上に魅力的なものだ。特にベンチャー企業であれば、たとえ報酬は安くとも、ストックオプションがあれば、企業が成長し、株式上場を果たした際に巨額の資産を約束してくれる。

　しかしバフェットは、ストックオプションが人件費として計上されず、時に会計操作を可能にすることに疑問を抱き続けていた。バフェットは「ストックオプションは給与の一形態でないとしたら、何なのか？」「費用を利益の計算に入れるべきでないとしたら、一体どこへ入れるのか？」と疑問を呈していた。

　当初は反対意見がほとんどだったが、2002年、コカ・コーラが社員のストックオプションを費用として計上することを決め、2003年にはマイクロソフトのビル・ゲイツがストックオプションの利用をやめ、制限付き株式を採用すると決断した。バフェットは『ワシントン・ポスト』にすべての費用計上を提唱する論文を寄稿、議会にこう忠告した。

「議員の方々、正確に間違うよりも、大まかに正しい方向へ進むべきです」

　バフェットは、会計的におかしなことを正すことこそが大切であり、そのためには大まかでも正しい方向に一歩を踏み出すことを求めた。多少問題はあったとしても、踏み出した方向さえ間違っていなければ、修正しながら進むことで正しい場所へ行き着くことができる。

317

「人に囲まれて過ごす人生で素晴らしいのは、優秀な人に囲まれるとその人たちにならって行動するようになることです。でもその代わり周囲の人もあなたから影響を受けます」

　人が1人で生きていくのは、とても難しい。親に育てられ、教師に教えられ、また友人との交わりなどを通じて人として学び、人として成長していくことになる。

　ほとんどの仕事も、人と人が力を合わせて成り立っているし、人から人へ引き継がれることで完成するものも多い。

　バフェットは、こうした人と人の関係を大切なものだと考えていた。自分より優れた人、尊敬できる人たちと仕事をしたり、人生を送ると、当人も少しずつより良いものを身に付けることができる。付き合うなら自分をダメにする人とではなく、優れた人と付き合いなさいというのがバフェットの教訓だが、同様に人が人に影響を与える以上、自分自身がどのように行動するかも、周りの人に強い影響を与えることを自覚しなければならないとも話している。自分が意識して立派な行動をとれば、家族や友人に良い影響を与えるが、いい加減な態度でいると悪影響を与えることになる。バフェットは言う。

　「人に囲まれて過ごす人生で素晴らしいのは、優秀な人に囲まれるとその人たちにならって行動するようになることです。でもその代わり周囲の人もあなたから影響を受けます」

　人は人から影響を受けるだけでなく、周りの人たちに影響を与える存在でもある。そう自覚することができれば、「どう生きるべきか」の答えも見えてくる。

318

「私の『考える時間』は、年に50週くらいかな。仕事するのはせいぜい2週間くらいでしょうかね」

　バフェットは、ベンジャミン・グレアムの会社で働いていた時はニューヨークにいたが、それ以外は生まれ故郷のオマハを仕事の拠点にしている。今でこそインターネットのお陰でネットさえつながれば、どこにいたとしても仕事はできるようになっているが、バフェットがオマハで働き始めた1950年代といえば、ネットもなく、情報という点でもオマハはとても不便な場所だったはずだ。だが、バフェットは意に介することはなかった。

　そして今も、オマハが仕事の中心であり続けている。オマハにいるメリットを、バフェットはこう説明している。

　「私の『考える時間』は、年に50週くらいかな。仕事するのはせいぜい2週間くらいでしょうかね」

　バフェットは会議を開くこともなければ、電話やメールに多くの時間を割かれることもない。バフェットにとって大切なのは「読むこと」と「考えること」であり、そのためにはオマハは最適な場所と言える。追うべきは、時々刻々と変わる株価や、ウォール街やFRBの動向や噂話ではない。目の前の銘柄についての情報を読み込み、じっくりと考える。バフェットは「仕事はせいぜい2週間」と言っているが、実際には膨大な「考える時間」こそがバフェットの投資の質を高めることにつながっている。

319

「売却したのにもかかわらず、ほら、バークシャーはアップルの5.4%を保有しているんだ」

　コカ・コーラがバークシャー・ハサウェイにおける長期にわたるチャンピオンだとすると、現在、その座にいるのはアップルである。アップル株はバークシャーの国内ポートフォリオの40%を占めており、バフェット自身、同社のことを保険事業に次ぐ「ナンバー2の巨人」と呼んでいる。

　バフェットが同社に投資したのは2016年のことだが、きっかけとなったのは、バークシャーの取締役の1人がタクシーに乗った際にアイフォンをなくし、「魂の一部をなくしたようだ」と嘆いたことだ。その話を聞いたバフェットはアップルに関心を持ち、そこから投資へと進んでいる。その後、バフェットはアップル株の一部を売却したこともあった。しかしその時期にアップルが「自社株買い」を行ったことで、バークシャーの持ち分はかえって増え、バフェットは「売却したのにもかかわらず、ほら、バークシャーはアップルの5.4%を保有しているんだ」と喜んでいる。

　バフェットにとってIT関連は「能力の輪の外」だったはずだが、アップルに関しては、「多くの人が心の底から欲しいと思う製品を長年にわたってつくってきた、人々の生活に不可欠な会社」であり、「自社株買いを積極的に行い、手厚い株主配当」を行っていることがバフェット好みである。バークシャーも、しばしば自社株買いを行っている。

320

「前例のないことも含めて、重大なリスクを見抜き、避けることのできる力が生来備わっている人物が、私たちには必要です」

　バークシャー・ハサウェイにとって「バフェットの後継者問題」は、長年にわたる懸案事項だった。長く候補者が 3 名程度いるとは言われていたが、その名前を公表しなかったこともあり、「もしバフェットに何かあったら、どうなるのか」は株主に限らず、投資の世界の大きな関心事の一つだった。

　2021 年 5 月、バークシャーは後継者にグレッグ・アベル副会長（当時 58 歳）が内定したことを発表、バフェットも CNB テレビで「私に万が一のことが起きたらグレッグが引き継ぐと取締役が合意している」と明かしている。バフェットは自分が亡くなった後、バークシャー・ハサウェイの将来を託せる人物について、次のような見方をしていた。
「長い間には、市場ではとんでもないことや、時には奇妙なことさえ起こるでしょう。大きな間違いを一度犯しただけで、それまでこつこつと積み上げてきた成功がいっぺんに崩れ去ることもあります」

　経験したこと、起こったことから学ぶというのはもちろん重要だが、投資の世界、ビジネスの世界には、たとえばリーマン・ショックや世界的なコロナの流行といったほとんど誰も経験したことのない事態だって起きる。そこに必要なのは『まだ起こっていないことも想像できる』能力である。バフェットはグレッグ・アベルに未来を託した。

321

「才能を持つ者全員に、成功を手に入れる公平なチャンスがある、それがアメリカの精神であるはずです」

「アメリカン・ドリーム」という言葉には、独特の響きがある。移民の国アメリカでは、夢やビジョン以外何も持たない若者がひたむきに努力をすることで夢を実現し、世界的有名人や世界的企業家、世界的な資産家へとなっていくという物語が長く信じられてきた。

もちろん今もイーロン・マスクのような大富豪も生まれているが、一方で、ここ数年はこうしたアメリカン・ドリームに対する疑いが生まれてもいる。金持ちの子は資産や地位を受け継ぎ、より豊かになっていくのに対し、大半の若者はたとえ一流大学を出たとしても何も持たなければ夢など簡単に実現できない、という閉塞感がアメリカを覆っている。

バフェットは莫大な富の相続に早くから否定的な見解を示し、自らも資産の大半を慈善事業に寄付すると発表しているが、その背景には富の継承が若者から公平なチャンスを奪い、アメリカが持っていた良さを失わせるからだ、という考えがある。

「私は、莫大な富を継承することに、まったく興味がないんです。だってそれは、アメリカらしくないじゃありませんか。才能を持つ者全員に、成功を手に入れる公平なチャンスがある、それがこの国の精神であるはずです」

裕福な家に生まれたから、無条件で財産も社会の高い地位も手に入れられるという考え方は、アメリカ的ではないというのがバフェットの考え方だ。

「私に言わせれば、この国の 税制はあまりにもフラットです。 率直に言って、ビルや私は、 もっと高い税率を 課せられるべきなんです」

しばしば話題になることだが、アメリカの税制は金持ち優遇であり、是正すべきだという意見を持つ人が少なくない。かつて「私に言わせれば、この国の税制はあまりにもフラットです。率直に言って、ビルや私は、もっと高い税率を課せられるべきなんです」と訴えたバフェットは、その代表格の一人である。

バフェットは、個人所得税の累進度を高める必要性を説いている。自分の秘書やイラクに送られた兵士たちがなぜ大金持ちの自分よりも高い所得税率を課されるのかに、どうしても納得がいかなかった。

なかには課税の緩い投資ビジネスで巨万の富を得たバフェットがこうした金持ち優遇の税制を批判するのはおかしいのでは、とあからさまに批判する政治家や官僚たちもいたが、バフェットは2006年に「バークシャーは連邦政府の支出の半日分以上を負担したことになります。あらゆる支出の合計の半日分です。もしバークシャーのような納税者が600名いれば、ほかには誰も連邦所得税や賃金税を一切納める必要がなかったことになるでしょう」と反論、巨額の税額にも不満を感じていないことを明言している。

アメリカという国は過度の金持ち優遇策によって金持ちを「特権階級」にしてはならない、というのが、バフェットの考え方だ。

323

「もし相手が『たやすいことです』と言ったら、それはたいていたやすいことではありません。私たちはその瞬間に警戒します。そういう話は9割方お断りします」

　バフェットは、投資した会社の経営に細かく口を出すことはしない。オマハにグループの経営陣を集め、定期的に報告を求めたり、毎月の会議を開くこともしない。数字の報告は受けるが、それ以上の細かい指示を出すことはない。

　バフェットは、それほどに傘下の経営者たちを信頼している。しかし本来、人は全員が善良なわけではない。ましてや会社の危機を救ってもらうためなら、口から出まかせを言う人間だっているはずだ。バークシャー・ハサウェイの株主総会に出席した若い投資家の「どうすれば信用できる人物か、信用できない人物かを判断できるのでしょうか？」という質問に、バフェットはこう答えた。

「チャーリーと私は、会社を買収したり、経営者に信頼を寄せたりすることにおいて、大変幸運に恵まれています。ですが、それは大勢の人を振るい落とした結果です」

　では、どうやって振るい落とすのだろうか？　一例を挙げた。

「もし相手が『たやすいことです』と言ったら、それはたいていたやすいことではありません。私たちはその瞬間に警戒します。そういう話は9割方お断りします」

　バフェットは数字を読む達人だが、一方で経営者が信頼に値する人物かどうかを見抜き、大胆に振るいにかける能力にも長けている。

324

「日本の未来に
バークシャー・ハサウェイとして
参加することは喜ばしい」

　2020 年 8 月、バフェット率いるバークシャー・ハサウェイが伊藤忠商事、三菱商事、三井物産、住友商事、丸紅の 5 大総合商社の株式を発表したことが、日本で大きなニュースとなった。金額にして約 60 億ドルの投資である。

　バフェットにとっては、日本への投資としては過去最大級のものとなった。しかし、取得後の 9 〜 10 月の 2 カ月で、5 社すべての株価が値下がりしたことで、商社に対する投資に対して疑問の声を上げる人もいたが、株価よりも価値を重視するバフェットにとって、企業の一時的な株価の変動はどうでもいいことだった。

　バフェットが 5 大商社に投資した理由は、利益を上げてはいても、株式市場では取り残された存在になっていたことや、長い歴史を持つ商社には株主として大手企業が名を連ねており、それが「安全域」としての役割を果たすなどいろいろ考えられるが、バフェット自身は投資について、こうコメントした。

「日本の未来にバークシャー・ハサウェイとして参加することは喜ばしい。5 大商社は世界各地に合弁事業が多数あり、今後さらに増やす公算が大きい」

　日本の将来性に関しては疑問を口にする人も多いが、バフェット自身は「将来的に有益な機会があることを望む」と、日本や日本の商社に可能性を感じているのだろう。

325

「問題が存在する時には、個人であろうと会社であろうと今すぐに行動することです」

　問題が起きた時に大切なのは、できるだけ早くその解決に向けて動くことだが、驚くことに多くの人は「すぐに」ではなく「先送り」を選ぶ傾向がある。

　ソロモン・ブラザーズが国債の不正入札を引き起こした際、CEOのジョン・グッドフレンドは後者を選び、会社を危機に陥れた。こうした行為をバフェットは「親指しゃぶり」として警告を発していた。そんなバフェットが、なぜか「親指しゃぶり」をしたことがある。

　1997年、バフェットは再保険会社ゼネラル・リーを220億ドルで買収した。同社の業績は悪くなかったが、CEOのロン・ファーガソンはバフェットとは違う哲学を持ち、しばしば問題を起こした。詐欺に引っかかったり、十分な調査なしに映画の入場券販売の保険を引き受けたり、あるいはインターネットくじの保険を引き受けたりして、損失を出した。最大の買収は悩みの種になっていった。

　さらに、同社にはデリバティブ部門もあった。2002年、その危険性を知るバフェットは経営陣を刷新、保有するポジションすべてを処分して部門を廃止したが、その処理には長い年月を要することになった。バフェットは優柔不断が原因だったとして「問題が存在する時には、個人であろうと会社であろうと、今すぐに行動することです」と振り返っている。

　問題に気づいた時、求められるのはスピードであり、先送りは最悪の選択となる。

326

「ニューオーリンズの
堤防の信頼性を検証し、
改善すべき時期は、
ハリケーン・カトリーナが
来る前でなければなりません」

バフェットが1997年に220億ドルで買収した再保険会社ゼネラル・
リーは、バフェットには珍しく問題の多い会社だった。保険の引き受け
方にも問題があったが、何より問題なのはデリバティブ部門があったこ
とだ。

バフェットとチャーリー・マンガーはそれが問題であることを知って
いたため、経営陣に手を引くように指示したものの、「事態とまっすぐ
向き合って処理しなかったため、やっとその部門を売却しようとした時
には、数年を無駄に費やしていた」という。大変だったのは、そこから
だった。債務の解決には長い時間がかかったうえ、支払い義務が生じた
時、その損失額がいくらになるのか確定できなかったことだった。

以来、バフェットは「私たちはこのビジネス（デリバティブ）という
炭鉱のカナリヤであり、異変を嗅ぎつけた時に警告の歌をさえずるべき
なのです」と、ゼネラル・リーの例を出しながら、しきりとデリバティ
ブの危険性を指摘するようになった。世界に広がるデリバティブを放置
すると、やがて「どでかい爆発」を引き起こす。バフェットはデリバティ
ブを「金融の大量破壊兵器」と呼び、「ニューオーリンズの堤防の信頼
性を検証し、改善すべき時期は、ハリケーン・カトリーナが来る前でな
ければなりません」と警告した。

しかし、現実にはバフェットの警告にもかかわらず、世界は慌てふた
めくことになった。

「世の中には、マンガーも私も、10年後の姿がまったく想像できない会社が数多くあります。それでも、この限界は、1つの業界での経験しかない経営者よりはるかにマシです」

バフェットがバークシャー・ハサウェイの経営権を取得してからちょうど50年が経った2015年、バフェットが「バークシャー50周年とその後」について語ったことがある。バフェットは過去のコングロマリットの問題点を指摘したうえで、同じコングロマリットでもバークシャーには大きな可能性があるとして、こう言った。

「世界はバークシャーの思いのままなのです」

バフェットにしてみればかなり大胆な言い方だが、理由はバフェットとチャーリー・マンガーが磨き抜いてきた「能力の輪」にある。

世の中にはバフェットやマンガーが理解できない業界や企業もあれば、IT業界のように10年後の姿がまったく想像できない会社が数多くある。しかしそれでも、2人にはとてもよく理解できる、経営見通しが評価できる会社がたくさんあるし、傘下にはいくつもの業界、企業を抱えてもいる。

バフェットによると、これは「1つの業界での経験しかない経営者よりはるかにマシ」であり、「私たちは自分の業界での可能性に限った展開しかできない多くの会社よりも、効果的に規模を拡大することができる」というのが、バフェットの考える他社にはないバークシャーの強みだった。

328

「バークシャーは 会社を売りたい所有者に、 第三の選択肢として、 社員と文化が維持される 終の棲家を提供しています」

バフェットがバークシャー・ハサウェイの経営権を取得してからちょうど50年が経った2015年、バフェットが「バークシャー50周年とその後」について語ったことがある。その中でバフェットはバークシャーの強みの一つとして、素晴らしい会社の所有者や経営者にとって、バークシャーが望ましい売却先になっていることを挙げている。

バフェットによると、所有者が完全に企業を買収したい場合、1つの選択肢は競合他社への売却であり、2つ目の選択肢はウォール街の買い手たちへの売却だ。しかし前者の場合には、買収した会社はその会社の発展に尽くしてきた人たちをやがて追い出しにかかるし、後者の場合は、会社はさらなる売買の道具になりがちだ。

こうした事態を避けるためには、バークシャーへの売却という第三の選択肢を選べばいい。バークシャーの傘下に入ることで、その企業はたいていの場合、それ以前の経営者がそのまま経営することができるうえに、財務体質や成長力が劇的に強化される。金融機関やウォール街の顔色をうかがう必要もなくなり、会社の成長に専念できる。大切にしてきた企業文化も守ることができる。

これだけの条件が揃えば、企業を売却したいと考える所有者にとってバークシャーは最高の買い手となる。バフェットは50年かけて、古びた繊維会社を魅力ある会社へと変えた。

329

「もし明日何が起こるか予想できないならば、何が起こっても大丈夫なように備えておくべきです」

「人生には上り坂と下り坂、そしてまさかの坂がある」という言葉があるが、そんな「まさか」への備えを怠ってはいけないというのがバフェットの考え方だ。

バフェットによると、バークシャー・ハサウェイは常に多額の現金を手元に用意し、現金の多くは米財務省証券で保有し、数パーセント利回りが高いだけの短期証券は避けるという。さらに銀行の与信枠にも頼らず、担保の差し入れが求められるような契約も結ばないという。借り入れやレバレッジが当たり前の人たちから見れば、あまりに保守的なやり方と言えるが、バフェット自身は「期日が来たら、現金が唯一の法定通貨である」と、まったく意に介していない。

なぜ、それほどに慎重なのか？

理由は、真珠湾攻撃の前の日も、9.11の前の日も、リーマン・ショックの前の日も、ほとんどの日は比較的平穏に過ぎ、誰も大きな不安は感じなかったものの、事が起きた瞬間に世の中のすべてが大きく変わった。こうしたことは、しばしば起きることだからだ。大恐慌やITバブルもそうだが、株式市場でパニックが起きることは予想できても、いつ起きるかは予想できない。「もし明日何が起こるか予想できないならば、何が起こっても大丈夫なように備えておくべきです」が、バフェットの考え方である。

330

「信号は、時に青から赤に
（黄色を飛ばして）
変わってしまうことがある
ということです」

　株式市場というのはどんなに順調に見えても、何かがきっかけで急落することがある。バフェットによると、コロナ禍以前、バークシャー・ハサウェイの株価は過去に4回（1973年3月〜75年1月、87年10月、98年6月〜2000年3月、2008年9月〜2009年3月）、大きく下落（37%〜59%）したことがある。

　もちろん下がったのはバークシャーだけでなく、市場全体が下がっているわけだが、これほどの下落をすれば、信用取引をしている人は大きな損失を被ることになるし、先の見えない急落に不安になり、手持ちの株式を大慌てで売りに出す人もいる。バフェットによると、こうした「信号が黄色を飛ばして、青色から赤色に変わる」ことは、いつ起きるかはともかく、これからも何度も起きることだという。

　それ自体はバークシャーも避けられないが、この時こそがチャンスでもあるとして、「市場が大幅に下落すれば、借金に動きが制限されない人にとっては素晴らしいチャンスが訪れます」と言い切っている。バフェットが過度の借金を嫌うのは、市場では青色の信号が、時に何の前触れもなしに赤色に変わることがあるからだ。しかし、そんな時にも決して動揺することなく、借金もなくて手持ちのお金に余裕さえあれば、バークシャーのように多額の、そして素晴らしい企業への投資をすることができる。

331

「金融派生商品を駆使する
野心的なCEOにとっての
会社が残るための第一法則が導かれます
——必要なのはほどほどの失態ではなく、
とてつもない失敗です」

　日本でもよく言われるのが「大きすぎて潰せない」という言い方だ。たとえ、その企業などに大きな問題があったとしても、あまりに巨額の借り入れがあったり、倒産などの影響が大きすぎるがゆえに「潰さない」という判断が下されることがある。

　それはアメリカでも同様らしい。アメリカにおけるサブプライムローン問題が原因で、アメリカ第5位の投資銀行ベアー・スターンズの経営が急速に悪化した。その際、ニューヨーク連邦準備銀行は「規模が予想不能である金融連鎖反応を防ぐため」という理由でベアー・スターンズに緊急融資を行い、2008年5月30日付で銀行最大手の1つJPモルガンに救済買収されることとなった。

　こうした事実から分かるのは、国家が懸念を抱くのは、些細な問題を抱えた会社ではなく、近隣すべてにまで悪影響を及ぼすことが予想されるほどの会社の問題に限られる。バフェットは、こう皮肉った。

「この腹立たしい現実から、レバレッジを含め、巨額で理解しがたい金融派生商品を駆使する野心的なCEOにとっての会社が残るための第一法則が導かれます——必要なのはほどほどの失態ではなく、とてつもない失敗です」

　腹立たしいが、これが現実なのである。

332

「なにもアナリストに合わせて見通しを立てる必要はない。毎年の結果を書いた紙をくれてやればいいんだ」

　バフェットは、日々の株価がどうか、四半期決算がどうか、また業績見通しがどうで、見通しと実績の差異がどうだといった、細かなことには関心を示さない。しかし、多くの企業経営者にとっては、これらは最大の関心事である。コカ・コーラも例外ではなかった。

　コカ・コーラを世界で最も有名なブランドの一つに押し上げたロベルト・ゴイズエタはバフェットも尊敬していた経営者の1人だが、その死後、同社の経営には販売実績の水増しや会計操作など問題が次々と起こり、株価も急落した。

　バフェットは、こうした問題を引き起こす原因は「管理された利益」にあると指摘した。ウォール街が期待する利益予想に合わせるために、経営陣も株価を上げるためか、様々な数字の操作を行って、業績を実態以上に良いものに見せようとする。現実の数字ではなく、期待に沿うような数字をつくる。こうした行為をバフェットは「それを発見したあとで、私は何度も説いた。『よし、足を洗おうじゃないか。なにもアナリストに合わせて見通しを立てる必要はない。毎年の結果を書いた紙をくれてやればいいんだ。われわれの儲けたものが儲け、それだけのことだ』」と、厳しく指弾した。

　バフェットは、ウォール街や投資家、格付け会社のご機嫌をとるような数字合わせが大嫌いだったし、それは人を欺く行為と考えていた。

333

「チャンスをつかむのに、偉大な知性や経済学の学位やウォール街の専門用語は必要ありません。それよりも大事なのは、ある程度の期間、凡庸に見えても気にしないことも、重要なことです」

　バフェットが投資における成功についてしばしば口にしていることの一つが、「高等数学を勉強しなくても投資で成功することはできる」だ。バフェットは、ウォール街には頭のいい人たちは山といて、IQも高く、数字に長け、かつ難しい専門用語を駆使することもできるが、それと投資の成功は必ずしもイコールではない、と言い続けている。

　そう言うバフェットの頭の良さはお墨付きだが、バフェットの考える成功をもたらす才能は2つある。

　1つは、群衆の恐怖や熱狂を無視して、いくつかの単純なファンダメンタルズを注視すること。そしてもう1つが、「ある程度の期間、凡庸（場合によって愚か）に見えても気にしないことも、重要なことです」となる。

　ことに難しいのが2つ目の「凡庸に見えても気にしない」だ。なかでも頭のいい、才能があると信じ込んでいる人であればあるほど、こうした他者からの批判には耐えられない。どうしても反論したくなるし、「自分は頭がいい」ことを見せたくなるものだが、バフェットにはこれができる。大衆の熱狂に背を向けて、誰もが気にしないような企業への投資を行うことができる。時に「過去の人」と揶揄されもするが、熱狂が去った後、みんながバフェットを讃えることになる。

334

「お金を持っている人と経験を持っている人が出会えば、経験を持っている方がそのお金を手に入れ、お金を持っている方には経験だけが残る」

　バフェットは昔から投資についての助言を求められると、手数料の安いS&P500のインデックスファンドを勧めてきたという。すると、ささやかな資金しか持たない友人はバフェットの提案に従うものの、大金持ちや機関投資家、年金ファンドなどは高額の手数料を必要とするコンサルタントに頼ることが多いという。

　世界一の投資家の提案を聞かないというのも大したものだが、バフェットによると、大金持ちというのは普通の庶民が利用するようなサービスには何の関心もなく、たとえ手数料は高くても、庶民とは違う特別なサービスを受けるのが当然だと考えがちだという。そのため、S&P500のインデックスファンドには目もくれず、「特別なコンサルタント」による「特別な助言」を好み、「特別な投資」に向かうことになる。

　しかし、実際には期待ほどの成果は得られず、バフェットの計算では「過去10年間に総額1000億ドルがムダになっている」。お金持ちの期待と、期待通りに高額な報酬を受け取るコンサルタントたちの関係を言い表した格言を、バフェットは紹介している。

　「お金を持っている人と経験を持っている人が出会えば、経験を持っている方がそのお金を手に入れ、お金を持っている方には経験だけが残る」

　お金持ちは、いつだって「特別なもの」が大好きなのだろう。

335

「人々が欲しいものを生産するだけでなく、彼らがまだ欲しいかどうか気づかないものまで届けてくれる市場制度に勝るものはありません」

　バフェットはアメリカという国がこれまでやってきたことを評価し、今後の可能性についても強く信じている。その理由の一つが、「人々が欲しいものを生産するだけでなく、彼らがまだ欲しいかどうか気付かないものまで届けてくれる市場制度」にある。

　たとえば、スティーブ・ジョブズがつくり上げたマッキントッシュやiPhone などは、まさにほとんどの人々にとってそれまで想像していなかったが、手にすることで「あっ、実はこんなものが欲しかったんだ」と感じさせるものだった。バフェット自身、ビル・ゲイツに勧められるまでパソコンを必要とは考えていなかったが、その恩恵が分かったことで、バフェットの生活にも大きな変化が起きたという。こう話している。「私は今では週に10時間もオンラインのブリッジに費やしています。そして、この手紙（バフェットからの手紙）を書くうえで、『検索』機能は必須です」

　バフェットにとってブリッジは、大好きな趣味の一つである。趣味と言っても専門家を雇って教えを請うほどだから、かなり入れ込んでいるし、「若者がブリッジを知らないのは、大間違いだ」とさえ推奨している。そんなバフェットにとって仲間を集めることはなかなかに大変だったが、パソコンのお陰で仲間と手合わせすることがずっと簡単になったことも、バフェットがアメリカの可能性を高く評価する理由なのかもしれない。

336

「ほとんどのアメリカ人が ますますの繁栄を遂げる代償が、 不運な人たちに極貧生活を 強いることであってはなりません」

　1776年の建国以来、アメリカは幾度かの危機はあったものの、奇跡と呼べるほどの発展を遂げたのはみんなが認めるところだ。バフェットによると、ありとあらゆるものが不毛な土地や未発達な構造やわずかな生産量の時代からスタートしたにもかかわらず、2010年代までに何もないところから90兆ドルもの富を築き上げている。

　結果、バフェットが暮らすアッパーミドルクラスの地域では、バフェットが生まれた頃のジョン・D・ロックフェラー・シニアよりも高い生活水準を謳歌し、娯楽や通信、医療などのさまざまなサービスを受けることができるようになっている。

　その意味では、全体として間違いなく生活水準は上ったものの、やはり社会から取り残される人たちがいるのも事実である。バフェットは、こうした人たちが妥当な生活を送ることができるようなセーフティーネットをつくことを提唱している。理由はこうだ。

「ほとんどのアメリカ人がますますの繁栄を遂げる代償が、不運な人たちに極貧生活を強いることであってはなりません」

　経済が発展し、社会が豊かになるのは素晴らしいことだが、どんな時代であれ、社会から取り残され、異に沿わない生活を送ることを余儀なくされる人たちもいる。バフェットは、こうした人たちのことを考えるのも「持てる者の務め」と考えていた。

337

「当社は常に、1000年に一回の大洪水に備えています。むしろ、もしそうなった時は、準備を怠ってきた人たちに救命胴衣を売るつもりです」

　バークシャー・ハサウェイは投資会社であるだけでなく、保険会社でもある。それだけに財務体質という面では何があっても大丈夫でなければならない、というのがバフェットの考え方だ。バークシャーの強みについてバフェットは、こう言っている。

　「何より大事なことですが、バークシャーの忍耐強い株主の資本が永遠に失われる可能性は、どの会社に投資した場合よりも低いと私は考えています」

　さらに、こうも言い切っている。

　「バークシャーが資金難に陥るような問題が起こる可能性は、実質的にゼロだと考えています。当社は常に、1000年に一回の大洪水に備えています。むしろ、もしそうなった時は、準備を怠ってきた人たちに救命胴衣を売るつもりです」

　バフェットによると、金融の世界で持久力のある会社は、いかなる状況においても、

　　1、大きくて信頼できる収入源がある

　　2、大量の流動資産がある

　　3、短期的に大きな資金需要がない

　という3つの強みを維持しているというが、この3つすべてに常時、対応しているからこそ、バフェットはバークシャーに絶対の自信を持つことができる。

338

「私はこれまで
随分人に賭けてきましたし、
その人たちのことを
理解しているつもりです。
大勢の人が
私に賭けてくれた時もありました」

　バフェットの投資には、2つの確固たる原則がある。1つは企業が持っている価値よりも安く買うことができることであり、もう1つはその企業がしっかりとした信頼に足る経営陣によって経営されていることだ。

　バフェットがどれほど経営陣を注意深く見ているかは、クレイトン・ホームズのケースがよく表している。バフェットはジム・クレイトンの自伝、息子で経営者のケビンに対する評価、財務情報によってクレイトン・ホームズの買収を提案、同社はこの申し出を受け入れている。バフェットは、何よりも人を見て投資する。2002年のレベル3コミュニケーションズへの5億ドルの投資も同様だった。同社は音声・データの高速通信ネットワークの運営会社であり、どちらかと言えばハイテク株を「能力の輪」の外と考えるバフェットとは縁遠いはずだが、オマハにあるピーター・キューイット・サンズ・インクの子会社であり、友人でバークシャーの取締役でもあるウォルター・スコット・ジュニアが会長であることを理由に決断した。バフェットは、「私はこれまで随分人に賭けてきましたし、その人たちのことを理解しているつもりです。大勢の人が私に賭けてくれた時もありました」と話している。

　投資で大切なのは価格と価値の差に加え、誰が経営をしているかだ。絶対に避けるべきは邪悪な人だ。バフェットは、「人」に賭けるタイプの投資家だった。

339

「労使交渉が数週間も続いているというような ニュースは、よく耳にします。 しかし、取締役とCEOの間で報酬をめぐって そのような交渉が行われたという ニュースは聞いた覚えがありません」

バフェットはCEOや取締役会のあり方、報酬の決め方などについて 時に厳しい意見を口にしている。

たとえば、何の成果も上げずに、高い報酬を貰い続けるCEOがいる。 では、こうしたCEOを評価する取締役会がどうかというと、取締役自 身が自らを評価することもなく、標準に満たない企業業績を言い訳する ための場になっていると指摘している。

バフェットによると、本来、CEOと取締役会は、意見を述べ合える 関係でなければならないが、多くの場合、「取締役会においてCEOの 業績を批判することは、一般社会において、ゲップをすることと何ら変 わらない」遠慮すべきものとなる。

言わば、なれ合いの関係というか、CEOの言うことを唯々諾々と聞 く場に取締役会がなっているということだろう。バフェットは言う。 「（賃金や労働条件を巡って）労使交渉が数週間も続いているというよ うなニュースは、よく耳にします。しかし、取締役とCEOの間で報酬 をめぐってそのような交渉が行われたというニュースは聞いた覚えがあ りません」

取締役会ではCEOに法外な報酬を、まるで飴玉か何かのようにポン ポンと支払うのに対し、労働者とは必死の交渉をする。バフェットは、 これを経営陣の問題と考えていた。

340

「先方はドーベルマンではなく、コッカー・スパニエルがお望みのようです。私もコッカー・スパニエルのふりをしているのですが、誰も騙されてくれません」

　バフェットの報酬に対する考え方は、基本的に能力給である。成果を上げた者、能力ある者に高い報酬を支払うのは当然のことだが、さしたる貢献をしていない者にまで毎度毎度支払っているのは間違っているのではないか、というのがバフェットの考え方だ。

　ソロモン・ブラザーズの取締役を務めていた頃、過大すぎる報酬の減額を求めたことがあるが、最終的には当初の提案よりも減るどころか増えていたこともあり、こうしたやり方はバフェットには理解しづらいものだった。

　2007年のバークシャー・ハサウェイの株主総会当時、バフェットは19社で取締役を務めていたが、そのうち報酬検討委員会は1社しか引き受けていなかった。バフェットが報酬検討委員会をかつて「しっぽを振る子犬」と呼んだことも影響したのか、バフェットに依頼するところは少なかった。バフェットは、こう言った。

「先方はドーベルマンではなく、コッカー・スパニエルがお望みのようです。私もコッカー・スパニエルのふりをしているのですが、誰も騙されてくれません」

　コッカー・スパニエルは、メイフラワー号で移民と一緒にアメリカに渡ってきた2頭の犬の1頭と言われており、主人にはとても忠実で、幅広い年齢層の人にとって飼いやすい犬だというが、取締役会にとってバフェットは、報酬を語らせるにはあまりに危険だった。

341

「今から20年後、何十年もの歴史を持つ 一流企業の所有者が 会社を売る必要に迫られた時、真っ先に 売却先としてバークシャー・ハサウェイを 思いついてくれたら嬉しい、というのが 私の希望です」

バークシャー・ハサウェイの歴史は古いが、かつてのバークシャーが滅びゆく会社だったのに対し、バフェットが経営権を握って以降は、保険と投資を中心に世界でも指折りの企業へと成長を遂げている。

同社の買収方法は、とても単純だ。

「入念に練り上げられたバークシャーの買収方法は、電話を待つという単純な方法です」

これでビジネスが成り立つのなら、これほど簡単なことはないが、それができるのは同社の経営者がバフェットだからだ。

バフェットは既に後継者を指名してはいるが、バフェットが去った後も後継者たちがバフェットほどの尊敬を勝ち取ることが果たしてできるのかどうかは未知数だ。但し、バフェットはそう信じている。2008年の総会で、こう話している。

「今から20年後、何十年もの歴史を持つ一流企業の所有者が会社を売る必要に迫られた時、真っ先に売却先としてバークシャー・ハサウェイを思いついてくれたら嬉しい、というのが私の希望です」

バフェットが築いた株主と経営者を大切にする文化、質素倹約を重んじ、株券ではなく事業に投資して長く持ち続けることで素晴らしい実績を挙げ続ける企業文化が今後も続くこと、それが世界一の投資家バフェットのバークシャー・ハサウェイに託した希望である。

「私は学生に、人生で一番重要な仕事は、子どもを育てることだと言っています」

　バフェットは、子育てに関してはほとんど妻のスージーに任せきりだったが、少なくとも子どもたちを大金持ちの子どもとして甘やかせないようには心がけていた。

　若い時に買った小さな家でずっと暮らし、豪邸に移り住むことはなかった。子どもたちに大金を与えることもなかったし、ずっとオマハで暮らし、学校も公立に通わせている。バフェット自身は大変な資産家ではあっても、そのお金の大半は慈善事業に寄付され、子どもたちが莫大な資産を継承することはない。「我が家は、超金持ちにはならないんですよ。子どもたちは、そこそこの金持ち止まりでしょう」がバフェットの見方であり、それで良かったと考えている。

　子育てについてバフェットは、こんな考え方を持っている。
「私は学生に、人生で一番重要な仕事は、子どもを育てることだと言っています。愛情や食べ物を与える仕事です。親の下で、子どもたちは日々、世界について学んでいきます」

　子育てに絶対の正解はない。その難しさをバフェットは、こう表現した。
「ビデオと違って巻き戻しのボタンはありません」

　正解がなく、やり直しのきかない仕事だからこそ、楽しく、やりがいもある。バフェットは少なくとも、子どもたちを大金持ちの子として育てることはなかった。

343

「投資家に損害を与えるのは
アメリカではないだろう。
それは投資家自身であるはずだ」

　バフェットは基本的に、アメリカの経済に信頼を置いている。もちろん過去には、大恐慌や第二次世界大戦、9.11やリーマンショック、さらにはコロナ禍など幾度ものマイナス要因があったわけだが、バフェットによると、ダウ平均は20世紀の間に66ドルから1万ドルへと上昇している。

　つまり、優れた企業に投資して、それを長く持ち続ければ、長い目で見れば確実に利益を得ることができるのがアメリカという国だ。しかし、そんなアメリカの市場でも投資で失敗する人、すべてを失う人もたくさんいる。かといって、その責任はアメリカではないというのがバフェットの考え方だ。バフェットは、こう言っている。

「投資家に損害を与えるのは、アメリカではないだろう。それは投資家自身であるはずだ」

　長期的に見れば、アメリカの市場は成長し続けている。その市場で失敗するとしたら、それは投資家自身の①理解していない株に投資する、②借金に頼って投資する——といった点に問題がある。

　バフェットは2008年のリーマンショックの後も「アメリカの株を買いなさい。私はそうしている」と言っているし、コロナ禍においても「アメリカの衰退に賭けるな」と断言している。

344

「もしも私が人生を通して ブロッコリーと芽キャベツだけを 食べていたら、こんなに長生き できていなかっただろうと思う」

　バフェットは子どもの頃から食べ物の好き嫌いがはっきりしているうえに、1日に何本ものコカ・コーラを飲むことで知られている。1990年代後半に、こんな奇妙な計算を披露したことがある。

「私はチェリー・コークを1日5本飲みます。これで750キロカロリーです。もしこれを飲まなければ、1年で体重が34キロも減ってしまう計算になります。コークは、まさに命の恩人です」

　自分の好みを正当化するための屁理屈としか言いようがないが、その後もこうした考え方が変わることはなく、2018年の株主総会でも、過去30年間に消費したカロリーの4分の1はコカ・コーラから来ているという計算を披露して、こう胸を張った。

「もしも私が人生を通してブロッコリーと芽キャベツだけを食べていたら、こんなに長生きできていなかっただろうと思う」

　栄養学の専門家からすれば、バフェットのような高齢の人間がこれほどの量のコカ・コーラを飲むことへの疑問もあるはずだが、90歳を過ぎた今でも頭も体も健康であるところを見れば、反論は難しくなってくる。食べたいものを食べ、飲みたいものを飲み、好きな仕事をやることは健康で長生きを可能にしてくれることを、バフェットは証明している。

345

「エコノミストを抱えている
企業はすべて、
従業員が1人余計に多いと
考えている」

　バフェットはマクロ経済の予測をすることもなければ、そうした予測
に基づいて投資をすることもない。バフェットにとって重要なのは、投
資する個々の企業が長期的にどれほどの成長をして、どれだけの利益を
もたらしてくれるかであり、それとマクロ経済の動きは関係がない。

　経済的な予想はもちろんのこと、政治的な予想などに関しても、決し
て気に留めることなく投資判断をするというのがバフェットの考え方
だ。仮に有力者が今後について耳打ちをしてくれたとしても、自分たち
の行動には何ら影響しないとまで言い切っている。

　それどころか、バークシャー・ハサウェイにとっては景気の良い時と
いうのは慎重になるべき時であり、景気が悪く株価が低迷する時こそが
優れた企業をそこそこの価格で買うことのできる絶好の時期となる。

　バフェットは言う。

「エコノミストを抱えている企業はすべて、従業員が1人余計に多い
と考えている」

　公認会計士や税理士が自分たち以上に上手に経営ができるのなら、彼
らに任せればいいし、エコノミストが将来を予測して適確に立ち回れる
なら、エコノミストに任せればいい。しかし現実には、エコノミストの
予測はバフェットにとってまるで意味のないものだった。

346

「下手に貸し、下手に借りた、ということです」

　サブプライムローンというのは、クレジットカードなどで延滞を繰り返すような信用力の低い個人や低所得者を対象とする住宅ローンのことだ。優遇金利の「プライム」より信用力が低いという意味で、「サブプライム」と呼ばれている。アメリカでは 2004 年ごろから住宅ブームを背景に住宅ローン専門会社などが貸し付けを増やしたが、最初の 2 〜 3 年は金利を低く設定しているものの、以後は金利が上がる仕組みになっているうえ、住宅価格の上昇が止まり、金利も上がったことで返済不能に陥る事態が増加した。

　これだけでも大きな問題だが、証券会社がサブプライムローンを担保にした証券を世界中の金融機関に販売していたことで、世界の金融機関を巻き込むサブプライムローン問題となった。バフェットはこの問題について、こう指摘した。

「下手に貸し、下手に借りた、ということです」

　チャーリー・マンガーは「援助に値する貧しい人々にお金を貸すことは、国益にかないます。ですが、援助に値しない貧しい者たちや、背伸びをした金持ちに金を貸しても、面倒を招くだけです」と、さらに痛烈な言葉を口にした後、貸し手たちについても「（髭を剃る時）鏡に映ったのは、邪悪な愚か者の顔だったのでしょう」と、激しく指弾した。

　過ちや愚行、欲望と無知が結びつくと、大きな問題が起きることになる。

347

「永遠に続くはずがないものには、終わりがある」

　バブルの真っただ中にいると、なぜかこの繁栄や上昇が永遠に続くように勘違いすることがある。しかし、もちろんそんなことはあるはずがない。

　1990年代後半から2000年にかけてのアメリカのITブームは、利益も生まず、社歴もほとんどない企業でさえ持てはやすことで、株価の急上昇を招いたが、一旦、バブルが弾けてしまうと、その後にはいくつもの企業の倒産や、多数の失業者を生むことになった。この時期、バフェットは揶揄されることも多かったが、バブルの崩壊を生き延びたアマゾンの創業者ジェフ・ベゾスが言うように、「だいたいウォーレンの言うことには耳を貸さないといけないんだ」という評価を定着させることになった。

　ITバブルに限らず、バフェットはこれまで幾度ものバブルと、株価の急落を経験している。バークシャー・ハサウェイの株主総会でもかつて、こう言っている。

「アメリカの企業社会は、絶頂期にあります。そういう状態が長く続かないことは、歴史の示すところです」

　ある講演でもバフェットは、ハーバード大学教授ジェレミー・スタインの「永遠に続くはずがないものには、終わりがある」という言葉を紹介、「肝に銘じておくべきだ」と強調している。

348

「ごく普通の仕事をしていたり、
境遇は恵まれていなかったりしても、
周りから愛されている人は、
大きな成功を感じているものです」

ジャン・ポール・ゲティは石油開発で大成功をおさめ、「アメリカ初の億万長者」と呼ばれた人物だが、その葬儀は寂しく、「見たこともない悲しい光景だった」と伝えられている。身内での不幸が続いたうえ、ゲティ自身も5回結婚して5回とも離婚したことで、亡くなる前年に82歳のゲティは「自分がいつか孤児になるとは思ってもみなかった」と嘆いているから、晩年がどれほど淋しいものかがよく分かる。

バフェットによると同じくらいの年の人で、年をとった時、家族や仕事仲間など自分の周りに自分を愛してくれる人がいる人は、例外なく「人生は成功だった」と言うのに対し、自分の名前がついた学校や病院を持つにもかかわらず、誰もその人のことを気にも止めず、愛してくれる人もおらず、そして本人もそのことを知っている人は「人生のすべてが空しくなってしまう」という。

バフェットにとっての成功の証は、こうだ。

「ごく普通の仕事をしていたり、境遇は恵まれていなかったりしても、周りから愛されている人は、大きな成功を感じているものです」

バフェットにとって人生の目的は、愛されたいと思っている人たちから1人でも多く愛されることにあった。成功はお金ではなく、愛で測られる。

「私たちは常に短期的により多くの利益を稼ぎ出したいと望んでいます。しかし、短期と長期がかち合う場合には、まず堀を広げる方を取るのです」

　企業経営において、短期的目標と長期的目標のどちらを優先するかは頭の痛い課題である。四半期決算や目先の株価の上昇といった短期的目標を優先しすぎると、時間がかかり、かつ利益にもつながりにくい長期的目標はどうしても後回しにされることになる。たしかに、その時は利益も上がり、株価も上がるのだが、長期的取り組みを後回しにした結果、やがて競争力を失い、企業としての成長がじり貧になることも少なくない。

　バフェットがバークシャー・ハサウェイ傘下の企業の経営者に求めるのは、「次の四半期の利益ではなく、最大限長期にわたる価値を追求する経営を行う」ことだ。もちろん、利益など無視してもいいということではないが、「より大きな競争上の強みを築き上げることを犠牲にしてまで、短期的な成果を達成しようとは思っていない」とバフェットは明言している。

　バフェットは株式投資において長期の保有を基本にしているが、それはバークシャーの株主も同様であり、株主のほとんどが長期保有を前提に考え、簡単に株を手放すことはない。そんな株主がいるからこそ、バークシャー傘下の企業の経営者も安心して長期的視点で経営に取り組むことができる。短期の利益目標を追うあまり、誤った決定をしてしまった場合、その後いかにうまく運ぼうとも被った損失をあがなうのはとても難しい、というのがバフェットの考え方だ。

350

「チャーリーと私は価格変動を気にしません。たとえ四半期だけで簡単に10億ドルの変動があるとしても、です。皆さん（株主）も気にしないでいただけると幸いです」

　株価と企業価値の関係について非常に分かりやすく説明したのが、アマゾンの創業者ジェフ・ベゾスの言葉だ。2000年のITバブルの崩壊によってアマゾンの株価が急落、ウォール街や株主から激しいバッシングを浴びたが、ベゾスは社員にこう言った。

「株価が30％上がったからといって、30％頭が良くなったと君たちが感じることはないはずだ。それなら、株価が30％下がった時も、30％頭が悪くなったと感じなくていいだろう」

　ベゾスはバフェットやグレアムの「株式市場は短期的には投票機、長期的にははかり」を引用して、こう話している。株価が急落すると株主は途端に悲観的になりがちだが、たしかにベゾスが言うように株価が急落したからといって、その企業の本質的な価値が棄損されることはない。だからこそ、「見るべきは、株価ではなく価値」というのがバフェットの考え方だ。バフェットは、こう言っている。

「チャーリーと私は価格変動を気にしません。たとえ四半期だけで簡単に10億ドルの変動があるとしても、です。皆さん（株主）も気にしないでいただけると幸いです」

　株価が上れば嬉しいし、下がれば悲しくなるのは人の常だが、それよりも企業の価値を上げることにひたすらに集中する。やがて価格は価値を正しく反映するものになる。

351

「もし何かのプロジェクトに大金をつぎこんで失敗しても心配はいりません。きっと神のご加護が得られます」

　2006 年、バフェットがビル・ゲイツが運営するビル＆メリンダ・ゲイツ財団に 300 億ドルもの寄付をすると申し出たニュースには、世界中のマスコミが驚いたものだ。その際、バフェットはゲイツに「ゲイツ財団が行う寄付の拡大にあたっては、幅を広くするのではなく、深さをさらに深くしてほしい」と要望した。

　バフェットは他の財団などからも支援を受けている、自分たちが支援しなくてもやっていけそうな団体に広く薄く支援するのではなく、とても重要だけれども、自分たちが支援しなければ資金が集まらないような事業、数は少なくともとても大切な事業に資金を投じて欲しいと依頼している。そして、こうも付け加えた。

「もし何かのプロジェクトに大金をつぎ込んで失敗しても、心配はいりません。きっと神のご加護が得られます」

　広く浅く安全な事業ばかりを選んでいてはダメだ。それよりも本当に大切な事業に大胆に取り組んでほしいというのがバフェットの願いであり、失敗を恐れずに信じる道を大胆に進んでほしい、というのがバフェットの考え方だった。ゲイツ財団の信条は「いずれの命も価値は等しい」だ。世界で最も恵まれたバフェットとゲイツは、そうではない人々に強い責任を感じていた。

352

「バカなことをしてしまう本能のようなものが人間にはあって、それが時にとんでもない規模で発揮されます」

　バブルの時代には企業経営者も個人も、本業よりも金儲けに目が向いてしまう。日本でも「こんな時代は長く続くはずがない」と警鐘を鳴らす人もいるにはいたが、浮かれた時代の中では、こうした声に耳を傾ける人はとても少なかった。アメリカでもITバブルや不動産バブルが起こり、一時的には未曽有の好景気に浮かれたとしても、数年後にはバブルが破裂、たくさんの人が手痛い目にあっただけでなく、サブプライムローンのように、世界中に不況をまき散らしたことさえもある。

　バフェットはサブプライムローンについて、「何が起こるかは簡単に予想できますが、いつ起こるかは容易には予想できません」と危険性は警告していたが、それでもサブプライムローンがこれほど世界に害を及ぼすとまでは予想できなかった。「住宅不動産のバブルがこれほどの衝撃波をもたらした例を、私は生まれてこのかた見た覚えがありません」としたうえで、「似たようなことはきっと起こるでしょう」と警告している。

「金持ちになりたいとか、レバレッジを使いたいとか、お伽噺のような儲け話を信じたいとか、そういうことに関しては、バカなことをしてしまう本能のようなものが人間にはあって、それが時にとんでもない規模で発揮されます」

　熱狂の中で冷静であるためには、知性や物事を客観的に見る目が欠かせない。

353

「あなたがどう行動するかが 他の人の手本となります。 だから自分が生まれた時よりも 素晴らしい世界をあとにして この世を旅立っていく方法はきっと 見つかります」

「世界を変える」は、スティーブ・ジョブズが得意としたセリフだ。その言葉に魅せられた若者たちがジョブズの下に集い、「世界を変える」ほどの製品をつくり上げたことで、アップルは世界一の時価総額を誇る企業へと成長することができた。

「世界を変える」や、イーロン・マスクの「世界を救う」にはそれほどに人を引きつける魅力があるわけだが、バフェットはビル・ゲイツとともに出席したネブラスカ大学リンカーン校の講演会で、「皆さんは日々、世界を変えているんです」と言い切っている。

たとえば、子どもが生まれ、子どもを育てる時には、親の世界観や人生観が大きな影響を与えることになる。子どもの世界観をつくるのは親であり、だからこそ親は日々世界を変えていることになる。

同様に、周りの人たちに対して、1人ひとりが何を考え、どう発言し、どう行動するかは周りの人たちに影響を与えることになる。たしかにジョブズやマスクに比べれば、それはささやかなことかもしれないが、大切なのは、バフェットが言うように「自分が生まれた時よりも素晴らしい世界をあとにしてこの世を旅立っていく」という強い思いである。

人がどう生きるかは世界とあまり関係ないように思えるかもしれないが、世界はそんな人たちの集まりでできている。だからこそ「どう生きるか」が大切になる。

354

「読書に勝るものはない。
『もし、歴史上の人物を含めて
誰か1人とランチをするとしたら、
誰を選ぶか』と聞かれる。
実は、本を読むことで歴史上のすべての
偉大な人物と昼食をともにすることができる」

　バークシャー・ハサウェイの株主総会で、投資で成功するためには何が必要かと聞かれたバフェットが、「とにかくたくさん読むことです」と答えているように、バフェットの投資、そして人生の根底には「読書」がある。2008年、父親について聞かれた次男のピーターは、こう答えている。

「父が何をしていたのか、私にはわかりません。ただ、たくさん読んではいました」

　2020年12月、ネブラスカ大学リンカーン校の学長との対話の中でも、バフェットは母校を卒業する学生のためにこんなアドバイスを贈っている。

「読書に勝るものはない。探求心を持ちたいものだ。『もし、歴史上の人物を含めて誰か1人とランチをするとしたら、誰を選ぶか』と聞かれる。実は、本を読むことで歴史上のすべての偉大な人物と昼食をともにすることができる」

　人生において良き師と出会うことが大切だ、というのがバフェットの考え方だ。バフェットは幸いにしてベンジャミン・グレアムという師に出会うことができたが、仮に現実の世界で良き師に出会えなかったとしても、本を開けば、歴史上の素晴らしい人物に出会うことができるし、そこからたくさんの学びを得ることもできる。「読書に勝るものはない」は、バフェットの体験から出た最良のアドバイスの一つである。

355

**「今年の卒業生にはこれを伝えたい。
私は彼らと入れ替わりたいと思っている。
彼らは不確実な世界に
飛び出していかなくてはならないと
感じているだろうが、
これほど面白い時期はないのだから」**

　2020年12月、ネブラスカ大学リンカーン校の学長との対話の中で、バフェットは母校を卒業する学生のためにこんなエールを贈っている。「今年の卒業生にはこれを伝えたい。私は彼らと入れ替わりたいと思っている。彼らは不確実な世界に飛び出していかなくてはならないと感じているだろうが、これほど面白い時期はないのだから」

　こう言われた学生の中には世界がコロナ禍に見舞われている時に何て無責任な発言だろうと感じた人もいるかもしれないが、これはバフェットの紛れもない本心だろう。バフェットが生まれたのは1930年の8月、つまり世界的な大恐慌から1年も経たない頃である。そして第二次世界大戦が終わった1945年に15歳になっている。

　その後もアメリカは朝鮮戦争やベトナム戦争、湾岸戦争などいくつもの戦争を戦い、経済面でも幾度ものバブルと幾度ものバブル崩壊やオイルショックを経験している。そして今回のコロナ禍によって、バークシャー・ハサウェイも当然ながら痛手も被っている。まさに不確実性の時代をバフェットは生きてきたわけだが、その間、ずっと投資面では勝利し続けている。世界が不確実だと、人は不安になりがちだが、そんな時代こそがバフェットにとってはチャンスでもあり、ワクワクする楽しい時でもある。

356

「どういう人物が、
どういう事業を営んでいるのかを
理解すれば、
それほど多くのリスクは
ありません」

　投資の世界にはさまざまな数値を使った尺度がある。たとえば、「β」
は、投資案件のリスクを見積もるために広く用いられている「変動率」
の尺度のことだが、バフェットはこうした指標を信じていない。こう言
い切っている。

「βは数学的にはよくできています。しかし、誤った指標です。リスク
を計算することはできません」

　バフェットによると、リスクというのはこうした数値ではじくもので
はなく、「経営の問題」であり、特に「どういう人物が、どういう事業
を営んでいるのかを理解する」ことがとても大切になる。そのために参
考になるのが、年次報告書だ。こう言っている。

「私たちが読むのは、年次報告書です。それを読めば、会社を経営して
いる人物について、いろいろなことが分かります」

　バフェットは数字を読む達人である。年次報告書を読むだけで投資に
値するかどうかを瞬時に判断できるのは凄いことだが、同時に経営者の
人間性にも注意を払っている。「どういうことを話す人物であるか。そ
の人物が何を重要だと考えているか」を知ることができれば、投資に値
するかどうかも判断できる。企業は人間が経営するものである以上、投
資にあたって見るべきは数字に加えて、人間としての経営者の考え方や
資質である。

357

「イーロンはある分野では物事を
ひっくり返すかもしれないが、
キャンディーでは、
我々を相手にしたくはないと
思っているだろう」

　バフェットとイーロン・マスクは共に世界を代表する資産家だが、マスクはしばしばバフェットのやり方について批判することがある。たとえば、バフェットの机に座って有価証券報告書をひたすら読むやり方を、「やりたくない仕事」と言ったかと思うと、バフェットが投資にあたって重視する「経済の濠（ほり）」についても、「時代遅れ」であり、大切なのは「イノベーション」であると言い切っている。

　たしかにマスクは、自動車業界やロケット開発という伝統的な産業の壁をイノベーションによって突き崩し、新しい流れを生み出しているだけに、「濠」よりも「イノベーション」が大切だと考えるのは理解できる。一方で、バフェットが好むコカ・コーラやシーズキャンディーズでも同様のイノベーションが起こせるかどうかは別の話だ。バフェットはマスクの業績を認める一方で、こうユーモアを交えて反論した。

「イーロンはある分野では物事をひっくり返すかもしれないが、キャンディーでは、我々を相手にしたくはないと思っているだろう」

　たしかにコカ・コーラやシーズキャンディーズのようなたくさんのファンを抱える企業を打ち負かすのは、至難の業だろう。マスクは「今度はキャンディーショップでもやろうかな」と返したが、その後、挑戦しているのはSNSの世界である。

358

「私は暗号資産を
一切所有していないし、
今後も所有することは
ないだろう」

　世界最大の暗号資産であるビットコインが2020年末から年明けの1月3日までにおよそ23%上昇したことで、ビットコインの投資家にとっては素晴らしい年明けとなったが、バフェットは2014年に「殺鼠剤のようなもの」とコメントして以降、まったく関心を示していない。

　ビットコインが1万ドルになった2020年2月、CNBCでこう言い切った。

「私は暗号資産を一切所有していないし、今後も所有することはないだろう」

　バフェットによると、ビットコインには裏付けとなる価値がないうえ、収益も配当も生まれない。それは1637年にオランダで起きた「チューリップ・バブル」と同じで、本質的な価値がないものが熱狂によって高騰すると、いずれバブルは弾けることになるというのがバフェットの考え方だ。

　そんな警告にもかかわらず暗号資産ブームは続くこととなったが、2022年11月、大手のFTXが経営破綻、創業者も逮捕されたことで、暗号資産ブームは終焉へと向かうことになったと見られている。そしてこれが、価格が上昇していた高リスク資産にとっても逆風となると見られている。かつてアマゾンのジェフ・ベゾスも言ったように、やはりバフェットの言葉には耳を傾けるべきという事例がまた一つ増えたことになる。

359

「もしかしたら、実際のその人物の市場価格よりずっと低い金額で働くことで、模範を示そうとするかもしれない。そうなれば、素晴らしいことだ」

バークシャー・ハサウェイにおけるバフェットの年俸は、ずっと10万ドルのままだ。そのほかに役員報酬を7万5000ドル、警備費用として35万ドルが支払われているが、ウォール街のCEOの年俸と比べれば驚くほどの低さである。

もちろんバフェットには10兆ドルを超える資産があるが、アメリカの大企業には資産とは関係なしに高額な年俸を手にするCEOはたくさんいるだけに、やはりその報酬の低さには驚かされる。こうした姿勢が、「贅沢をしない」というバークシャーの企業文化にもつながっている。

そんなバフェットだけに、2017年の株主総会で、「後継者の給与」について問われ、こう答えている。

「もしかしたら、実際のその人物の市場価格よりずっと低い金額で働くことで、模範を示そうとするかもしれない。そうなれば、素晴らしいことだ」

CEOは高額な年収やボーナス、ストックオプションといった短期的な収入を求めるのではなく、企業の長期的な成功によってインセンティブを得るべきだというのがバフェットの考え方であり、後継者にも同様の考え方を求めていた。CEOが目指すのは私腹を肥やすことではなく、長期的に成長し続ける企業をつくり上げることである。

360

「もしバークシャーの非経済的な価値が失われれば、経済的な価値の多くも一緒に崩壊するでしょう」

「ライバル企業も企業文化まで真似ることはできない」は、アマゾンの創業者ジェフ・ベゾスの言葉である。ベゾスは創業の頃から企業文化にこだわり、採用に関しても、成長してからの企業買収においても、自分たちの企業文化を守ることを意識し続けている。顧客を第一に考えること、発明を続けること、これらの企業文化があってこそ、アマゾンはナンバーワンであり続けることができるという考え方だ。

バフェットも、企業文化に強いこだわりを持っている。バークシャー・ハサウェイがどれほど巨大になっても、簡素な本社機構、子会社の経営者を信頼して任せる、株主を大切にする、短期ではなく長期の視点を大切にする、といった企業文化を決して変えることはなく、自分がトップであるうちはもちろん、あとを継ぐトップにも、これらを守ることの大切さを訴え続けている。理由はこうだ。

「もしバークシャーの非経済的な価値が失われれば、経済的な価値の多くも一緒に崩壊するでしょう。『トップの姿勢』は、バークシャーの特別な文化を守るためのカギとなるのです」

会社を傲慢さや官僚主義が覆えば、バークシャーはバークシャーではなくなってくる。企業にとって、良き企業文化は絶対に守らなければならないものなのである。

361

「信頼した方が、繰り返し指示したり官僚主義的な報告を何度も求めたりするよりもはるかに良い結果につながっています」

　バフェットは傘下の企業の経営者に細かい報告を求めたり、頻繁に会議を招集することはない。資本の配分に関してはバフェットが主導するが、問題が起きた時以外は基本的に経営者一人ひとりを信頼して任せている。こうしたやり方は、経営者にとってはどうなのか？

　2011年11月、バフェットは福島県いわき市にタンガロイが新設した工場を視察するために初めて日本を訪れている。タンガロイの親会社はイスラエルの工具メーカーIMCだ。バフェットは2006年に同社を買収し、その2年後にIMCがタンガロイを買収している。言わば、バークシャー・ハサウェイの孫会社だが、それでもタンガロイにとってバフェットの存在はとても大きいという。木下聡社長は当時、インタビューに答えて、こんな感想を口にした。

「バークシャーの孫会社になったことは誇らしい。もちろん、経営に対するプレッシャーは大きい。バークシャーに逃げられる恐怖がないと言えば嘘になる。しかし、バークシャーのように腰を据えた投資家の存在は本当に大きい。持続性や競争力を柱として、そこからはみ出さないように長い目で経営できるのは大きなメリットだ」

　これがバフェットの信頼の力である。傘下の企業はバフェットからの信頼に応えようと経営に全力を尽くす。信頼は、つまらない指示や報告よりも良い結果をもたらすことになる。

362

「ある行動がルール違反かどうか 疑問に感じる場合は、 それはもはや違反しているものだと 考えて距離を置き、 忘れてしまうことです」

　ソロモン・ブラザーズが国債の不正入札により経営危機に瀕した時、暫定会長として陣頭指揮にあたったバフェットが社員に強調したのは「超一流のビジネスを超一流のやり方でやる」ことだった。儲けのためならルールを破ることはもちろん、ルールギリギリでもダメで、バフェットが決めた行動指針に沿って行動することを強く求めている。

　バフェットはバークシャー・ハサウェイでも、こう言い続けている。「ルールの範囲内で稼ぐことのできるお金はたくさんあります。ある行動がルール違反かどうか疑問に感じる場合は、それはもはや違反しているものだと考えて距離を置き、忘れてしまうことです」

　仕事をしていると、「このくらいはいいかな」と甘い判断をしてしまうことがある。「ルールギリギリだけど。まあ、大丈夫か」と勝手な判断を下すこともある。バフェットは妥当性や適法性について少しでも迷いがあるなら、自分に電話をするように言うとともに、そうした疑いがあるならやらない方がいい、と言い切っている。なぜなら、最初は「このくらいは」「少しくらいは」というものが、「これなら大丈夫」になって、ラインギリギリだったものも、平気でラインを踏み越えていくものになりがちだからだ。疑問や迷いがあるなら忘れてしまうことだ。コートの中で稼ぐことのできるお金は案外多いものだ。

363

「住宅を購入する主な動機は 楽しみや実用性のためであるべきです。 利益や借り換えの可能性であっては なりません。そして、購入する住宅は、 購入者の所得に見合ったものでなければ なりません」

　サブプライムローンというのは、クレジットカードなどで延滞を繰り返すような信用力の低い個人や低所得者を対象とする住宅ローンのことだ。金利は一般の住宅ローンより高めに設定されており、その分、審査基準が緩くなっている。アメリカでは2004年ごろから住宅ブームを背景に住宅ローン専門会社などが貸し付けを増やしたが、最初の2〜3年は金利を低く設定し、以後は金利が上がる仕組みになっている。金利が高くなるのは大きなリスクに思えるが、その時には値上がりした住宅を売却して借り入れを返済したり、買い換えればいいという、言わば不動産価格の上昇を前提としたローンだったため、住宅価格の上昇が止まり、金利も上がったことで返済不能に陥る人の増加を招いた。

　バフェットは、こうした安易な考え方こそが、問題だったと指摘している。バフェットは、こう言った。

　「住宅を購入する主な動機は楽しみや実用性のためであるべきです。利益や借り換えの可能性であってはなりません。そして、購入する住宅は、購入者の所得に見合ったものでなければなりません」

　住宅を購入することはみんなの願いであり、素晴らしいことだが、住宅の購入にあたっては、少なくとも10%の頭金は必要だし、借り手の所得で賄える額の返済額であることが不可欠だ。昔からの原則をないがしろにすると、どこかで問題が起きることになる。

364

「持ち家政策は素晴らしいことです。私と家族は現在の家に50年間住んでいます。そしてこれからも住み続けるでしょう」

　サブプライムローンが金融市場に大きな爪痕を残した頃、バフェットが株主への手紙に書いたのが「持ち家政策は素晴らしいことです。私と家族は現在の家に50年間住んでいます。そして、これからも住み続けるでしょう」である。

　サブプライムローンは信用度の低い人や低所得の人が家を持つことを可能にする仕組みだったが、それは不動産価格が上昇し続けることが前提であり、上昇が止まってしまえば返済も滞るし、買い換えることもできなくなってしまう。これはバフェットから見れば、ある種のギャンブルのようなものであり、家族のために家を買い、その家で暮らすというバフェットの考えからはほど遠いものだった。

　バフェットがオマハに自宅を購入したのは1957年のことだから、サブプライムローン問題が起きたのはそれから約50年後のこととなる。それまでバフェットは狭い借家で家族と暮らし、仕事もしていたが、3人目の子どもが間もなく生まれるのを機に3万1500ドル払って、自宅を購入している。50年後の評価は約70万ドルだというが、世界一の投資家の家としてはあまりに質素なものである。それでも、その家で暮らし、ずっと住み続けるのがバフェットの流儀だった。持ち家は家族が暮らすためのものであり、決して投機やギャンブルの対象にしてはいけないというのがバフェットの考えである。

「私はバークシャーの経営を 非常に楽しんでおり、 もし人生を謳歌することで 長寿が促進されるとすれば、 メトセラの記録さえも破れそうな勢いです」

　バークシャー・ハサウェイにとって最大の関心事は、バフェットがいつまで最前線で活動できるかだ。後継者は既に決まっているが、それでも株主にとって、傘下の企業にとって、バフェットがいてこそのバークシャーであるのは事実である。

　バフェットも当然、年齢のことは意識していて、能力が衰え、自己評価力が衰えておかしな行動をするようになったら、子どもたちが揃って自分の所に来て引退を告げるよう依頼している。もっとも現在のところは、その心配はないようだ。それどころか、旧約聖書の『創世記』に登場する伝説の人物メトセラ（「ノアの箱舟」のノアの祖父にあたり、969歳まで生きたと伝えられている）に自らをたとえ、こう話している。「私はバークシャーの経営を非常に楽しんでおり、もし人生を謳歌することで長寿が促進されるとすれば、メトセラの記録さえも破れそうな勢いです」

　バフェットは若い頃から自分が大好きな、そして最も得意な投資という仕事を続けている。自分の好きな人、尊敬できる人と働くことを重視し、邪悪な人と働くことは避けるようにしている。その意味では、間違いなく経営を楽しんでいるし、人生を謳歌していると言うことができる。だとすれば、バフェットの言葉通り、可能な限り、長く、そして現役で活動し続けてもらいたいたものである。

ウォーレン・バフェット 年表

0歳から21歳 （1930年～1951年）

1929年　**世界大恐慌**

1930年　8月30日にアメリカ合衆国ネブラスカ州オマハで、ハワードとレイラの第2子・長男として誕生。

1936年　コーラやチューインガムの売買差額を得る「小さなビジネス」を始める。

1939年　**第二次世界大戦勃発**

1941年　**太平洋戦争開戦**

1942年　父親が下院議員に当選してワシントン D.C. に転居するが、都市に馴染むことができず、仮病を使ってオマハに戻る。11歳で120ドルを貯め込んでいたバフェットは姉のドリスを誘って、シティーズ・サービスの株6株を1株約38ドルで購入して40ドルで売却し、5ドルずつの利益を得る。これがバフェットの初めての株式投資だった。その後、株価は200ドルを超え、バフェットは多くの教訓を得る。

1944年　初めて所得税を申告。
「僕は30歳になるまでにミリオネア（百万長者）になる」と宣言。お金持ちになるよりも「お金を増やす」ことに関心

を持ち、図書館で読んだ『1000ドル儲ける1000の方法』に感銘を受け、その内容を実践し始める。

1945年　新聞配達で既に2000ドル以上貯めていたバフェットは、オマハの金物屋に投資する他、農地40エーカーを1200ドルで購入して農場経営を経験。

第二次世界大戦終戦

1947年　高校の卒業アルバムに「将来の夢」を「株式ブローカー」と書く。名門ペンシルベニア大学ウォートン校に入学。

1949年　同校を中退してネブラスカ大学リンカーン校に編入。

1950年　生涯の師となるベンジャミン・グレアムの著書『The Intelligent Investor（賢明なる投資家）』に感銘を受け、グレアムが教えるニューヨーク州コロンビア大学大学院に入学。

朝鮮戦争開戦

1951年　グレアムの会社で働くことを願うが叶わず、オマハに帰り、父親の証券会社で働く。保険会社ガイコに初投資。

22歳から39歳　（1952年～1969年）

1952年　ネブラスカ大学の夜間クラスで投資原理について講義。

1954年　念願叶ってグレアムの経営する資産運用会社グレアム・ニューマンに入社。

1956年 グレアム・ニューマン社が解散となり、ニューヨークを離れてオマハに帰る。既に資産は 17 万ドルになる。初のパートナーシップ「バフェット社」を設立。

1958年 計 6 つのパートナーシップを運営。
オマハ郊外に 3 万 1500 ドルで自宅を購入し、現在に至るまで住み続ける。

1962年 のちに自身の会社となる繊維会社（当時）のパークシャー・ハサウェイ株を購入。

1965年 パークシャー・ハサウェイの経営権を取得。
「1 億ドル投資して 5% の利益を得るよりも、1000 万ドル投資して 15% の利益が上がる企業にしたい」とし、2021 年までに同社の株価は 5 万倍以上も上昇している。

ベトナム戦争にアメリカが軍事介入を本格開始

1969年 バフェット社を解散して、バークシャー・ハサウェイの経営に専念。
『フォーブス』が初めてバフェットに注目。「オマハはいかにしてウォール街を打ち負かしたか」という記事を掲載。

40 歳から55 歳 （1970 年〜 1985 年）

1972年 **ウォーターゲート事件が発覚**

1973年 ワシントン・ポスト社に投資。

1975年 **ベトナム戦争終戦**

1976年	経営危機に陥った保険会社ガイコに再び投資を始め、再建に尽力。
1978年	チャーリー・マンガーがバークシャー・ハサウェイ副会長に就任。
1979年	長者番付『フォーブス400』に初登場。資産は6億2000万ドル。
1985年	バークシャー・ハサウェイの繊維部門を閉鎖して、投資会社にする。

56歳から70歳 （1986年〜2000年）

1986年	『フォーブス400』（米国内の長者番付）のベスト10（第5位）に初めて入る。資産は14億ドル。
1987年	**ブラックマンデーが起こる**
1988年	コカ・コーラ株を買い始める。
1991年	国債の不正入札によって存続の危機に立たされたソロモン・ブラザーズの暫定会長となり、危機回避に尽力。
1993年	『フォーブス400』で1位となる（2位はビル・ゲイツ）。
1997年	ニューヨーク・タイムズ紙で「オマハの賢人 (Sage of Omaha)」と紹介される。
2000年	ITバブルが弾けたことで、あらためてバフェットの慧眼が評価される。

70 歳から　（2001 年〜）

2001年　**アメリカ同時多発テロ事件が発生**

2006年　資産の 85% を慈善団体に寄付すると発表。現在までに
　　　　370 億ドルを寄付。

2007年　**サブプライムローン問題が拡大**

　　　　『フォーブス 400』で 1 位（世界長者番付）になる。

2008年　**リーマン・ショックが起こる**

2011年　初めて日本を訪れ、投資先の福島県の工場を訪問。

　　　　東日本大震災が発生

2012年　前立腺ガンであることを公表。

2020年　**新型コロナウイルスの感染が拡大**

2021年　コロナ禍の影響を乗り越えてバークシャー・ハサウェイの第
　　　　1 四半期の決算は 70 億ドルの営業利益を計上。後継者にグ
　　　　レッグ・アベル副会長（58）を指名。
　　　　世界で 6 人目となる個人資産 1000 億ドル以上の大富豪の
　　　　仲間入りを果たす。

ウォーレン・バフェット 賢者の名言365

第1章◉バフェットの6歳から21歳(1930年〜1951年)

001◉「私は小さな雪の玉をずいぶん若い時から固めた。10年遅く始めたら、今頃もっと山の斜面のずいぶん下にいただろう」

002◉「雪がよくくっついてくれるには、それなりの人間にならなければならない」

003◉「自分の足で売り歩いてみて、私はその製品の魅力と可能性を強く感じた。その後52年間コークが世界中に広まる様を注意深く見守ってきた」

004◉「10歳のときにはすでに、オマハ図書館にある金融という言葉がタイトルに入っている本はすべて、2回ずつ読みました」

005◉「自分から始めないかぎり成功はありえない」

006◉「どういうことがビジネスでの成功に関係しているかを調べた研究によると、ビジネスとの成功と一番深く結び付いていたのは、ビジネスを始めた年齢だったそうです」

007◉「私は学生たちによくこう尋ねます。クラスメイトの1人にだけ投資できるとしたら、誰に投資しますか、と。選ばれるのは、一番実行力のある者です」

008◉「父の仕事場へ行っては、仕事関係の本を読み漁っていました。そうするうちに、投資の面白さに目覚めました。父が牧師だったら、それほど熱心には仕事場に足を運んでいなかったでしょう」

009◉「少額でいいですから、投資をしてください。本を読むだけではだめです」

010◉「二番手になって真似をするという人生を送るのは簡単だが、一番手が間違った音を吹いたら、それはだいなしになる」

011◉「お金が欲しいんじゃないんです。お金を稼いだり、それが増えていくのを見るのが好きなんです」

012◉「祖父は株式売買にとても否定的で、食料雑貨店で汗水たらして働くのが、本当の仕事だと考えていました。それで、私たちは祖父を見限ったわけです」

013◉「オマハの農場を買おうとする時に、毎日、その値段ばかりを見ている人はいません。買値に対して、どれくらいの生産高が見込めるかというところを見るでしょう」

014◉「父も母も私を見捨てなかった。どちらも私の味方だった。自分を信じてくれる両親がいるのは素晴らしいことだ」

015◉「頭脳も肉体もひとつしかない。それを一生使わなければならない。頭脳も体も大切にしないと、40年後に自動車と同じようにボロボロになる」

016◉「何も考えていないレース参加者が多いほどいい。要するに、きちんと分析して賭けている人間がいない集団に加わるのが肝心なんだ」

017◉「ルール1、1レースだけで帰る者はいない。ルール2、損するレースに賭けなくてもいい」

018◉「失敗したやり方をわざわざ繰り返す必要はありません」

068 ●「株式市場は、短期的には人気投票の場にほかなりません。しかし長期的には、企業の真の価値を測る計量器の役目を果たしてくれるのです」

069 ●「単に大勢の人々が一時的にあなたに同意したからといって、あなたが正しいとは限りません。重要人物が同意したからといって、あなたが正しいとも限らないのです」

070 ●「いつ起こるかではなく、何が起こるかに主眼を置くのです」

071 ●「自分の保有株式の市場価格が20%か30%下落した時に感情的もしくは金銭的に苦しくなるようなら、一般的な株式投資の類には手を出さないことです」

072 ●「新しいやり方が大きな利益を生み出すことができ、同時に私のやり方が効力が失せ、大きな損失を出す可能性があるとしても、私はこれまでのやり方を変えるつもりはない」

073 ●「私は少しばかり高いリターンを求めて次から次へとトレンドを乗り換えていく気にはなれない」

074 ●「私たちは、企業を買うのは好きですが、売るのは好きじゃありません。傘下に収めた企業との関係が一生続くことを望んでいます」

075 ●「最初のうちは、朝届く郵便は入金ばかりで、保険請求はほとんどない。この時味わうのは、初めてクレジットカードを受け取った時のような有頂天の気持ちである」

076 ●「スージーと私は、映画を観に行くお金を節約して684万9936ドル投資しています」

077 ●「『この間出席したパーティーで小耳にはさんだのでね、200株買ってみた』という話をよく聞きますが、小口の投資は大した理由もなく行われてしまう傾向があるように思います」

078 ●「性格や適性に合ったやり方で仕事をしていくのが、つまりは、一番効率的だということです」

079 ●「場合によっては、注ぎ込む金額が少ないことが、かえって失敗になることがあります。長い人生においては、時に信じられないように大チャンスが巡ってくるからです」

080 ●「時間というのは、素晴らしい企業には友だちであっても、月並みな企業にとっては敵なのです」

081 ●「マンガーと私は、先を急ぐつもりはありませんし、結果よりも過程を大いに楽しんでいます」

082 ●「願えば夢がかなうのはディズニー映画の中だけで、ビジネスにおいては毒になります」

083 ●「失敗した場合でも、そのいきさつを説明できるようにしておきたい、と私は考えています」

084 ●「名前を変えるんなら、バフェット・アンド・ファーザーだよ」

085 ●「他人が貪欲になっている時は恐る恐る、周りが怖がっている時は貪欲に」

086 ●「私たちは、経済学でいう純粋な経済的動物ではありません。そのため経済効果が若干悪くなることもありますが、それでも今のやり方の方がいいと考えています」

087 ●「自分を信頼してくれる人をどんどん厄介払いしたら、さぞかし嫌な気分になることでしょう」

088 ●「馬じゃなく、騎手に賭けた」

089 ●「この葉巻代は私の金から出ている」

090 ●「『ウォーレン、君は黄金でできた干草の山から黄金の針を見つけ出そうとしているけど、針にこだわってどうするんだ』。私は、見つかりにくいものほど好きだった」

091 ●「初めて会った時は、みな小金持ちという感じでしたが、今は全員が大金持ちです」

092 ●「今はみじめでも、10年後には良くなるなどと思って行動してはいけない」

093 ● 「どんな状況であっても、嘘をつくな。弁護士の言うことなど気にするな」

094 ● 「エクセレント・カンパニーと称される優良企業が異常な事態に直面し、株価が適切に評価されなくなる時。絶好の投資機会は、こういう時に訪れます」

095 ● 「価格とは、何かを買う時に支払うもの。価値とは、何かを買う時に手に入れるもの」

096 ● 「絹の財布は絹でつくるのが一番だと、これまでの経験から学んできました。絹以外を使えば必ず失敗します」

097 ● 「適正な会社（将来性があり、業界固有の強みを持ち、優れた経営陣がいる、など）を買えば、株価は自ずと上がります。そういうものこそ、キャッシュレジスターを景気よく鳴らすのです」

098 ● 「私は今の相場には合っていないし、自分には理解できないゲームをプレイしようとして、これまでの立派な成績をそこねたくはありません。英雄としてやめたいのです」

099 ● 「経済以外の活動にも余裕を割ける経済目標にしたいのです。ほどほどに楽で、安全で、儲かって、楽しい物事に絞っていきたいと思います」

第3章 ● バフェットの **40歳**から**55歳**（1970年～1985年）

100 ● 「二番手には居場所がないんだ。二等賞の赤リボンなんかない」

101 ● 「ピラミッド建設用に石を運ぶ人々に雇用を与えるのは素晴らしいことだと考える人々もいます。その連中は間違いを犯しています。そういう人々は、投入するものだけを考え、生み出されるものについて考えていません」

102 ● 「私たちは約束した通りの姿勢を守ります。そう約束したからであり、そうする必要があるからです」

103 ● 「蓄えがないのに大きな財政的義務を負うのは、大変な間違いだ。私個人はといえば、手持ちの25％以上のお金を借りて使ったことはない。1万ドルしか持っていないのに100万ドルがあったらいいなと思うようなアイデアが浮かんだ時もそうだった」

104 ● 「ネブラスカのフットボールチームの選手は、父親が花形クォーターバックだったからといって、最初からクォーターバックのポジションを相続することはできない」

105 ● 「まずまずの企業を素晴らしい価格で買うよりも、素晴らしい企業をまずまずの価格で買うことの方が、はるかに良いのです」

106 ● 「ミセスBは、やり方を心得ていることすべてを素早くやる。ためらったり、考え直したりはしない」

107 ● 「本当の価値の数分の1の価格で証券を買えるのなら、リスクなどほとんどありません」

108 ● 「ベン・グレアムのことを知る人は多いのに、彼の理論を実行に移す人は少ない」

109 ● 「私は、どこかの会社が経費削減に乗り出したというニュースを耳にするたびに、この会社はコストというものをちゃんと理解していないと思ってしまいます」

110 ● 「台所に一匹ゴキブリがいれば、それは他にもたくさんいる証拠なのです」

111 ● 「小さなことで規律を破ると、大きなことでも破るようになる」

112 ● 「どんなことであれ、自分が本当の意味で理解しているのなら、他人が理解できるように表現できるはずです」

113 ● 「チャーリーはいつか菓子屋になる夢を持っているかもしれませんが、私は事業報告書を読み続けるだけにします」

114 ● 「つねに前例ではなく、道理を重視した」

115 ●「今日の投資家が昨日の増益から利益を得ることはありません」

116 ●「好ましい長期的な展望があれば、短期的な株価変動はそれが魅力的な価格で保有高を増やせる機会であるということ以外に、私たちにとっては意味のないことなのです」

117 ●「ムダ遣いしてはいけないよ。この金を投資すれば何倍にもなるんだよ」

118 ●「万能選手になる必要はないが、どこに限界があるかは知る必要がある」

119 ●「同じものをずっと繰り返し食べるのが好きなんだ。ハム・サンドイッチなら、朝食に50日間続けて食べられるよ」

120 ●「市場は下落し、投資を引き揚げる人には損失発生。しかし、これから投資する人々にとっては利益になる」

121 ●「売る理由は、マスコミ株が下げているからとか、みんなが売っているからという理由が多い。みんなそれほど確固たる理由はない」

122 ●「すべてを考える必要はない。ほかの人の肩の上に立つのはちっとも悪いことじゃない」

123 ●「質の高い株主を引き付け、手放さないためには、事業や理念について絶えずきちんと説明して、あとはそれぞれの判断に任せればよいと、私たちは感じています」

124 ●「大半の人は、他の人がやっているからという理由で株式投資に興味を持つようです。でも本当は、他の人がやっていない時に興味を持つのがベストです」

125 ●「私たちは企業のトップとして、物質的かつ精神的にさまざまな役得も得ています。そうした牧歌的な状況の下では、株主に負担をかけて必要ともしない報酬を得ようなどとは考えていないのです」

126 ●「私たちはじっと辛抱することができます。どれほどの才能や努力をもってしても、時間をかけなければできないこともあります」

127 ●「もしもあなたの乗っているボートがいつも水漏れを起こしているようならば、その修復に労力を費やすよりも、ボートを乗り換える努力をする方が、よほど生産的でしょう」

128 ●「辛抱強さや冷静さは、知能指数より重要かもしれないと私は思っています」

129 ●「船は丸い地球を帆走しようとも、『地球は平らだと考える集団』は繁栄するのです。市場では価格と価値が一致しないケースが途切れることなく生まれ、グレアムとドッドの著書を読んだ者は成功を収め続けるのです」

130 ●「やる必要のない仕事は上手にやったところで意味がない」

131 ●「リスクとは、自分が何をやっているかよく分からない時に起こるものです」

132 ●「私たちは多くのキスを見てきましたが、ほとんど奇跡は起こりませんでした」

133 ●「難しいのは新しいアイデアを生むことではなく、古い考え方から逃れることである。私が古い考え方から脱するには時間がかかりました」

134 ●「胴元にとって良いことは、顧客にとって良いことではない」

135 ●「私たちは、アイスホッケーの名選手ウェイン・グレツキーの『パックがあるところにではなく、パックが向かう先に行け』というアドバイスに従っています」

136 ●「CEOはたいてい戦略企画スタッフやコンサルタントや投資銀行家に、買収すべきかどうかを尋ねます。それは、インテリアデザイナーに5万ドルの敷物が必要かどうかと尋ねるようなことです」

137 ●「はったりをかます人間という評判は、一生つきまとう。だから、やらないということを理解してもらった」

138 ●「3階の人間は誰も利益に影響を与えるようなことをしていない」

139 ●「未来がはっきりしていることなどない。不確かな時こそが長期投資家の味方なのだ」

140 ●「君は本当に凄腕だから。君がいなくなったら、穴を埋めるのに3人必要だよ」

141 ● 「何ひとつ彼らに落ち度はないのだが、彼らはトラクターが出てきた時代の馬の立場に置かれていた。再教育などというのは体のいい話に過ぎない」

142 ● 「優勝カップといえるようなトロフィー・ワイフにはお目にかかったことがないね」

143 ● 「私たちは、格付けを基に判断しているわけではありません。もし格付け会社のムーディーズやスタンダード＆プアーズに投資資金の運用を任せたいのであれば、とっくの昔にそうしています」

144 ● 「大半の人は、ほかの人が興味を持っている株に興味があるようです。でも本当は、そうでない株に興味を持つのがベストです」

145 ● 「企業価値の評価（バリエーション）は、そんなにやさしいものではありません。でも、いくつかの業種に的を絞れば、バリエーションについてかなりの知識を得ることができるでしょう」

146 ● 「何の危険もないオマハにいながら、運転手たちが叩きのめされるような決断を下すことはできなかった」

147 ● 「うちの子どもたちは、自分の居場所は自分で切り拓く。それに、どういうことをやりたくても、私が味方であることを知っている」

148 ● 「3万ポンドの負荷に耐えると業者が主張する橋が建造されたとしても、その橋を走行するであろうトラックはせいぜい1万ポンドです」

149 ● 「トラクターが登場した頃の馬や、自動車が登場した頃の馬の蹄鉄をつくる鍛冶屋だったりすることはやっぱり楽しいことではありませんね」

150 ● 「一緒に働く人はしっかり選びたい。最重要事項だから、一人も疎かにすることなく選ぶ。結婚相手を探すぐらいの気持ちで臨んでいる」

151 ● 「問題児の面倒を見るようなものです。5年やそこらで売却することはありません」

152 ● 「私は投資の原点である『十戒』に手を付けるつもりはありませんでした」

153 ● 「ビジネススクールは単純明快な行動よりも複雑な行動の方を高く評価するようですが、実際は単純明快な行動の方が効果があるんです」

154 ● 「スーツを仕立てに行って、『グレーのピンストライプの背広をつくりたい。ハサウェイの裏地で頼むよ』なんて言う客はいない」

155 ● 「もしシーズを買っていなかったら、コカ・コーラも買っていなかったでしょう。ですから、この120億ドルは、シーズに感謝しなくてはなりません」

156 ● 「花から花へと舞っていては、投資における長期的成功を収めることはできないと私たちは考えます」

157 ● 「ほとんどの人にとって投資において最も重要なことは、自分がどれだけ知っているかではなく、むしろ、自分が知らないということを正しく知ることにあります」

158 ● 「私が記憶している限り、ベン・グレアムの価格でフィル・フィッシャーの株を買うのは、これが初めてです」

第4章 ● バフェットの56歳から70歳(1986年〜2000年)

159 ● 「人がどうふるまうかを大きく左右するのは、内なるスコアカードがあるか、それとも外のスコアカードがあるかということなんだ」

160 ● 「才能がある者に支払うのは当然のことだ。ただし、特許権使用料のように毎度毎度払ってはいけない」

161 ●「名声を打ち立てるには一生かかるが、台無しにするには5分とかからない」
162 ●「会長である私に相談すべきことと、下で解決すべきことを区別できる人間が欲しかった。悪い知らせをきちんと伝えられる人間だ」
163 ●「食べ物については、しごく単純なルールを守っているんだ。3歳児が食べないようなものは食べない」
164 ●「PRの問題を抱えていたんじゃない。自分たちのやったことが問題だったんだ」
165 ●「どれほど金を持っているか、去年どれほど稼いだかということを尺度にして人生を歩んでいくなら、遅かれ早かれ厄介な問題に巻き込まれるでしょう」
166 ●「会社のために働いて損害を出すのは理解できます。しかし、会社の評判を少しでも損ねたら容赦しません」
167 ●「私は、従業員に、家族や友人が読む朝刊の一面を賑わすような事件に加担できるかということを考えて欲しい」
168 ●「私が他人にお金のことで助言するのが最も得意だったのは、21歳の時だった。誰も私の話を聞かなかった。今は世界一愚かなことを言っても、そこに何か隠れた重大な意味があるとみんなが考える」
169 ●「本当に重要なことだけを選んで、それ以外は『ノー』と断ることも大切だよ」
170 ●「コンピュータがどんな役に立つのか分からない、と私は言った。自分の保有株の値動きを5分単位で知る必要はない。それに、所得税なんか暗算できる」
171 ●「10年、20年、30年後の頭脳と肉体の働き具合が、それで決まるんだよ」
172 ●「わざわざ藁に埋もれた針を探す必要はないはずです。目の前に針が置かれている時には」
173 ●「飛び越えられるであろう30センチのハードルを探すことに精を傾けたからであり、2メートルのハードルをクリアできる能力があったということではないのです」
174 ●「散髪の必要があるかどうかを、床屋に尋ねてはいけません」
175 ●「バークシャー全体の約3万3000人の従業員のうち、本社にいるのはたった12人なのです」
176 ●「もし理解できない(年次報告書の)脚注に出合ったら、それは書き方が悪いのかもしれません。私だったら、そんな脚注を書く会社には投資しませんね」
177 ●「私たちは会議を開いたり、財務に関与したり、業績に文句をつけたりしません」
178 ●「ビジネスという道路は穴ぼこだらけです。そのため、それらをすべてかわそうなどという計画の前途に待つのは、災厄だけなのです」
179 ●「来週抽選が行われる宝くじと、少しずつ金持ちになるチャンス。人は多分、前者の方に可能性を感じてしまうのでしょう」
180 ●「底抜けの楽天主義者ですから、最も面白い章はこれからやってくると考えてしまうのです」
181 ●「喜んで10年間株を持ち続ける気持ちがないのなら、たった10分でも株を持とうなどと考えるべきですらないのです」
182 ●「新しい過ちを犯す前に、過去の過ちを振り返ってみるのはよいことです」
183 ●「好ましく、かつ尊敬できる人物としか仕事をしない。胃がむかむかするような人々と仕事をするのは、金目当てに結婚するようなものです」
184 ●「自分は、一生に20回しかパンチを入れてもらえないカードだと考える」
185 ●「私は小切手の写しを飾ることにしよう」
186 ●「私はシスティナ礼拝堂の中で仰向けになって天井の絵を描いているようなものなんだ」

いると、社内全体の思考態度や慣習もしばしば汚れてしまうものなのです」

てある方がいいね」

238 ●「独力で考えなかったら、投資では成功しない」

239 ●「争うのは好きじゃない。戦うことが必要であれば逃げないが、楽しみはしない。私は戦いのための戦いはしたくない」

240 ●「月給１ドルでやります」

241 ●「手っ取り早く金が儲かると思ってバークシャー・ハサウェイ株を買ってほしくない。まず、そんなことにはならない」

242 ●「特定の用途に合わせて設計された道具が増えれば増えるほど、使い手はますます賢くならねばなりません」

243 ●「チャンスがめぐってきた時にだけ、行動するといいでしょう」

244 ●「無知と借金が結びつく時、その結果は非常に興味深いものになることがある」

245 ●「そうしようと思えば、ドリスの債権者に２００万ドルほどくれてやることもできた。しかし、そんなことはごめんだ」

246 ●「高い利回りで複利運用している人は、２０年後に行われる慈善事業にお金を出す方がいいと私は考えていたんです」

247 ●「株式投資で楽に儲けられるこの時期に、わざわざ不動産を買う必要はないよ」

248 ●「もし投資に数学が必要だとしたら、私はかつて携わっていた新聞配達の仕事に戻らなければならないでしょう」

249 ●「今の仕事をほかの仕事と交換するつもりはまったくない。政治家になれるとしても同じだ」

250 ●「儲けたいのなら、鼻をつまんで、ウォール街に行くことだ」

251 ●「今度はアメリカ一の長寿になろうかと思います」

252 ●「歴史書が成功へのカギだというのなら、フォーブス４００社はすべて図書館司書で占められていることになっています」

253 ●「並外れたことをしなくても並外れた業績を達成することはできる」

254 ●「株式市場というのは、誰かが、ばかげた値段をつけていないかどうかを確認する場所に過ぎません」

255 ●「投資とは、知能指数１６０の人間が１３０の人間を倒すゲームではないからです。合理的かどうかが問題です」

256 ●「事業の成功例よりも、失敗例のほうが得るところが大きいのではないかと感じることがよくあります」

257 ●「私どもは買収にあたり、スタッフを使いません。また交渉にあたっては、コンサルタントや投資銀行、商業銀行の手も借りません」

258 ●「それで私は悪夢を見るようになった。朝になると、１兆円じゃなくて１０００兆円と入力していたことが分かる」

259 ●「息子には、バフェットという名字をすべて小文字で書くように言ってあります。そうすれば有権者はみな、大文字のないバフェットだから資金もない、と気付いてくれると思ったのです」

260 ●「優先株だということで投資しましたが、それがそもそもの失敗でした。素晴らしい事業だと判断して投資したわけではなかった、ということです」

261 ●「大事なのは、商品そのものが長期間持ちこたえられるかどうかを考えることです。その銘柄を買うべきか売るべきかを延々と考えるよりも、はるかに実りが大きいとは思いませんか」

262 ●「私たちは、毎日、８時間から１０時間、読んだり、考えたりしました」

263●「ほとんどの経営者は口は達者でもやることが追いつかず、アメばかりでムチが少ない報酬システムを選ぶのです」

264●「ちょくちょく流行する強力な伝染病である『恐怖』と『強欲』は、投資の世界においては永遠に収まることがありません」

265●「業界や企業の分野によっては、『肥える者だけが生き延びる』という自然の法則が成立しますが、ほとんどの場合、それは永遠ではありません」

266●「私たちにとっての賢明な振る舞いとは、『積極的には動かない』ことです。買ってしまえば、あとはその企業が良い状態を保っていることを監視してさえいればよいのです」

第 5 章●バフェットの 71 歳から（2001 年～）

267●「慈善事業の人材を探すのは、投資の人材を探すよりもさらに重大です」

268●「危機に際して現金に勇気が加わると、その先は計り知れない」

269●「あなたに会いに来た人の体重が、150 キロから 180 キロの間だったら、ひと目見ただけで、その人が太っていることは分かります」

270●「判断というのは、5 分でたやすくできるものです」

271●「愛して欲しいと思っている人間のうちどれほどの人間に実際に愛してもらっているかどうかが、人生の成功の度合いを本当に測る物差しになる」

272●「1 階から 100 階へ上がって、98 階まで戻ると、1 階から 2 階へ上がった時よりも不満に感じるものだ。だが、そういう気持ちは抑えなければならない」

273●「インターネットを制する者が戦いを制する」

274●「『なぜ自分は現在の価格でこの会社を買収するのか』という題で、一本の小論文を書けないようなら、100 株を買うこともやめたほうがいいでしょう」

275●「みなさんが苦しむ時は私たちも苦しみ、私たちが利益を謳歌する時はみなさんも同様に謳歌しているのです」

276●「私たちはかねてから、アメリカ国外にもバークシャーをアピールしたいと願っていました」

277●「定まったロードマップを描くことはできません。しかし知恵を磨くことはできます」

278●「分野からチャンスは生まれません。頭脳からチャンスは生まれます」

279●「ＩＢＭのアニュアルレポートをこの 50 年の間、毎年読んできました」

280●「私たちは将来のことが分かると繰り返すＣＥＯを疑います。約束した『数字を上げる』と常に豪語している経営者は、ある時点で『数字をでっち上げる』誘惑に駆られることになります」

281●「わが社は潤沢な資金を持っているので、多少の損失を出す余裕はあります。しかし、評判を落とす余裕はありません」

282●「人間が失敗するのは当たり前だと思っているので、いつまでもクヨクヨ悩むことはしません。明日という日があるんです。前向きに生きて、次のことを始めた方がいいんです」

283●「ビジネスの世界で最も危険な言葉は、5 つの単語で表現できます。『ほかの誰もがやっている (Everybody else is doing it)』です」

284●「変動する株価情報を見せられ、『黙って見てないで、行動しなければダメだ』など

というコメントを聞かされ続けたら、本来、メリットでしかないはずの流動性が呪いに変わってしまうのです」

285 ●「一般に、この世界では髪が白くなってもマイナスではありません」

286 ●「もし日本の大企業から明日電話をもらって、バークシャーに買収してほしいという申し入れがあれば、飛行機に乗ってすぐ駆けつけますよ」

287 ●「私のオフィスには『範囲内』『範囲外』『難しすぎる』という３つのメールボックスがあります」

288 ●「株を買うなら、どんな愚か者にも経営を任せられる優れた会社の株を買いたいと思うでしょう。なぜならいつかは愚かな経営者が現れるからです」

289 ●「投資する時には、一定のリスクを負わなければならない。未来はいつだって不確実だ」

290 ●「世界はどこも危険にあふれています。アメリカも平時のイスラエルと同じぐらいに危険です」

291 ●「たしかにバークシャーはレバレッジをもっと多用することもできました。しかしそれでは、夜、ぐっすり眠れなくなったでしょう」

292 ●「100人の学生を一人ひとり見て、その将来性について順位をつけることは私にはできません。私たちが買う会社には、既に経営者がいます」

293 ●「今日や明日、来月に株価が上がろうが下がろうが、私にはどうでもいいのです。バンク・オブ・アメリカが５年後、10年後にどうなるかが大切なのです」

294 ●「（ＣＥＯの）最も重要な仕事はあらゆる巨大組織が直面する『ＡＢＣ』リスク、つまり『傲慢（Arrogance）』『官僚主義（Bureaucracy）』『自己満足（Complacency）』と戦う力だ」

295 ●「堅苦しい官僚的システムによって意思決定が遅すぎることで、多くの目に見えないコストを負うくらいであれば、誤った意思決定による目に見えるコストで苦しむ方がましだ」

296 ●「投機は簡単そうに見える時ほど危ない」

297 ●「幸運な１パーセントとして生まれた人間には、残りの99パーセントの人間のことを考える義務があります」

298 ●「私はずっと、お金は社会に返さなければならない預かり証だと思っていました」

299 ●「文化は自己増殖します。官僚的な取り決めはさらなる官僚主義を呼び、華美な本社は専制的な行動を誘発します」

300 ●「債務者はその時、与信が酸素のようなものであることを学ぶのです」

301 ●「借り入れの驚くべき効果でひとたび利益を上げてしまえば、保守的なやり方に後戻りしようと考える人はほとんどいません」

302 ●「あの人たち（石油会社の経営陣）の報酬を増やすことは馬鹿げています。ですが、石油を手に入れるコストを、ほかの企業より下げたというのなら、大金を払ってもいいでしょう」

303 ●「鏡を見て、今日は何をするかを決める」

304 ●「そう遠くない将来、こう形を変えて質問されるかもしれません。『もしあなたがトラックにひかれるようなことがなければ、この会社はどうなってしまうのですか』と」

305 ●「私たちは『自分よりも小さい者を雇えば、会社は小さくなる。しかし、自分より大きい者を雇えば会社は大きくなるのだ』という言葉を信奉しているのです」

306 ●「私は何も犠牲にしていません」

307 ●「政府が公僕であることを忘れ、市民の弱さにつけ込んで儲けようとしているのには、怒りを覚えます」

308 ●「朝、目を覚まして、見知らぬ金融マンに助けを求めなければならないような立場には、絶対なりたくないだろう。そのことを私は何度も考えてきた」

309 ●「私は音楽は好きだが、U2は感動するほどじゃなかった。感心したのは、ボノがU2の収入をメンバー全員で均等に分けているようにしていることだった」

310 ●「悪い企業を良い経営者が率いているよりも、良い企業を悪い経営者が率いている方がいい」

311 ●「フレディマック株とファニーメイ株のほとんどを売却しました。両社が年15％の売上げ増を目標に掲げるようになった点が気になりました」

312 ●「良い物はいくらあっても邪魔にならない。むしろ素晴らしい」

313 ●「100人の学生の目の前で理屈の通ったことを言えば、何人かはそれに耳を傾けてくれるでしょう。その結果、彼らの人生が変わる可能性だってある」

314 ●「信頼できるもの、そして10年、20年、50年経っても欲しいとみんなが思うものをつくっているかどうか、これが私が投資判断するうえでの基準です」

315 ●「ある日の午後に電話を貰って、買わないかと提案されたら、それが良さそうな話であれば、その日の夜に契約書にサインしていることもあり得ます」

316 ●「正確に間違うよりも、大まかに正しい方向へ進むべきです」

317 ●「人に囲まれて過ごす人生で素晴らしいのは、優秀な人に囲まれるとその人たちにならって行動するようになることです。でもその代わり周囲の人もあなたから影響を受けます」

318 ●「私の『考える時間』は、年に50週くらいかな。仕事するのはせいぜい2週間くらいでしょうかね」

319 ●「売却したのにもかかわらず、ほら、バークシャーはアップルの5.4％を保有しているんだ」

320 ●「前例のないことも含めて、重大なリスクを見抜き、避けることのできる力が生来備わっている人物が、私たちには必要です」

321 ●「才能を持つ者全員に、成功を手に入れる公平なチャンスがある、それがアメリカの精神であるはずです」

322 ●「私に言わせれば、この国の税制はあまりにもフラットです。率直に言って、ビルや私は、もっと高い税率を課せられるべきなんです」

323 ●「もし相手が『たやすいことです』と言ったら、それはたいていたやすいことではありません。私たちはその瞬間に警戒します。そういう話は9割方お断りします」

324 ●「日本の未来にバークシャー・ハサウェイとして参加することは喜ばしい」

325 ●「問題が存在する時には、個人であろうと、会社であろうと今すぐに行動することです」

326 ●「ニューオーリンズの堤防の信頼性を検証し、改善すべき時期は、ハリケーン・カトリーナが来る前でなければなりません」

327 ●「世の中には、マンガーも私も、10年後の姿がまったく想像できない会社が数多くあります。それでも、この限界は、1つの業界での経験しかない経営者よりはるかにマシです」

328 ●「バークシャーは会社を売りたい所有者に、第三の選択肢として、社員と文化が維持される終の棲家を提供しています」

329 ●「もし明日何が起こるか予想できないならば、何が起こっても大丈夫なように備えておくべきです」

330 ●「信号は、時に青から赤に（黄色を飛ばして）変わってしまうことがあるということです」

331 ● 「金融派生商品を駆使する野心的なＣＥＯにとっての会社が残るための第一法則が導かれます――必要なのはほどほどの失態ではなく、とてつもない失敗です」

332 ● 「なにもアナリストに合わせて見通しを立てる必要はない。毎年の結果を書いた紙をくれてやればいいんだ」

333 ● 「チャンスをつかむのに、偉大な知性や経済学の学位やウォール街の専門用語は必要ありません。それよりも大事なのは、ある程度の期間、凡庸に見えても気にしないことも、重要なことです」

334 ● 「お金を持っている人と経験を持っている人が出会えば、経験を持っている方がそのお金を手に入れ、お金を持っている方には経験だけが残る」

335 ● 「人々が欲しいものを生産するだけでなく、彼らがまだ欲しいかどうか気づかないものまで届けてくれる市場制度に勝るものはありません」

336 ● 「ほとんどのアメリカ人がますます繁栄を遂げる代償が、不運な人たちに極貧生活を強いることであってはなりません」

337 ● 「当社は常に、１０００年に一回の大洪水に備えています。むしろ、もしそうなった時は、準備を怠ってきた人たちに救命胴衣を売るつもりです」

338 ● 「私はこれまで随分人に賭けてきましたし、その人たちのことを理解しているつもりです。大勢の人が私に賭けてくれた時もありました」

339 ● 「労使交渉が数週間も続いているというようなニュースは、よく耳にします。しかし、取締役とＣＥＯの間で報酬をめぐってそのような交渉が行われたというニュースは聞いた覚えがありません」

340 ● 「先方はドーベルマンではなく、コッカー・スパニエルがお望みのようです。私もコッカー・スパニエルのふりをしているのですが、誰も騙されてくれません」

341 ● 「今から20年後、何十年もの歴史を持つ一流企業の所有者が会社を売る必要に迫られた時、真っ先に売却先としてバークシャー・ハサウェイを思いついてくれたら嬉しい、というのが私の希望です」

342 ● 「私は学生に、人生で一番重要な仕事は、子どもを育てることだと言っています」

343 ● 「投資家に損害を与えるのはアメリカではないだろう。それは投資家自身であるはずだ」

344 ● 「もしも私が人生を通してブロッコリーと芽キャベツだけを食べていたら、こんなに長生きできていなかっただろうと思う」

345 ● 「エコノミストを抱えている企業はすべて、従業員が１人余計に多いと考えている」

346 ● 「下手に貸し、下手に借りた、ということです」

347 ● 「永遠に続くはずがないものには、終わりがある」

348 ● 「ごく普通の仕事をしていたり、境遇は恵まれていなかったりしても、周りから愛されている人は、大きな成功を感じているものです」

349 ● 「私たちは常に短期的により多くの利益を稼ぎ出したいと望んでいます。しかし、短期と長期がかち合う場合には、まず堀を広げる方を取るのです」

350 ● 「チャーリーと私は価格変動を気にしません。たとえ四半期だけで簡単に10億ドルの変動があるとしても、です。皆さん（株主）も気にしないでいただけると幸いです」

351 ● 「もし何かのプロジェクトに大金をつぎこんで失敗しても心配はいりません。きっと神のご加護が得られます」

352 ● 「バカなことをしてしまう本能のようなものが人間にはあって、それが時にとんでもない規模で発揮されます」

353 ● 「あなたがどう行動するかが他の人の手本となります。だから自分が生まれた時よりも素晴らしい世界をあとにしてこの世を旅立っていく方法はきっと見つかります」

354 ● 「読書に勝るものはない。『もし、歴史上の人物を含めて誰か1人とランチをするとしたら、誰を選ぶか』と聞かれる。実は、本を読むことで歴史上のすべての偉大な人物と昼食をともにすることができる」

355 ● 「今年の卒業生にはこれを伝えたい。私は彼らと入れ替わりたいと思っている。彼らは不確実な世界に飛び出していかなくてはならないと感じているだろうが、これほど面白い時期はないのだから」

356 ● 「どういう人物が、どういう事業を営んでいるのかを理解すれば、それほど多くのリスクはありません」

357 ● 「イーロンはある分野では物事をひっくり返すかもしれないが、キャンディーでは、我々を相手にしたくはないと思っているだろう」

358 ● 「私は暗号資産を一切所有していないし、今後も所有することはないだろう」

359 ● 「もしかしたら、実際のその人物の市場価格よりずっと低い金額で働くことで、模範を示そうとするかもしれない。そうなれば、素晴らしいことだ」

360 ● 「もしバークシャーの非経済的な価値が失われれば、経済的な価値の多くも一緒に崩壊するでしょう」

361 ● 「信頼した方が、繰り返し指示したり官僚主義的な報告を何度も求めたりするよりもはるかに良い結果につながっています」

362 ● 「ある行動がルール違反かどうか疑問に感じる場合は、それはもはや違反しているものだと考えて距離を置き、忘れてしまうことです」

363 ● 「住宅を購入する主な動機は楽しみや実用性のためであるべきです。利益や借り換えの可能性であってはなりません。そして、購入する住宅は、購入者の所得に見合ったものでなければなりません」

364 ● 「持ち家政策は素晴らしいことです。私と家族は現在の家に50年間住んでいます。そしてこれからも住み続けるでしょう」

365 ● 「私はバークシャーの経営を非常に楽しんでおり、もし人生を謳歌することで長寿が促進されるとすれば、メトセラの記録さえも破れそうな勢いです」

「ウォーレン・バフェット」参考文献

◉『スノーボール——ウォーレン・バフェット伝』(上・下) アリス・シュローダー著、伏見威蕃訳、日本経済新聞出版社

◉『バフェットの投資原則——世界No1投資家は何を考え、いかに行動してきたか』ジャネット・ロウ著、平野誠一訳、ダイヤモンド社

◉『ウォーレン・バフェット 華麗なる流儀——現代版「カサンドラ」の運命を変えた日』ジャネット・タバリコ著、牧野洋訳、東洋経済新報社

◉『バフェット&ゲイツ 後輩と語る——学生からの21の質問』センゲージラーニング、同友館

◉『バフェットからの手紙——世界一の投資家が観たこれから伸びる会社、滅びる会社』ローレンス・A・カニンガム著、増沢浩一監訳、パンローリング

◉『バフェットからの手紙——世界一の投資家が観たこれから伸びる会社、滅びる会社』第4版 ローレンス・A・カニンガム著、長尾慎太郎監修、増沢浩一・藤原康史・井田京子訳、パンローリング

◉『バフェットからの手紙——世界一の投資家が観たこれから伸びる会社、滅びる会社』第5版 ローレンス・A・カニンガム著、長岡半太郎監修、増沢浩一・藤原康史・井田京子訳、パンローリング

◉『バフェットの株主総会』ジェフ・マシューズ著、黒輪篤嗣訳、エクスナレッジ

◉『ウォーレン・バフェット——自分を信じる者が勝つ!』ジャネット・ロウ著、平野誠一訳、ダイヤモンド社

◉『投資参謀マンガー——世界一の投資家バフェットを陰で支えた男』ジャネット・ロウ著、増沢和美訳、パンローリング

◉『ビジネスは人なり 投資は価値なり』ロジャー・ローウェンスタイン著、株式会社ビジネスバンク訳、総合法令出版

◉『最高経営責任者バフェット——あなたも「世界最高のボス」になれる』ロバート・P・マイルズ著、木村規子著、パンローリング

◉『賢明なる投資家——割安株の見つけ方とバリュー投資を成功させる方法』ベンジャミン・グレアム著、土光篤洋・増沢和美・新見美葉訳、パンローリング

◉『バフェット合衆国——世界最強バークシャー・ハサウェイの舞台裏』ロナルド・W・チャン著、船木麻里訳、パンローリング

◉『フィッシャーの「超」成長株投資』フィリップ・A・フィッシャー著、荒井拓也・高田有現・武田浩美訳、フォレスト出版

◉週刊投資金融情報誌「日経ヴェリタス」第194号

桑原 晃弥（くわばら てるや）

1956年、広島県生まれ。経済・経営ジャーナリスト。慶應義塾大学卒。業界紙記者などを経てフリージャーナリストとして独立。トヨタ式の普及で有名な若松義人氏の会社の顧問として、トヨタ式の実践現場や、大野耐一氏直系のトヨタマンを幅広く取材、トヨタ式の書籍やテキストなどの制作を主導した。一方でスティーブ・ジョブズやジェフ・ベゾス、イーロン・マスクなどの起業家や、ウォーレン・バフェットなどの投資家、本田宗一郎や松下幸之助など成功した経営者の研究をライフワークとし、人材育成から成功法まで鋭い発信を続けている。著書に『スティーブ・ジョブズ名語録』（PHP研究所）、『トヨタ式「すぐやる人」になれる8つのすごい！仕事術』（笠倉出版社）、『ウォーレン・バフェットの「仕事と人生を豊かにする8つの哲学』『トヨタ式5W1H思考』（KADOKAWA）、『逆境を乗り越える渋沢栄一の言葉』（リベラル社）、『1分間アドラー』（SBクリエイティブ）、『トヨタだけが知っている早く帰れる働き方』（文響社）、『イーロン・マスク流鋼のメンタルとすぐやる力が身につく仕事術』（プレジデント）などがある。

ウォーレン・バフェット 賢者の名言365

2023年3月7日発行　第1刷発行

著　者　　**桑原 晃弥**
　　　　　Ⓒ Teruya Kuwabara 2023
発行人　　岩尾悟志
発行所　　**株式会社かや書房**
　　　　　〒162-0805
　　　　　東京都新宿区矢来町113　神楽坂升本ビル3F
　　　　　電話　03-5225-3732（営業部）

印刷・製本　　中央精版印刷株式会社

Printed in Japan
ISBN978-4-910364-26-1 C0033